性格色彩恋爱宝典

乐嘉 著

中国华侨出版社
·北京·

序：爱无真心，不诚；只有真心，不成

多年前，我参与了一档无人不知的相亲综艺节目《非诚勿扰》，在那个节目上一战成名。此后很长时间，我被江湖牢牢贴上"情感专家"的标签，尽人皆知，无法摘除，惹得我闲愁万种。

二十多年来，我手持性格色彩大道，在各领域普及这门学问。我担心"情感专家"的名号一旦根深蒂固后，人们误以为性格色彩只可用于恋爱，坏了性格色彩的博大精深。

再者说，"情感专家"四字，貌似没啥含金量。这年头，但凡是个人，谈过几次恋爱，都标榜自己是"情感专家"，可专家的恋爱如果没你多，能指导你什么？一辈子只谈一次恋爱就结婚的人，煞有介事地教人们怎样走出失恋，除了贩卖焦虑，只能满口鸡汤。我一想到今生可能会被划到这个专家组，不寒而栗，离开《非诚勿扰》后，就试图逃之夭夭。

（一）有爱无法，两手空空

虽然"情感专家"和"肿瘤专家"放在一起相比，显得并不高级，然而每个人都有自己的生存之道，只要不害人不乱世，存在即合理。有些情感专家，恋爱经验丰富，虽理论水平不高，但性情敦厚，极富耐心，很得大家喜爱，我常劝他们赶紧学会性格色彩，早日做个性格色彩卡牌师。但是，有些所谓的专家言之凿凿地胡说八道，真的让我很生气。

这其中，最大的混淆视听就是，"有爱，就可以解决一切；解决不了，就肯定不是真爱"。这句鬼话，以真爱之名，举道德大棒，横冲直撞，蛊惑人间，成为很多恋人争吵时互相指责的常见台词。让深爱中的恋人，看不到问题关键，摸不到事物本质，在简单得不得了的问题上，始终不得其法，越走越远。从而，让这些口放厥词的专家，制造恐慌，浑水摸鱼，从中谋利，实在是可恶至极。

有爱就可以解决一切？既然如此，天下那么多有情人为何难成眷属？

你认为你俩问题没解决，是因为那人爱得不深。如果那人爱得够深，就一定会改。

可惜，你这么想的时候，人家，也这么想。

你爱我深，你厉害哦，那你咋不为了我改变呢？

我俩，只要有一个改，问题就解决了，为啥你总让我去改，你自己咋不改呢？

"有爱就可解决一切"，弥漫着成功学的鸡血味，而你，还奉若圭臬。

你觉得"爱要大声说出口"，人家觉得"只做不说才是爱"；

你觉得"陪你是最好的长情"，人家觉得"给你钱是最好的长情"；

你觉得"爱越深，越轻柔"，人家觉得"骂越狠，爱越深"；

你觉得"形影不离腻在一起，是最大的爱"，人家觉得"各有空间互不干涉，是最大的爱"……

你俩用两种不同的语言，努力向对方证明自己是对的。

互不理解，鸡同鸭讲。

你们用各自喜欢的方式，拼尽全力，为对方好。

越爱，他越痛苦；越爱，你越迷茫。

其实，千言万语，我想说的，就一句——

爱情中，只有真爱没用。你不仅要有爱的心，更要有爱的方法！

而这个方法，就是本书中一个称为"钻石法则"的宝贝。

（二）离婚一次，还差两次

作为一名在情场中饱经创伤的赤诚男子，此刻的我，羞愧难当。到目前为止，无论我怎么努力，我才离了一次婚，离网上言之凿凿的三次，还相去甚远，但是，我不自卑，我有信心，说不定，在余生还有机会向这个高峰攀登。

我知道，网上好事者对我是真爱，总担忧我离婚次数太少，会显得婚姻经验不够丰富，没资格和能力引导人们走出痛苦，赢取幸福。于是，充分想象，移花接木，不懈努力，终于把我的婚姻，脑补到三次。这样，无论我在世间哪个角落出现，都是"历经男女合离事，仍觉人间值得"的成功人士。

多年前，在《本色》中，我有两篇流传甚广的文字，被点击无数。第一篇《写给15岁的女儿》，那是为我前妻的女儿所写。当年她和她爸爸一起生活，偶尔见面时，我想对"青春期"的孩子说些心里话，就写了那文。此文取得巨大反响后，被主流家庭教育和亲子教育平台广泛转载引用，人们希望我能给男孩也提些建议。于是，我穿越到青春期，模拟第一篇的口吻，回顾了自己摔的跟头，完成第二篇《写给18岁的儿子》。这两文，2013年，被我收录在我的自剖录《本色》中。一个15岁的女儿，一个18岁的儿子，再加上我离婚后带在身边的小灵儿，1+1+1，哇，三个孩子，就这样，"离婚三次"的传闻完美出炉，比真的还真，举世皆知。

看到没？人家堂堂正正离了三次，单亲爸爸，带娃经验丰富，啥都知道。在教学上，那是一等一的好老师；相比那些白面书生，没离过婚的，恋爱少的，只会飙狠话的，只能背语录的，乐先生，才是名副其实的专家啊。

在国家发出鼓励三胎的号召后，我作为一名"三个孩子"的父亲，无比荣耀。我想一直将这送上门的盖世功名窃为己有，可万一丑闻被揭发，说乐嘉这厮早年录节目时受伤蛋碎，根本没能力生那么多，他在吹嘘自己的能力，那时，更洗不清了。故此，我要惭愧地对网友说一声：我差的那几次婚和那几个娃，只能听天由命。

我必须感谢这二十年来性格色彩的研究和传播。这些年来，我坚持每个月在线下举办课程，得以进入无数朋友的内心，聆听许多悲欢离合，相比那些为了节目效果而故作夸张的电视语言，生活本身，真实百倍，刺激千倍，跌宕万倍。

在耳闻目睹无数情天孽海与撕心裂肺后，我发现：

爱情最大的奥秘是，你的性格，操控着你爱情的一切悲喜。

爱情最大的真相是，众生一切苦，皆为爱欲苦；爱欲一切苦，皆因性格苦。

你在爱中的一切苦难，尽为性格魔咒。你不知怎样进入恋人内心，你不知如何擦亮双眼，你不知爱的方式是否正确，你不知为何总在同一处跌跤，你无力逃出自己性格的桎梏和枷锁。你有心改变，可你，无力回天。所以，我要把自己二十年的研究拿出来，写本"宝典"，帮你回天。

（三）头发落光，典破苍穹

2018年，我写了本小书《写给恋爱的你》，原准备加塞在女儿初中毕业外出求学的铺盖里，防狼专用。不承想，府上丫鬟买菜时，消息泄露，江湖动荡。之后，天山童姥和李秋水，闻风而来，各撕一半，抢走书稿，奉为神功，闭门修炼。两人出关时，共同以绝顶内力刻字于逍遥派仙石上，号令宗门，万世流传，字曰："天下最毒，情花莫属。为解情毒，百载修行。今日方悟，铸成大错。早通性格，岂需练功。"然后，两位师姐妹，于缥缈峰，一笑泯恩仇，携手羽化而去，飞升的那一刻，弟子皆可见证，有四色祥云蒸腾而上，耸入云霄，化为一个"色"字，无影无踪。

两位宗师，被"爱"摧残，为了争抢师弟无崖子这个男人，姐妹俩反目为仇，最后方知，玩命争抢的男人，对她俩毫无兴趣，人家另有所爱，她俩，成了自己一生中最大的悲剧。这，就是爱情中看人不清、不懂人性、没有自知的后果。武功再高，有什么用？可叹，高手对男女之事一团糨糊，只能因爱生恨，再将恨注入无穷武学，结果，境界越高，情商越低，终日在愤愤不平与五脏俱焚中挣扎。

两位女宗师临走时，恨啊！内力已可破虚空，可终究，斗不过一个"情"字。她们不服，她们恨我，恨我为何不早早告诉她们解读人心的方法，不早早告诉她们如何正确追求所爱，不早早告诉她们如何走出因爱之恨……我看着她们哀怨的眼神，心里比窦娥还冤。情感一道，和武功高低并无关联。世上受苦者，触目皆是，远不止她俩，人家男宗师的命更惨。

南帝一灯大师，无论如何想不明白，自己掏心挖肺深爱的女子瑛姑，为何会和一个无权无势的周伯通私奔，后来瑛姑之子被毒掌所伤，一灯见死不救，此后余生，只能出家赎罪。

东邪黄药师，众人皆以为钟情亡妻，是专一男的楷模，殊不知他与徒弟梅超风之情，不敢捅破不敢表白，得知梅超风另有爱人，以《九阴真经》被盗为名，借题发挥，躁狂迁怒，杀人无数。多年后，见杨过娶了师父小龙女，礼崩乐坏，他却大赞，其中，免不了对自己当年情感怯懦之懊悔。

西毒欧阳锋，爱上大嫂，不伦之恋后，生下"侄子"欧阳克，无法公然示人，一生只能被自己的亲儿子叫"叔叔"，有苦说不出，只能打着练功的名义，作蛤蟆扮相，掩饰内心的空虚寂寞冷。

北丐洪七公，更别提了，情感饱满丰富，一生身世浮沉，无妻无子，但总要找个对外不掉链子的说法，既给自己长脸，又得官府支持，于是对外高喊"丐帮丐帮，讨厌刘邦；不需老婆，只吃便当"。

四大高手，个个武功顶天立地，人人爱情一塌糊涂。

更何况，男宗师还不像女宗师，对情感需求的表达可以坦荡，碍于身份地位，只能暗抚情伤，及至肝肠寸断，长啸而去，然后用"金戈铁马，男人当如是"这样自欺欺人的话来自我安慰。

各位看官，不管你是大富大贵，还是一穷二白，你我都知，爱之本能，无须人教，遇见自己喜欢的，血流加快，浑身发烫，人之常情，你我一样。

然而，若你和那人不是只为一夜欢愉，你真想和那人修成正果相伴一生，你只有真心，你不知方法，必定头！破！血！流！

这么多年来，我看着你，在错误的方向上，用情至深，用力至猛，用爱至多，明明摆出来一副雪中悍刀行的架势，却落得消失风雨中的结局。可即便血流干，也于事无补，我看着，都好心疼，我想让你不疼，我想让你每天沐浴在微笑和惬意中。

这几年，为了写这本宝典，我掉了很多头发，现在，掉光了，宝典出。

（四）三光照耀，此谓宝典

"性格色彩宝典"系列的情感三部曲，由上、中、下三部构成，上部《性格色彩单身宝典》、中部《性格色彩恋爱宝典》、下部《性格色彩婚姻宝典》，三本合一，爱情无敌。

宗师所抢的那本《写给恋爱的你》，正是这本《性格色彩恋爱宝典》的残本。那本，不足本书内容的三分之一；那本，只针对女子，而这本是男女通用。

这本《性格色彩恋爱宝典》，是我所有宝典系列中，耗时最长、用情最深、篇幅最多、剖析最狠的一本，没有之一。在未来宝典系列其他书中，无书可出其右。

我把书中记录的每一个真实故事，都幻化成不同性格，代入其中，角色扮演，模拟对话，我常常半夜惊醒，左右互搏，咿呀自语，惊醒隔壁灵儿。我告诉她，你长大了，要想不被男人骗，别信他嘴上说的，要知道他的内心底部在想些什么。从今日开始，你就开读色彩宝典。

到底，何谓"典"？

第一，专业

本书全部弹药都集中在性格色彩的恋爱应用，定位清晰，和恋爱无关的话题，只字不提。不同性格的男女，在恋爱不同阶段的心理反应，常见的恋爱错误，理当采取之正确策略，应有尽有，你只需按图索骥，对症下药。

至于你想解决婚姻的问题，去看《性格色彩婚姻宝典》；你现在是单身，没有对象，去看《性格色彩单身宝典》；你想知道怎么搞定孩子，去看《性格色彩亲子宝典》；你想成就事业，去看《性格色彩职场宝典》；你想深刻掌握每种性格的来龙去脉，去看《性格色彩原理》；你想帮人解惑，去看《性格色彩卡牌指南》……专业，就是不贪心。

本书，就聚焦在这人间，无论男女，最大的原动力——男欢女爱。

第二，全面

我对全面的理解就是，一场游戏一场梦，你所想，你所遇，你所见，你所思，你所念，你所恋，你所爱，你所恨，你所痛，你所哀，你所乐，尽数囊括。

这本《性格色彩恋爱宝典》，将恋爱的过程，分成恋前、恋中、恋后三个阶段，根据每个阶段中的不同问题逐一详解。

恋爱前，人们最关心的是如何找到适合自己的那个人。多数人首先想的都是去哪儿找？怎么找？网络交友的担心是遇人不淑，看人走眼，骗子也担心自己遇见更高级的骗子。这个时代，你想一夜偷香罗帐欢，也要看准人。哪种人可碰，哪种人碰不得，如果只靠感觉，会被感觉害死的。这部分，包括六节：<u>如何读女，如何识男，如何网恋，如何相亲，如何选择，如何应对逼婚。</u>

恋爱中，人分两种：一种，直扑结婚，不以婚姻为目的的恋爱，都是要流氓，所以，这类朋友，只关心怎样才可步入婚姻；另一种，过程大于结果，以后的事谁知道？走一步看一步，要么对婚姻不感冒，要么对未来没想明白，结婚暂不想，先好好谈着，恋爱长短也不重要，重要的是，恋爱本身的美好。当然，那些不以恋爱为目的的休闲性关系，也可在本书分析范畴内，各位自行对号入座即可。这部分，包括八节：<u>男怎追女，女怎追男，暗恋怎变明恋，异地恋怎经营，怎样表白一击即中，前任的干扰如何克服，怎样拒绝不伤人，单亲另起新爱怎样搞定娃。</u>

恋爱后，只有两种情况，要么你想跟别人分，可别人还爱着你，你要知道怎么分手，分不好，会出人命；要么别人跟你分手，你还爱着，你要学习怎么挽回，无法挽回时，你要学习如何面对失恋之痛。这部分，包括三节：<u>怎么友好分手，怎么顺利复合，怎么走出失恋。</u>

第三，实用

文学书的写作，任你天马行空，恣意挥洒，好比我二十年来最狠的自剖录《本色》。可宝典系列，文风不能太自由，要突出实用。本书十七个恋爱问题，典型三段论，提出问题—分析问题—解决问题。先分析对方心里想啥，再分析你心里想啥，最后告诉你怎么搞定。

本书和其他情感书最大的区别是：任何一个问题，没有鸡汤，也不是随感，都有四种答案，而非一种答案！因为人与人，是不同的，人和人的差异，可能比人和猴的差异还要大。只要你不是为了挑剔而挑剔，只要你不是为了抬杠而抬杠，都会从中找到属于独一无二的你的性格规律。

好比分手，有人分手，分分合合，合合分分，分了两百次还没分掉；有人分手，一秒翻脸，可变路人。当你看完本书，才恍然大悟，原来，正确的分手方法是要因人而异。跟冷酷的人分手，要以退为进；跟腻歪的人分手，要缓冲着陆，否则，前者会杀了你，后者会杀了自己，想想就不寒而栗。这就是性格色彩所说，因人而异，讲究方法，别一刀切，仗着自己有真爱，胡乱蛮干。

我不想把你的问题复杂化，让你心生逃避或心灰意冷；我不想这书只能陪你落泪，痛哭后，生活依旧回到原点。我要帮你化繁为简，我要帮你看到本质，我要帮你解决问题。

"实用"，就是让你在书中看到自己，让你边看书就可边施展。

为了能让本宝典迅速变成你的恋爱智囊和傍身之技，而非买了后扔在床头做装饰，每篇文章最后，几句秘法藏于卷轴中，你可贴在马桶对面，贴在床枕边，贴在朋友圈，用作手机屏保，直至烂熟于心，伴你左右。

切记，无论你准备跳跃还是按序阅读，请先拿起随书附赠的书签，扫"卡牌星球"小程序码完成测试，领取你的性格色彩。

看完本书，记得，要去看尾声，我交代了若干事项，对你有用。另外，你也可以把卡牌测试小程序发给你关注的人，以衡量你在阅读本书后洞察他人性格的功力。

若你阅完本书，还没看够，求知若渴，还想面对面地解决自己内心的困惑，有缘者，你我课堂相见。

你看或不看，书就在那，不悲不喜；
你念或不念，情就在那，不来不去；
你爱或不爱，宝典在那，不增不减；
你来或不来，我就在那，慢慢等你。

乐嘉　　ix

欲知自己性格

拿起书签扫码

开启卡牌测试

领取你的色彩

目录

第一篇　不同性格的情感画像

第二篇　不同性格的恋爱观

第三篇　性格色彩恋爱实战指南

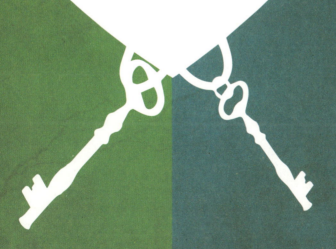

第一篇

不同性格的
情感画像

01 红色性格的情感画像

> 红色性格最有孩童心态。追求快乐是他们寻找伴侣的第一需求，在没有任何困难或麻烦发生时，他们乐天且无忧无虑，善于给自己找乐子。当人生遇到挫折打击时，红色性格会想找一个可以倾诉和安慰自己的伴侣，从情感的交流和共鸣中得到解脱。

♣ 红色的心情和表情富于变化，容易因为小事不开心，也容易因为小事开心得像个孩子。多数时候，红色活泼快乐，这源于他们的乐观，大龄单身的红色女性，偶尔被提到自己的年龄时，可能会有短暂的不开心，但很快会忘掉。红色擅长发现生活中的乐趣，一家新开的超市，一份意外的生日礼物，都可让他们从烦恼中迅速解脱。因为情绪多变，红色是最容易换社交媒体头像和网络签名的，他们的心情可能经常通过不断变换的方式来表达，都是因为情绪起伏和内心渴求关注。"秀恩爱"多是藏不住自己喜怒哀乐的红色干出来的事，"剁手族"和"拖延症"也是红色居多。

♣ 红色渴望拥有不受限制的完全自由，最好能没有任何压力，想去哪儿去哪儿，也不用为他人负任何责任。有钱且有闲的红色，最容易成为早上还在办公室上班，下午就飞到伦敦喂鸽子的那种人。工作收入还不错但较忙碌的红色，几乎都有过"开咖啡馆或民宿"的梦想，渴望成为小店主，其实，只是为了享受那份自由和闲适。有些红色不愿脱离单身生活，也是因为离不开那份不羁和自由，不想受到家庭生活的束缚。

♣　红色容易接受新鲜事物，兴趣和爱好广泛，难免三天打鱼两天晒网。红色喜欢体验，容易成为第一个吃螃蟹的人，无论是最新流行的电子产品，还是异域流传的奇特美食，都勇于尝试，且喜欢拉帮结派成群前往。红色喜欢分享，当他们品尝到一道美味，或买了件称心如意的衣服，会忍不住把它拍照发到网上，或赶紧告诉自己的好友"快来买吧"，其实，其他人买不买对红色没啥实质意义，但他们是那么具有分享精神，喜欢把好东西分享给别人。

自我形象

红色性格内心，希望自己是世界注意力的中心，艳惊四座，光芒万丈，在人群中引得无数英雄美人竞折腰。当然，这种自我形象，到何种程度，受限于此人受教育的程度和对外部的认知程度。但无论是哪种环境下成长的红色性格，对形象受损都相当敏感且无比介怀，他们非常在意别人对自己的评价。

♣　红色是乐观的理想主义者。当用性格色彩卡牌自我测试"理想的自己"牌型时，那些摆出来是红色、蓝色、黄色、绿色四色均衡且全是优点的情况，几乎都是红色所为。因为红色想象力无限驰骋，他们认为世间所有的好东西都可为自己所拥有，而他们想要的，就是无限美好的过程，至于最终结果去向何方，并非首要选择。

♣　红色有"照镜子情结"，容貌不错的红色，更是在意自己的形象。红色喜欢精心装扮自己，在人多的场合出现，并且常用"回头率"来衡量自己一天的"快乐指数"。当红色取得成绩时，如果不能"衣锦还乡"，那种"锦衣夜行"的感觉，会让红色非常不爽。而他们展示的途径有很多，就像在朋友圈玩命更新透露自己生活现状的，多数是红色。

♣　当红色受到打击、挫折，对自我产生怀疑时，会像泄了气的皮球，瞬间低落或沮丧，甚至走向抑郁。这时，如果身边有足够多的人打气"你真的很好"，就能把他的自我认可感一点一点吹起来，从而暂时拯救这个红色。长远的自救，需要红色踏踏实实地实现目标，建立坚实的自信，树立真实而美好的自我形象。

沟通特点

> 　　红色性格善用语言引起别人关注，无论是上课主动举手发言，还是工作中积极提出创意，或是生活中逗朋友们发笑，都是他们的特长。当然，由于职业、年龄、阅历的不同，有些红色性格在工作场合的语言表达，会刻意内敛和控制，一旦在非工作场合，当他们确定自己受欢迎，天性中的丰富表现力很容易被激活，语言也会变得生动。

♣　红色不喜欢冷场，无论是聚在一起八卦聊天，还是谈论新买的物件、刚去的餐馆、对某事的看法等，红色往往是主动发起话题的一方，他们更愿意把自己的看法毫无保留地表达出来。如果对方是一个忠实的倾听者，认真地聆听和不断点头认可，都会让他们感到相当享受。

♣　跟红色聊天，他们的话题会不断跳跃，极为发散。比如，相亲时，最有可能问出奇怪问题的当数红色。他们本来心里想的是恭维对方，说出来的话却让对方极不舒服。这种跳跃思维，伴随着红色有时的口无遮拦，很容易不小心出口伤人。

♣　红色说的话，蕴含了丰富的情绪，同样，他们更喜欢听到富有情感的表达。鸡汤常说"家是讲爱的地方，不是讲理的地方"，其实，这话主要对红色有效。沉醉于伴侣甜言蜜语的，是红色，擅长用说话示爱的，也是红色。一对红色的单身男女，在对彼此不了解的情况下，情感迅速升温，往往是因为一见如故，滔滔不绝地聊了几小时，这对于内敛的蓝色和果决的黄色而言，既不能接受，也不能理解。

作为朋友

朋友，对红色性格而言，不可缺少。武侠小说中的主角，大多是红色性格，武侠小说很好地刻画了红色性格侠客重视友情的一面。当爱情与友情发生两难时，红色性格会非常纠结。如果被朋友们评价为"不够朋友"，红色性格会感到难以忍受，他们希望自己在朋友心目中，是仗义的、豪爽的、热情的，这构成了他们生命价值的一部分。

♣ 红色不喜欢寂寞，他们对友情的需求很强烈，而且希望拥有很多好朋友，但并不代表友情可以替代爱情。这里，不得不谈到红色的倾诉欲很强。假如他们心情不好，想找人倾诉，打开手机通信录，发现找不到可倾诉的人，那会让他们无比悲哀和沮丧。同样，当他们开心时，也需要朋友来分享，这会让他们更加快乐。

♣ 红色乐于结交新朋友，他们崇尚倾盖如故的人际关系，从第一次见面起，只要投缘，友情便会火速升温。他们追求一种形影不离、无话不谈的关系，红色女人会结伴上厕所，红色男人会扎堆一起抽烟，其实，这都是红色内心害怕寂寞的表现。

♣ 红色信任朋友，当自己有快乐的事时，总想和朋友分享，却忽略了有时分享会带来意想不到的风险。一位红色口无遮拦地给自己的好友发信息："嘿，我搞定了一个妞，是我们以前的大学校花。"但不巧，这位校花女友是蓝色，之后，无意中发现了这条聊天记录，以此得出结论：此男轻浮。于是，提出分手。

作为家人

除非从小被家人抛弃冷落或成长在长期剧烈冲突的家庭，大多红色性格是恋家的。家对于红色性格而言，是一个温暖的避风港，也是可以放下防备，随意和任性做自己的地方。很多红色性格对外人有礼貌或保持分寸，回到家里，就变成了另外一个人，这是因为家让他们感到放松，所以，性格中的情绪化、随意、杂乱无章的问题也更容易显现。红色性格渴望与家人亲密无间，得到家人无条件的关注和认可，如果得不到，就会情绪动荡，家庭关系也会不和谐。

♣ 与家人的关系会严重影响到红色的恋爱与婚姻。有些红色会因为童年缺爱或受到家人伤害，从而对爱情产生不信任感。一位红色学员在课上提出的问题是："如何知道家人是不是爱我？"因为她有一对严厉而冷漠的父母，从小到大，她在情感中有强烈的不安全感。当她成年结婚后，她与丈夫的关系始终有隔膜。性格色彩课程帮助她重新建立了与父母的连接。课程结束后，红色学员给丈夫发了一条深情的短信，她真心体会到丈夫多年以来对自己的爱与包容。

♣ 当家人反对时，红色会处在亲情和爱情之间的两难状态。骨子里，红色渴望自由而快乐地选择自己所爱，但实际上，相当多的红色受到家里人的意见影响，很容易与恋人的关系出现问题，这与红色容易受到他人评价和影响的性格特点，息息有关。

♣ 红色成家后，对自己组建的家庭不吝付出情感，也期望得到充足的情感回应。一家人相互关心、频繁交流是红色希望看到的幸福家庭的画面。一般来说，红色对繁杂的家庭事务感到厌倦，但如果家人间能边交流情感，边一起承担家务，红色会感到无比幸福。

02 蓝色性格的情感画像

蓝色性格符合中国传统文化的要求——含蓄、内敛、情感深沉。蓝色性格具有完美主义倾向，容易陷入柏拉图式爱情。精神层面的默契和相互理解，是蓝色性格最重要的情感需求。当感情受挫时，蓝色性格会长时间自我封闭，思索和沉淀属于自己的忧伤。

■ 蓝色拥有一丝不苟的精致外表和理智的情感表达方式，生活在自己的世界里，外人很难走进蓝色的内心。无论年龄大小，蓝色都有一份超乎同龄人的沉静，极少会出现肥胖或邋遢，这与自我要求极高有关。由于对己和对人的要求都很高，常常不易为人所理解。蓝色内心深处渴望灵魂共鸣和相处默契，却始终难以达到。

■ 蓝色注重逻辑、道理和规则，认为凡事都有"应该"，内心坚守原则，底线毫不动摇。类似"女人都是不讲道理的"这种话，在蓝色女子面前，毫无生存空间。蓝色女子比某些其他性格的男人更注重道理和规则，这点在她们与男人相处时，会让男人感到惊讶。要改变蓝色的想法极为困难，因为他们不会在不经考虑的情况下贸然提议，当蓝色提出时，已经很难撼动。假如受到伤害，并且没有得到合理的解释，蓝色会记很久。

■ 蓝色追求完美，这不仅仅是口头上说说而已，而是实际的践行者。蓝色考虑问题仔细而周全，容易产生消极的负面思维。他们容易放大隐患和风险，在涉足任何事情之前，会做最坏打算和全面考虑。

在大众心目中，蓝色最专一，这是因为蓝色进入情感和从情感中拔出的速度，是四种性格中最慢的，加之蓝色生活圈子比较固定，容易沉溺于对往事的追忆，走向负面消沉。故此，蓝色在四种性格中，最不容易开始迎接新的生活。

自我形象

如果说红色性格的自我形象是光芒万丈的王子或公主，蓝色性格则是口不能言的美人鱼。美人鱼拥有细腻的柔情和忠诚的臂膀（正是这副臂膀将王子从惊涛骇浪中救起来），却不善表达，只能眼睁睁看着爱人被另一个女人夺走。蓝色性格始终认为，外在的东西无比肤浅，所以，即便一位颜值颇高的蓝色性格，在你赞美其外貌时，也不会太过在意，因为从这样的赞美中，觉察不出你的真心真意。蓝色性格不愿成为众人瞩目的焦点，更愿意沉浸在理智的自我反思中。

蓝色是悲观的完美主义者。正因如此，他们认为真正的完美并不可得，也并不奢望自己能做到或接近完美。对他们来说，避免犯错是重要的，所以，他们时时会看到自己的不足，并在诸多并不尽如人意的选择中权衡出一个相对较好的，他们愿意被看作一个可信任的、有分析能力的参谋。

蓝色并不奢望成为别人眼中的完人，认为这样有极大风险。蓝色更愿意相信人心难测，世界是复杂的，人也是复杂的，蓝色会在深入考察之后信任某人，但并不希望对方疯狂地欣赏和迷恋自己，只要蓝色所信任的人也信任自己，放在心上就足够了。

当蓝色发现自己犯错时，他们会问自己"为什么"，并试图通过深入的追问和反思，找出隐患，避免将来再犯。如果无法做到自己认为正确的程度，蓝色会对自己感到失望，并逐渐消沉。这时如果想要帮助蓝色走出困境，一味地说"你很好"，只会雪上加霜；如果你想帮助蓝色，你只有就事论事、找到问题的根源，才能让他们找到出路，重见天日。

沟通特点

> 如果有需要，蓝色性格也可做到侃侃而谈，但蓝色性格内心更享受无须过多语言的交流方式，这会带来"只可意会，不可言传"的舒畅感。蓝色性格内心最深处认为，假如我要了解一个人，我会观其行；假如我希望传达一种意思给别人，也会用行动，别人理解了，自然就明白了，根本不必多说什么话。可惜，当对方是其他性格时，往往会一头雾水，觉得跟蓝色性格沟通无比困难，因为蓝色性格什么都放在心里，并且很郁闷："我都这么明显了，还不明白吗？难道不会用心感受吗？"

■ 蓝色不擅长直接说出自己的需求，习惯于婉转表达，并认为对方一定心知肚明，很多时候，干脆不表达。过生日的时候，蓝色会给重视的人送一件早就留意到对方喜欢的礼物（也许是路过橱窗时人家多看的几秒，也许是人家在微信中提过的一嘴），总之，他们认为，假如你认真聆听一个人，就一定会参透对方话语中委婉的玄机。所以，当对方没理解自己的意思时，蓝色会失望，并把负面情绪深埋在心底。在《越狱》中，蓝色的迈克尔对萨拉的示爱，非常含蓄，两人一起经历生死磨难，但他对她只说了一句："You and me, it's real."（我和你，是真的。）如此简短，胜过千言万语。

■ 蓝色逻辑性很强，这种逻辑性并非来自刻意的后天训练，而是与生俱来。强大的逻辑推理，让蓝色看起来比较难对付。比如，两人约会时，假如对方迟到，在关系还不亲近的情况下，蓝色不会轻易表露自己的情绪，多半会闷闷不乐，让对方自己去想哪里出了问题；而当婚后，如果对方迟到，则可能问很多问题，为什么迟到？之前为何没预留堵车时间？……其实，蓝色的本意只是想通过逻辑来搞清事实，以免对方日后继续犯同样的错，但对方却可能视之为"质疑"。在逻辑的背后，蓝色认为凡事都有理由，本能地探寻事件背后的真相，但是，在爱情中，这会成为一种阻碍——毕竟跟"福尔摩斯"生活在一起，很累。

■ 当你与蓝色缔结了亲密关系后，蓝色的关怀无微不至，而且润物细无声。蓝色的细腻关怀不会对大多数人开放，但对至亲至爱，他们可以做到难以想象的体贴。口渴时，你还没说渴，蓝色已经恰到好处地递上一杯水，你都不知道他们是怎么知道你渴的。与蓝色相比，红色再怎么小心和细心都比不上。比如，一位红色丈夫每次给孩子冲奶粉，蓝色妻子都会委婉地提醒他"烫了"或"凉了"，因为他很想做好，所以即使妻子不满意，他还是努力一次又一次地尝试。尽管他一次比一次小心在意，却始终无法做到蓝色妻子所要的"刚刚好"的温度，最后，他只好放弃，让妻子来做，内心感到无比沮丧。蓝色的细腻和细致，可能会让身边的人产生距离感和疏远感。

作为朋友

蓝色性格朋友不多，但凡能被蓝色性格列入"朋友"名单，都是极其知心和信任的人。蓝色性格宁可少一些朋友，也不愿拥有很多朋友。蓝色性格会为了维护一段"完美"的友情，不惜牺牲小的利益或对一些小事表面不计较，但当你伤害到大利益的时候，蓝色性格通常会不计后果地与你绝交。蓝色性格不会跟某人特别亲近，也不会跟某人特别疏远。对于人际交往，蓝色性格更多看到风险，而不像红色性格那样恣意地享受其乐趣。

■　蓝色把"朋友"这两个字看得很重，对轻易示好的人，首先会怀疑："为何他对我这么好？是否我身上有东西可以满足他？如果我不能同等地回报，宁可不要欠下这样的人情。"经过多次的观察、试探和侧面了解，信任建立，蓝色才会逐渐确认这个人是朋友。

■　一旦为友，蓝色会将内心深层的东西一点点掏出来与对方交流，但即便如此，也依然不是全部。蓝色内心最底部的东西，永远也不会示人。蓝色不像红色那样，享受跟人掏心挖肺的感觉。只有与对方越熟，关系才会越好，话才会相应越多。其实，蓝色也可侃侃而谈，前提是百分之百确定对方可以信任，并且对自己讲的内容有足够的把握。但是，关系不熟的人会觉得蓝色是闷葫芦。所以，请不要说你走不进蓝色的内心，其实，只是你们还没有那么熟而已。

■　蓝色对朋友忠诚，他们不是图新鲜的人，对自我的戒律很强，不易受到外界诱惑。背叛对于蓝色而言，既意味着自我原则的毁灭，也是一种极大的风险。蓝色相信时间可以证明一切，假如暂时无法确定对方的真诚，那就用"时间"作为最好的判别方法，在漫长的岁月里，去慢慢体会和观察。假如已经成为相互信任的好友，那这份友情也经得起岁月考验。

作为家人

蓝色性格对家人的爱，体现在"无声胜有声"的涓涓细流一般的行动之中。重视规则的蓝色性格，认为"家不仅是讲爱的地方，也是讲理的地方"。没有规矩，不成方圆，蓝色性格是家庭秩序的维护者，为全家人提供坚实的后盾和精打细算的安排。

■　蓝色重视家庭隐私，即便家人之间出现矛盾纷争，也不会让外人知道。保护家人隐私，维持一定程度上的隐秘性，对蓝色无比重要。在保守秘密方面，天性深沉内敛的蓝色，的确可以做到守口如瓶，喜怒不形于色。

■ 蓝色很难适应吵吵闹闹的气氛，更希望家人之间无须说太多，彼此都有思想上的默契和行动上的一致性，即便为了家人而彼此付出和牺牲，也是理所当然，无须言明。

■ 成家以后，蓝色对待伴侣的方式和对待父母的方式十分相似。作为"主内"的高手，蓝色关注细节而且体贴，会给予伴侣温暖的家庭氛围和强大的安全感。

03 　　　　　黄色性格的情感画像

黄色性格的人生是一场只准赢不许输的竞赛，他们不畏战斗，不惧败绩，不怨天尤人，不以弱者和伤者自居，强是应该的，赢是必需的，输是努力不够，从头再来，永不言败。别人时常会误解黄色性格是"无情人"，其实，黄色性格的情感是用做事的方式来表达的，他们排斥那些只会说好话的人。黄色性格认为：情感是虚无缥缈的，为你做事，带来实际的好处，才是为你好的最好方式。

▲　拥有成就才算收获生命的意义。不单单是黄色男人沉迷工作，黄色女人也常常被人贴上"女强人"的标签，但她们并没觉得"强"会成为择偶的绊脚石，反会认为，只有自己优秀，才能遇到更优秀的男人，正所谓"你是谁，才能遇见谁"。当你看到黄色整日整夜加班，栉风沐雨，筚路蓝缕，为他们的苦哈哈大叫不值的时候，黄色自己却乐在其中。黄色是四种性格中最容易成为领袖的一类人，他们认为金鳞岂是池中物，所以一直憋足了劲儿，就等着化龙的那一天。

▲　速度与激情，时间与效率，都是黄色的兴奋点。黄色雷厉风行，思维清晰，如果有捷径可选，绝不绕路。黄色明知盘山公路的风景会更美，却无心观赏，争分夺秒飞驰在通往目的地的高速公路上。在快节奏的生活中，黄色不知寂寞是什么味道，因为压根连感受寂寞的时间都没有，上班没空闲，下班闲不住，非要安排得满满当当

才安心，恨不得把一分钟掰两半用。为了工作，黄色可以时刻调动激情，而工作的成就，就足以让黄色高潮。但这并非意味着黄色不需要伴侣，如果有一份能够彼此成就、共同探讨工作、一起进步的伴侣关系，对黄色来说，可谓天作之合。

▲ 黄色更想掌控别人，最恨别人掌控自己。黄色骨子里有改造和影响他人的欲望，多会以自己的观点，作为评判对错的唯一标准。通常，黄色认为自己是对的，一定会坚持；如果黄色发现你是错的，一定会让你改正过来，按照自己认为对的方式去做。对于情感关系，黄色认为"既然你是我亲密的人，我就有责任帮你变得更好"，很多时候，伴侣会受不了黄色的批判和改造欲，提出抗议，但黄色不会因此而退缩。

自我形象

黄色性格认为自己是生活中的强者。这种强，并非表面的强大或以气势压倒他人，更多的是一种不怒自威的压迫感。黄色性格凡事喜欢争先，有着与生俱来的超越别人的欲望，认为自己拥有改造外部世界的责任和使命。对黄色性格而言，没有做不到的事，只有不想做的事，骨子里认为自己是出色的，即便暂时无法施展抱负，也认为终有一天自己会出色。《红楼梦》中的贾雨村，就是典型的黄色性格，进京求取功名，无奈囊内空空，只得暂寄姑苏城葫芦庙安身，每日卖字为生。即便搁浅在沙滩上，他作的诗，依然是"玉在椟中求善价，钗于奁内待时飞"，也就是说，他毫不怀疑自己必将大展宏图。

▲ 黄色喜欢以干练高级的形象示人，有些黄色是时尚的，但多半会走简约的时尚路线，信奉"less is more"（少即是多）的真谛。也有些黄色，与时尚绝缘，穿着随意，但无论哪种情况，都不太

会以复杂多变的形象示人，因为那样，会浪费太多时间。对于有一定收入的黄色而言，商务装或运动装穿着较多，因为他们的工作时间很长，非工作时间也可能见客户谈合作，所以，穿商务装符合工作的要求，而运动装，能让他们在彻底放松休息的时候保持活力，可以快速行动不受限制。

▲ 黄色不太在意别人眼中的自己是多么漂亮或多么普通，除非影响到他们的目标。但有一点，黄色特别在意自己的权威感，会竭力消除一切有损自己权威感的缺点或污点。许多当老板的黄色，不愿聘用自家亲戚当员工，一旦聘用了，会对亲戚的要求比对他人更高，时刻警惕着亲戚的工作表现对自己的威严造成损害。譬如，一位创业三十年的黄色，妻子从未在他的公司任职过，即便偶尔去公司转悠，看看办公室和工作情况，他的神经也高度紧张，时刻警惕，不希望妻子在员工面前有任何危害到他权威的表现。

▲ 当黄色遇到比自己更加权威和更有影响力的人时，可瞬间放下身段，转而像绿色一样服从。黄色会暗暗积攒实力，直到自己可越过这座高山的那一天。当黄色遇挫时，骨子里认为"人定胜天"，真的遇到人力无法对抗的打击时，会在短暂消沉后，迅速找到另外的目标，只有为了目标而活着，黄色才觉得生命真正有意义。

沟通特点

黄色性格习惯的交流方式就像清冷的北欧风，所谓"有事启奏，无事退朝"，很难意识到不经意间已经把自己置于高高在上的位置，让人心生距离感。黄色性格不需要别人对自己喜欢，只需要别人对自己尊重。故此，黄色性格女子对外界赞美自己容貌不以为然，她们更希望别人欣赏和佩服自己的能力。

▲ 黄色说话做事最大的特点就是直截了当，希望直达重点内

容，省去中间繁杂的过程，只关心结果是好是坏。即使遇到跳跃思维的红色，黄色也不忘把话题拉回重点，始终关注对自己重要的内容。若有人做事讲话需要铺垫很久，黄色绝不会觉得此人含蓄，只会认为此人能力不足。时间和效率，于黄色而言，胜似金钱，这有时会显得急功近利。黄色的经典口头禅："说重点！""结果呢？！"这很能代表其内心的想法。

▲　即便是安慰朋友，黄色也时刻带有批评教育的语气。如果你一把鼻涕一把泪地跟黄色倾诉苦恼和悲痛，黄色一定会斥责"收起你的眼泪"！告诉你"哭解决不了任何问题"。黄色认为，哭是最无能的表现，然后，会指导你——让自己更强大才是解决问题的根本办法。如果某事让黄色很受伤，当你听他们描述时，你完全感觉不到他们有悲哀的情绪，黄色的讲述口吻是强者自强，一切往前看。不过，你要记住，黄色并非对任何人都祭起批判大旗，他们的批判，多半是因为看到了对方错误可能造成的后果，然后用"后果放大法"，让人们居安思危，因而在批评时，杀伤力较大。

▲　黄色如果让你感觉圆滑，那只是为了达成目标的交流技巧而已。为了给人们留下良好的印象，黄色完全可以学习蓝色的精益求精，也可以修炼红色在交际上的八面玲珑，更可以扮成绿色的懵懵懂懂。黄色为了达成目标，会卑躬屈膝，不怕牺牲，不怕付出，不怕得罪人，更不在意外界对自己的任何评价。

作为朋友

　　看似高冷的黄色性格也有很多朋友，不过大多是和自己一样对未来有抱负的男男女女，他们共进晚餐时谈论的话题，是当今世界经济与政治格局；喝下午茶时，也不忘对接项目，共同谋利；就连逛街时，也会本能地留意市场上最新的商机，否则，黄色性格会觉得今天路上的时间全部浪费了。

▲ 黄色喜欢沟通交流，不过那都是以能够有所收获为前提。黄色不闲聊，不八卦，很少说无关紧要的话，聊天内容从生活到工作，几乎都是乘风破浪勇往直前，偶尔，也会为了达到某种人际关系的熟络，故意说些客套恭维话。

▲ 黄色不像红色那样，什么朋友都愿意交。黄色会交往比自己优秀的朋友，即学习的榜样，极力奉行"近朱者赤"的经典理论。黄色为了和优秀的人为友，可以不在乎面子。即便是和朋友一起休闲或度假，也时刻不忘自己的目标，不会耽于享乐，如果朋友想要尽兴玩乐而忘记了时间，黄色会选择提前离去。

▲ 单身的黄色没有家庭羁绊，走得更快，由于自己忙于事业无暇顾及，那些跟不上黄色成长速度的朋友，会渐渐淡出他们的生活。黄色独自生活久了，更容易忽略他人感受，等他们觉察到朋友在自己的光环之下只剩下自卑和距离，那些朋友已经跟黄色少有来往。即使被孤立，也不能阻挡黄色在追逐成功的道路上加快步伐，继续孤军奋战，同时告诉自己，伟大的成功者注定一生与孤独为伍。

作为家人

黄色性格认为重视家人不等于整天都腻在一起，他们更喜欢各忙各的，人人充实，有需要时，守望相助，彼此支持。黄色性格对家人的爱，往往是通过为家人创造更好的生活条件来表达。很多其他性格会控诉，黄色性格在家人生病时不是陪伴左右，而是依旧在那儿埋头工作，而黄色性格则会出示自己为家人支付的长长的医药费单据，以此来证明自己努力工作的意义和价值。这恰恰就是不同性格对"爱"这个字在理解上的巨大差异。

▲ 黄色的理性让他们可以轻易地接受各种家庭形态：单亲、周末夫妻、婚生子女和非婚生子女的混合家庭、无性婚姻等。对黄色

来说，家庭的形式不是重点，重点在于家庭成员是否都勇于承担责任，当有大事发生时能否做到相互支持。对他们来说，家庭也是一个团队，而他们是当仁不让的领导。

▲ 黄色不会因为家庭而丧失自己的独立性，也不会因为家人的意见而改变自己的决定。与自己有关的，比如跟谁结婚、是否跳槽换工作等，固然由他们自己说了算；事实上，涉及家庭事务方面，只要他们有机会拍板，也会倾向于先做了决定，再告知其他家庭成员。

▲ 成家以后的黄色，倾向于和伴侣谈好分工，各自承担自己的一部分责任。同时，黄色与生俱来的改造欲，会让他们想不断引领伴侣向更好的方向发展，有时难免忽略对方的感受。

04 绿色性格的情感画像

绿色性格可以用"温良恭俭让"来形容，他们秉承低调的原则，无论男女，几乎不穿时尚前沿的衣服，主色调基本是大众色，永不过时的式样，绿色性格不追求回头率，远离标新立异，只愿做个平凡的路人。

● 绿色从不与人吵架，也杜绝发生冲突，争风吃醋的事更与他们绝缘。绿色给人一种温柔和让人愿意接近的感觉，有自己稳定的生活模式，无论钱多钱少，无论英俊还是普通，无论出众还是平凡，只会满足于自己所拥有的，无欲无求，从不羡慕别人。因为绿色从不与别人比较，自然也就不会嫉妒和抓狂。

● 绿色不会成为"霸道总裁"，也不会成为众人瞩目的"花蝴蝶"，容易配合和顺从。绿色在人堆里最不引人注目，从穿着打扮到为人处世，他们从不离经叛道，从不夸张表现自己，是存在感偏低的一类人，颇有路人甲之风。但是，绿色的幸福感并不低，因为本来就没有争强好胜的欲望，能真正做到百分之百地活在当下。

● 绿色和其他性格一样，也愿意拥有所有美好的事物，但假如没有，也不会造成丝毫影响，在所有性格中，绿色对欲望的渴求程度是最低的。在没有外力推动下，几乎不会更换没坏掉的个人物品，尽管流行一茬接着一茬，但绿色始终觉得"只要还能用，没必要换新的，太麻烦了"。

● 当别人都在谈论到哪儿旅行时，绿色并不挑剔去哪里，只要是朋友推荐的都可以，有时可能也会提一两个方案，但只要朋友否决了，绿色也就不争辩了。反正，去哪儿都一样，只要跟大家一起，玩得开心，去哪儿都行。

自我形象

绿色性格习惯于缩小自己的存在感，普普通通、平平淡淡就是最好，所以，发自内心地愿意成为一个普通人。这与其他三种性格完全不同！一位学员曾和我分享，她绿色性格的女儿，学习成绩班上中等，她总是拿成绩最好的人来刺激女儿："为什么你不能像谁谁谁那样，每次拿第一？"女儿的回答令她惊讶："妈妈，每个人都想拿第一，那总要有人排在后面，我就落在后面好了。看着他们优秀，我愿意做那个为他们鼓掌的人。"

● 绿色的自我要求不高，所以很少会去追逐时髦和流行，也不会是那个特立独行穿着古董的人。绿色喜欢选择大众而不出错的穿着，有些小小的温馨和温暖感，并且不会有太多变换，每到一个季节，来来去去就那么几件，也不会穿厌。黄色的衣着也比较简单，但和绿色的最大不同是：黄色会穿那些凸显自己身份地位的服饰，而绿色更希望无声无息于众人之中；黄色青睐干练紧凑的穿着，绿色喜欢柔软舒适甚至有些拖沓的穿着，给人亲切的感觉，其实绿色要的只是随意罢了。

● 绿色不太在意别人眼中自己的形象。即便有人提出让他们改变风格或注意形象，他们虚心接受之余，很可能屡教不改，因为他们只是表示接受别人的好意，而不代表真心觉得外表有多么重要。"你的形象价值百万"这句话，能呼唤起红色的亢奋和黄色的重视，却对绿色毫无效果。

● 绿色关注他人感受，但他们往往不像红色那样，会想去特意地提升别人对自己的好感，绿色只是尽量避免别人对自己有不好的感觉，这两者之间，是有着本质区别的。

● 万一周围的人都与绿色切断联系，把他们扔在一个自己无力解决问题、身边又没人可以求援的困境中，绿色会自我放弃，紧缩在一个更小的空间内苟延残喘，直到有能为他们指明方向的救星出现。

● 绿色理想的自我形象，是符合道家精髓的怡然自得、宠辱不惊，而绿色最糟糕的自我形象，是陷入困境中无力自拔的"可怜虫"。

沟通特点

绿色性格擅长被动沟通，可以一直倾听不打断你，等你主动诉说，而不去打探你不想说的事情。假如反过来，要求绿色性格在公众场合侃侃而谈，或让他们去为大家争取权益，他们就立即死机，因为他们几乎无法做到这些。

● 绿色常用"嗯、啊、哦"来回应别人说的话，假如你一定要问这几个字代表什么，很遗憾地告诉你一个悲催的答案，它们不代表任何意思。假如你以为绿色的"嗯"代表他们听懂了、他们会去做，那你就死定了，因为你的期待很可能会落空。绿色不知道该怎么拒绝别人，所以就用不带任何倾向的词语来表示回应，其实，他们内心根本没想要去做。

● 绿色的另两个高频词汇是"随便"和"无所谓"。当他们这样说的时候，代表真的没关系，你怎么决定都行，你怎么决定他们都不会不开心。这点，跟红色有所区别，红色口中的"随便"和"无所谓"只代表他们当下的情绪，随口说说，当情绪发生变化后，对待同一件事情，红色立刻就变成"有所谓"了，而绿色是真的无所谓。

● 绿色几乎从不给出负面评价，当别人一定要他们从两个东西中挑一个并做出反馈时，绿色会说"都挺好的"，实际上他们心里是有好恶的，只是没那么强烈，他们也不愿把倾向性表露出来，让别人为难，所以，绿色宁可采用含糊其词的说法。

作为朋友

绿色性格是其他性格的百搭伙伴，不论是想一出是一出的红色性格，还是沉默寡言的蓝色性格，甚至是孤家寡人的黄色性格，都会在某些时候需要绿色性格这样既省心又没任何要求的陪伴者。绿色性格，在生活中愿意被领导、被别人决定和引导，但假如没人陪，也可以很好地"自生自灭"，沿着熟悉的路径，过着两点一线的生活。

● 朋友失恋时，可以找到绿色痛哭一场，大大地倾诉一番。绿色边听边排毒，听完了，就像没事发生一样，绝对没有负能量残留。

● 一起去酒吧或热闹场所，假如带着一个打扮朴素的绿色同伴，往往能突出自己的潇洒靓丽，这样做，未免有点不厚道，但绿色确实发自内心不在乎充当别人的背景墙，暗淡自己，衬托他人。

● 无论什么时候，当其他人都因为忙自己的事情而缺席时，绿色随叫随到，让孤独的人感到温暖无比。虽然不擅长制造快乐，但他们绝不会给你带来痛苦和烦恼，更重要的是，绿色的耐心一级棒，陪你多长时间都不会觉得无聊。

● 上学时，作业做不完，绿色好友可以替你做；工作时，差事应付不来，绿色好友可以帮你查资料、写报告；相亲时，万一看不上对方，发个暗号，绿色好友会随时出现，替你抵挡花痴。绿色的随和、平和、温和，让他们变得无比贴心，交上这样的朋友，先不提能力，反正心理上什么事他们都愿意替你去做，且毫无怨言。

作为家人

绿色性格是常年宅在家中的"沙发土豆"。家有绿色性格，如有一宝。因为绿色性格不占地方，不和人发生冲突，堪称节能环保。如果家人有需要，只要不超过他们的能力范围，他们都愿意效劳。绿色性格孩子即便受到家长的严厉训斥或打骂，也不会离家出走。事实上，在家庭冲突或口角中，即便一开始，你对绿色性格发泄，没一会儿，你自己也就没劲了，因为一场没有对手的比赛是无法进行下去的。绿色性格会用懵懂无辜的眼神看着你，直到你体会到"一拳打在棉花上"的感觉，你自己会沮丧地收手的。

● 在家庭中，绿色总是竭力避免周围的人发生冲突。一位绿色学员告诉我，从小，他的爸妈就经常争吵，他妈总是指责他爸做不好一切事情，而一旦遭受指责，他爸就会情绪化，家里爆发一场大战。所以，这位绿色学员每当看见爸爸做得不够好时，就主动为他掩饰，譬如他用一个有缺口的杯子喝水多年，每当妈妈的目光投注过来，他就把缺口掩住，不喝水时，他把杯子小心地放在碗橱最里面，因为他知道一旦妈妈发现杯子有缺口，就会立即斥责爸爸洗杯子不小心。

● 绿色能为家人做的最好的事，就是尊重家人的一切决定，并配合家人去实现他们希望的目标。一位朋友告诉我，他曾经很恨他绿色的父亲，因为在高考填报志愿、是否出国、是否回国找工作，这几件关乎人生命运走向的大事上，每当他请求父亲给予意见，父亲总说："你自己选择，你选什么都可以，我都支持。"而他因为不懂如何选择，走了些弯路，但若干年后，遇到更多的事情，发现在某些其他家庭，因为父母执意要让孩子按照自己选择的路走，发生了很多不幸的事情，他才意识到绿色父亲对于自己的不干涉和无条件支持，是那么珍贵。

● 绿色成家后，容易在伴侣和父母间左右为难。因为绿色自己没有太多主观意识，觉得怎样都行，但只要伴侣和自己的父母都不是绿色，双方一旦产生冲突分歧，而绿色又无法做出决定支持哪一方，多数就会采用鸵鸟策略，希望通过"拖"字诀解决一切问题，而这必将会让家庭僵局更加难分难解。

第二篇

不同性格的恋爱观

01

红色性格的恋爱观

♣　红色在恋爱中，最在意的是拥有对方的关注和欣赏，同时还能充分做真实的自己。说白了，既想让对方围绕自己，又不想失去自由。如果红色遇见了红色，两人想要的一致，那么可能会出现多次的分分合合，却很难分开。因为两人在一起久了，感到不自由，想要分开；当两人分开后，又发现彼此还有感情，于是又想复合。如果红色遇见的是其他性格，红色想要自由，而另一性格的伴侣想要的是安全感、责任或舒适，两者间必定会有冲突，甚至会导致分崩离析。

♣　红色在生命中一直寻求跃动和变化。出于对新鲜感的追求，红色常在二人世界中制造浪漫，时不时制造出意想不到的小插曲，并以此为乐。红色一定要尽量把生活和爱情弄得有趣，还要有活力，否则生命就没有意义。对红色来说，恋人生日时假装不在家，等对方开门后，再从暗处冲出，大喊"生日快乐"，这类惊喜是家常便饭。在红色看来，只要情感在，就能有层出不穷的创意和点子。

♣　红色对新鲜感的追求，导致他们可能会在多种情感之间漂浮不定，对于情感丰富、交游广阔的红色而言，也许他们从一个异性那里获得了安全感，从另一个异性那里获得了刺激和挑战的感觉，又发现第三个异性能给他们一种神秘和不可捉摸的感觉。就像《天龙八部》中的段誉那样，在遇见王语嫣之前，他也不知道自己更喜欢哪个，应该选谁，直到王语嫣出现，给他强烈的震撼，这种强烈的感受无法被他人替代，才由此选定伴侣。应该说，最影响红色恋爱抉择的，还是"感觉"。

♣ 红色需要"被给予"，需要伴侣的关注、赞扬和喜爱，他们渴望同时拥有一切。除去和伴侣相处外，他们也需要常常互动，否则会产生很重的压抑感，感到不快乐。很多红色恋爱后，在依赖恋人和向往自由之间纠结，会抱怨"恋爱后就没了自我"，深以为恨。

♣ 红色是花蝴蝶，也是水仙花，当感到自己被欣赏、被认可时，最幸福。红色像海绵，而赞美是水分。当海绵吸饱水时，是快乐的、膨胀的；当水被放掉，或长时间缺水时，是抑郁的、干瘪的，失去了神采，变得丧气，缺乏自信。

♣ 对红色的恋人而言，眼睛凝视很重要。你需要坐下来，看着他们的眼睛，听他们说话，不要打断，不要环顾四周，让他们倾诉完。很多时候，他们需要的仅仅是一个宣泄和说话的渠道而已。他们对那些听自己耐心说完且表现出极大兴趣的人，有很大的好感。如果你能经常这样做，红色对你会更加情意绵绵，长长久久。

♣ 红色的内心渴望被爱，并且希望对方毫不吝啬地表达出来，就像孩子说"爸爸，我要你爱我"。红色总是抱怨"你到底还管不管我嘛"，其实这就是一种爱的索求。你大可反复告诉他："你真可爱、真聪明、真有魅力、真诙谐、真有创造力……"他们永远都没有满足的时候。红色在天性中，对用肢体接触来传达友好和亲密情有独钟。

♣ 红色女人在情感上的代表，是吉卜赛女郎卡门。卡门享受爱情，却又无休止地追逐爱情，最后她对爱人说："你可以杀死我，但卡门永远是自由的。"红色男人在情感上的代表，是贾宝玉，浪漫而理想主义，可以为情而生，可以为情而死，他的格言是"只要与姐妹们在一处，就是化烟化灰，也是甘愿的"。

♣ 总体来说，红色不记恨，即便分手时因情感动荡产生了强烈的恨，但只要时间过去，对方不再具有主宰自己情绪的能力，红色对前任的看法就不那么极端了。加上红色并非一定要战胜别人，也并非无法从仇恨中走出，故而，四种性格中，红色是在分手后最容易原谅对方的。

02

■　蓝色理想中的婚姻与恋爱，是两个人无声地相互陪伴，就像奥斯卡获奖影片《水形物语》中清洁工哑女与鱼人之间的恋情，纯粹而静谧。两人偶尔用手语交流，多数时候，只是深情地相互凝望，专注地相互抚摸，这就是两个蓝色之间的恋爱状态，安静而美好。但假如蓝色遇到的是不同频道的人，一个要安静，一个要热闹，白天不懂夜的黑，蓝色会郁闷无比。

■　蓝色善于观察，会由外而内地观察那些引起自己注意的异性，去体会两人之间的每个细节是否合拍。就像《简·爱》中简·爱对罗切斯特的评语："我天性中每一个细微的纤维都感到满意。"蓝色希望自己的伴侣是有内涵的，可以去深刻探究的，最终可以成为"闻弦歌而知雅意"的知音。既是爱人也是知己，那便是蓝色所期待的爱情最好的样子。

■　对蓝色而言，专一是非常重要的。一来，蓝色本身就不擅长游走在多个对象之间，他们对待每段感情都认真而投入，假如要把感情同时给予多个人的话，蓝色自己就得把自己耗死；二来，蓝色本身就不是容易对外表或个人条件的诱惑动心的人，他们在意的是精神世界的交流，能满足蓝色这方面需求的人相对较少，所以蓝色是四种性格中最不容易劈腿的。

■　蓝色的爱情代表作是《天鹅之死》。纯洁的天鹅公主看着心上人被黑天鹅抢走，发出痛苦的哀鸣。中了魔法的天鹅公主，无法口吐人言说出真相，只能痛苦地舞着，旋转着进入死亡。这个故事暗示我们，蓝色在爱情出现问题时，最容易面临的不幸是：我无法表达我内心的痛苦——我是那么希望你能了解我，如果你不了解，那我此生只有痛苦地缄默。

■　蓝色可以长久停留在单恋状态，事实上，单恋更容易成为一种完美爱情的示范。许多以蓝色为主角的爱情小说或电影，都刻画了蓝色单恋的形象，譬如《一个陌生女人的来信》中的陌生女人、《嫌疑人 X 的献身》中的石神等。蓝色对一段恋爱的开始，无比谨慎，因为蓝色太相信凡事有始必要有终，因此排斥"摸着石头过河"这样边谈边看的恋爱方式。

■　当蓝色失去所爱之后，会长时间沉浸在悲伤回忆中，甚至无法接受一个新的恋爱对象，他们会在心目中幻化那个已经不可能回来的爱人，将之视为自己的理想择偶对象。这直接导致的后果，就是进一步减少了寻找下一段新恋情的可能性。一个新人要想进入蓝色的情感世界，需要对他有充分的理解、包容，尊重他的历史，不问他的过去，给他足够的安全感，他才有可能慢慢打开心扉。如果你正在和一个蓝色发展一段感情，请切记，欲速则不达。

■　"请支持我，不要取笑我，给我多些安静独立的空间。"这是蓝色想要对伴侣说的心里话。蓝色需要知道"你是站在我这一边的"，如果你和他们开玩笑或取笑他们，他们很容易受伤。当蓝色情绪低落时，不要直接去问他"你怎么了"，而应该说："我感觉你受伤了，我就在这里一直等着，等到你想告诉我的时候。"作为恋人，蓝色更需要对方润物细无声的支持，而无须口头上"我们会怎样怎样"等甜蜜或豪迈的话语。那些话，红色听了会觉得很暖心，但蓝色听了，完全没用。

■　和红色需要倾诉的特性相反，蓝色需要属于自己的空间。他们希望知道今天做了些什么，明天还有什么要做的。所以当你和蓝色谈恋爱时，务必了解他们的生活空间，并且尽量不要打扰他们。蓝色痛恨嘈杂混乱，他们需要一个可以暂时逃离喧嚣的空间，就像电影《2046》中梁朝伟把秘密告诉树洞一样，请你尊重他们的这种愿望，并且不要打扰他们。四种性格中，蓝色是最需要在恋爱状态下依旧拥有自己心灵世界的。

03 　　　　　　　　　　黄色性格的恋爱观

▲　黄色坚定地认为，最好的恋爱可以让彼此共同成长。不能同利，岂能同行。也许其他性格的人会觉得黄色功利，其实黄色想要的是一起做有价值的事、可以共同成长的关系。就像舒婷《致橡树》中写道："我如果爱你——绝不像攀缘的凌霄花，借你的高枝炫耀自己；我如果爱你——绝不学痴情的鸟儿，为绿荫重复单调的歌曲；也不止像泉源，常年送来清凉的慰藉；也不止像险峰，增加你的高度，衬托你的威仪。甚至日光，甚至春雨。不，这些都还不够！我必须是你近旁的一株木棉，作为树的形象和你站在一起。"

▲　不像红色和蓝色那样难逃情感的羁绊，黄色的一生，很难被情感所左右和动摇。黄色的情感需要，相对来讲，更实际和直接。作为恋人，他们并不需要你每天甜言蜜语。如果你要送礼，最好送实用的东西，而非表面好看却没任何实际用处的物件，那反而会让黄色觉得累赘。当然，你送东西的品质和价值一定要高，因为这代表了在你心目中，这个黄色的分量有多少。

▲　黄色坚信"只有成为更好的自己，才配拥有更好的伴侣"，所以会花很多时间和精力投资自己。黄色既要成就事业，也想成就婚姻，但是又不愿依附于某段感情，而是完完全全源于自我成就感。黄色会拒绝所有"不合适"的异性，不屑暧昧，对他们来说，暧昧实在是太浪费时间，要么真搞，要么不搞，否则有这些时间，不如赶紧做事。

▲　因为对情感的迟钝和漠视，黄色常被伴侣投诉"冷酷无情"。　　**031**

但各花入各眼，与黄色恋爱你可以落落大方，直白简单，不矫情，不做作，不用绞尽脑汁玩猜心，不会天天经历偶像剧中撕心裂肺的桥段。

▲ 如果黄色被对方提出分手，除非这人对自己的事业发展尤其重要（譬如直接帮助或有好名声或稳固后方），黄色才会努力挽回，否则，黄色很难低声下气去苦苦挽留，而是果断决绝，转身就走，暗暗发誓，从今往后一定要活得更漂亮，要让那个离开自己的人高攀不起。更重要的是，黄色的目标无比强劲，而感受毫不发达，所以，瞬间就可从失恋的痛苦中走出，一路前行，而非停留在原地咀嚼往事。

▲ 驯服黄色女子的男人，通常是那些能驾驭她们的强人，何谓强人？也就是，比她们厉害，她们可从他身上汲取更多养分，这人必须让她们心悦诚服，觉得跟他在一起，自己可以学到很多，成长很快。黄色女子的爱，必须有"崇拜"做基础，如果她们不觉得这个男人有比自己强的地方，可以肯定，她们无法产生爱。

▲ 有一种男人，是黄色女子很难抗拒的，简单八个字概括，就是"内心强大，与世无争"。黄色女子希望男人足够强大，强大到可给她们足够宽阔的平台，足够广袤的视野。但她们又本能地排斥与她们发生权力争斗的男性。征服黄色女子最好的方法，是让她们看到自己的实力和价值，但不向她们索取爱与关心，引诱而不强迫，把做决定的权力交给她们。

▲ 黄色男人不喜欢只是外表漂亮的花瓶，如果她有能力，可以帮助他的事业，那自然最好，但切勿以为自己很厉害、独断专行，黄色无法接受一切挑战他的行为。如果她能力一般，但听话顺从，又不太笨，能够从内心层面理解和支持黄色，那也很好。总之，任何性格都有情感，但黄色的情感需求更直接，更偏向实用性。

▲ 黄色是征服者，渴望征服一座又一座的高山。当高山被踏在脚下，一切一览无余时，对黄色而言，就失去价值了。除非你是一座可以不断生长的高山，让黄色永远有更高处的旗帜可以去攀折，更多的风景可以欣赏。

04 绿色性格的恋爱观

● 绿色理想的恋爱及婚姻，就是两个人细水长流地过日子。最好彼此间都没任何要求，也不需要整天以神仙眷侣的形象示人，活得轻松惬意。每天一起做做饭，买买菜，平淡之中有隽永，这就是理想的生活境界了。绿色最怕遇到对他们诸多不满意，天天批判施压，不能安生的恋人。相反，能包容自己的惰性、在不给自己太大压力的基础上，引导自己前进的恋人，绿色觉得才是自己的佳偶。

● 绿色对理想的伴侣没有明确要求，如果你一定要追问，他们给你的很可能是"各方面都还行""看起来不讨厌""习惯就好了"这样模棱两可的答案。绿色不挑剔，可并不意味着任何人都一定适合他们，虽然绿色对恋爱对象没太大要求，但如果追求者强烈地感到绿色无法完成他们的要求，绿色多半会"惹不起，躲得起"，自己渐渐淡出。

● 当绿色被多人喜欢时，会很难抉择。他们通常会退后一步，期待这些竞争者决出胜负，这样，自己就不用做选择了，最后跟着赢的那个走就可以了。在恋爱的每个阶段，绿色几乎都需要被推动，如果没人推动，他们很可能会留在现状，不想做任何改变，这也是绿色被恋人抱怨最多的一点。

● 绿色的核心需求就是平静稳定地生活。他们避免争吵，讨厌做决定，逃离争议，不惜一切代价寻求和平与安静。绿色不易引起人们的重视，在四种性格中，是配合者的角色。由于低调随和，又没有蓝色那么难伺候，故经常被人忽略，即使在恋爱关系中也是如此。

● 如果你的恋人是绿色，为了激励他，让他更自信，你就必须知道怎样满足他的情感需要。在你的爱和关心下，绿色会适当增添自信和影响力，逐渐发展成一个安静有力的爱的守护者。当然，这需要你付出很多耐心，不要因为他接受新事物和改变的缓慢，而轻易放弃，当你发现绿色很难做到你希望他做的事情时，不要批判指责，不要用情绪化的方式去教他，而应该心平气和地指出问题，问他的卡点在哪儿，有针对性地给出方法，你会看到绿色一点点在改变。

● 绿色期待人际关系永远是和谐的，完全没有冲突，生活没有压力。与黄色在压力下也能工作学习并把事情做好的特点完全相反，绿色经常需要在生活中休息一下，而非一直不停地行动。他们的潜意识里，总在找把凳子，"如果我能坐几分钟……"当绿色被卷进一场激烈的活动，有时他们会无所适从，所以相处时，千万不要强迫他们。如果你想要他们前进，请把事情说得简单化，让他们知道你会在旁边随时伸出援手，这会大大减轻他们的压力。绿色并不是懒惰，他们只是不喜欢有压力，如果有选择的话，他们宁可选择不做任何事情。

● 绿色需要实现自我价值。他们中的大多数，在小时候就被家长忽略，因为家长总是关注那些有要求的孩子，这滋长了绿色消极的态度，并拉低了他们的自我价值感。绿色不像红色那么活泼可爱，不像黄色那样做事有目的，也不像蓝色那样情感深刻。绿色可能会被动接受一些自己并不怎么喜欢的东西，当你们恋爱时，你从绿色那里很难得到明确的意见和想法。他们会说"我不在乎""没关系""随便你想做什么"，但是，他们确实需要有人能鼓励自己分享内心真正的想法，建立起自我价值感。

● 恋爱关系中，绿色也希望被恰如其分地重视，而非只是因为没发表意见就被忽略。一个绿色曾跟我说："女友眼中，我就是件家具。"作为伴侣，你应该鼓励绿色参与到所有与两人有关的决策讨论中，即使他们看上去并不在意，也要听取他们的意见，别打断或轻视他们的评论，让他们知道自己的重要性，你们的情感才会向良性方向发展。

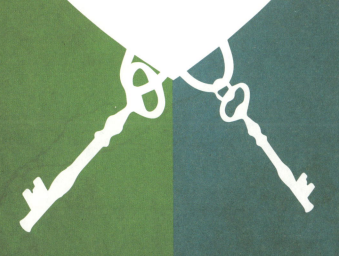

第三篇

性格色彩
恋爱实战指南

01

读女
—— 不同性格的女人喜欢怎样的男人

"男人不坏，女人不爱。"这话对吗？

这一问，对男子的困惑是，女人到底是爱"好男人"还是"坏男人"呢？这一问，对女子的困惑是，当她们游走在带来稳定踏实的"好男人"和提供刺激浪漫的"坏男人"之间，到底应该选哪个作为终身伴侣？

如果你到网上提问，一千个答案，九百个会说，好坏不重要，有钱最重要。故此，我们假设这两种男人的财富等同，样貌等同，背景等同，唯独性格不同！

回答此问前，先要搞清，到底怎样的男人才算是大众心中的"坏男人"。

"好男人"，泛指遵循道德和世俗规范的男人，举止有度，用情专一，不会背叛……

"坏男人"，泛指笑意中带痞气，懂得怎样讨好女子、撩拨技巧高超的男人。

前者百米之外，一闻就是良民；后者侧耳一听，就充满邪气。

电影《全民情敌》中，男主角在酒吧里看到一个美女被一帮高富帅包围，他找不到接近美女的机会，就用了一个套路，跑过去丢给那美女 100 美元，说："服务员，给我来两杯咖啡，送到那边的桌上。"

然后转身就走。美女立刻追过去，说："阁下眼瞎否？我穿得像服务员？"男主角接话说："早知你不是，但如不用这招，怎能把你这位美女从那群人里单独约出呢？"美女嫣然一笑，两人开聊。

你看，"坏男人"，并非说他就是不尊重你甚至侵犯你的人，而是维持在一个度，主动联系你，并释放一些信号。但这个"度"，其实很难掌握，如果你掌握得游刃有余，猎艳无双，那你就是标准的"坏男人"。

可做到这点谈何容易，张爱玲早就说过："如果你不调戏女人，她会说你不是男人；如果你调戏了她，她又说你不是一个上等人。"所以，男人们只好选择：宁愿不做上等人，也要先做个男人，哪怕是个坏男人。

>> 不同性格女子被搭讪后的反应

是不是所有的女子都喜欢"坏男人"呢？这其实取决于这个女子的性格是什么样的。打个比方，在陌生的聚会上，不同性格的女子若是被一个帅气的男人随意搭讪，反应会有何差异？

♣ 红色性格女子被搭讪——窃喜

无论是积极回应还是训斥这个男人，自己能得到认可，说明自己魅力尚存，如果别人周边经常有花花草草，自己孤苦伶仃，岂非说明自己毫无吸引力。如果此男英俊，是自己喜欢的调调，也不排斥接纳；如果此男相貌平平，对红色女子来讲，直接拒绝后，还会思考为何自己总是吸引烂桃花。不仅毫无雅致，反会沮丧。

■ 蓝色性格女子被搭讪——不安

难道是自己不小心给别人暗示了吗？为什么冲着我来呢？他到底想干什么？即便此人一表人才，这样一种莽撞的追求方式，蓝色也会在心里给对方打上一个叉。

▲ 黄色性格女子被搭讪——无视

黄色会在心里本能地评估每件事情的价值，类似这种只会口吐"美女"二字的无聊搭讪，懒得花费心思去搭理。如果黄色女子看上一个男人，自会想办法接近；如果看不上，任对方再怎么撩拨，也不动声色。

● 绿色性格女子被搭讪——配合

在公众场合，即便对陌生人，绿色女子也会给面子，不会让对方下不来台，更可能的是，"嗯嗯啊啊"支吾一番，含糊离开，之后，心中了无痕。

总体来说，四种性格对好、坏男人的取舍和喜好，有巨大差异。

>> 不同性格女子对坏男人的态度

黄色性格女子——无谓好"坏"

黄色女子会爱上"坏男人"吗？取决于这个男人对她有没有用。

黄色女子在社交中不喜欢那些敷衍赞美，尤其口称"美女"的男人，反而会去关注那些一直聊事业、心思也不在自己身上的男人。

黄色女子，会把婚姻当作人生重要的事业来经营，所以，如果对方拥有自己无法抗拒的条件，可帮自己更好地成长，即便他坏一点，又有何妨？这反而会激发她的挑战欲。黄色女子对"坏男人"的情感容忍尺度很高，只要对方做的事是在自己可控范围内。而且，她坚信，自己可以打跑任何一个竞争者。

所以，男人好坏，并不重要，重要的是此男能不能帮她成长，让彼此都变成强者，成为坚实组合。

> 情若不可使人长
> 徒有专一最无用

绿色性格女子——不知好"坏"

绿色女子，啥事儿都没绝对，择偶要求也不多，所以，好男坏男，不重要；自己要好男还是坏男，不知道。

在绿色看来，二选都可。

若是"好男人"，足不出户，两人在家洗菜做饭，上网带娃，终此一生，如是生活，甚是满意；若是"坏男人"，当初对她穷追不舍，也就从了，即便婚后不够忠贞，绿色也不问，万一对方在外兴风作浪，换作其他性格，早就翻脸，但绿色只会默默接受，然后哀叹老天注定我碰上此人。好比《射雕英雄传》里包惜弱遇见完颜洪烈，此乃天命，无法不从啊。

> 你是鸡来我随鸡
> 好便吃肉坏喝汤

蓝色性格女子——抗拒"坏"男

蓝色女子不喜欢"坏男人"的核心原因有二：

第一，蓝色有"度"。

不论是谁，都不可逾越她定的这个尺度，你要是越过，便是不尊重。蓝色不但有度，且度数极低，所以"坏男人"第一次见面，若有肌肤之触，蓝色就认定其轻浮纨绔，肤浅好色，必须远离，不可再近。

第二，蓝色最求安全感。

一旦恋爱，直奔婚姻而去，当她看到此男油嘴滑舌，在外聚会时与其他女子也亲密无间，内心升起强烈危机，且会无限放大。蓝色的安全感，会在一个小小举动前瞬间崩塌，与坏男步入婚姻，既不安全，也不靠谱，怎可忍受此男陪伴自己度过一生呢？

> 嬉皮笑脸必色男
>
> 发情止礼藏于心

红色性格女子——喜欢"坏"男

古龙小说《绝代双骄》里有对双胞胎——江小鱼与花无缺，前者在恶人谷长大，恶人谷里遍地土匪流氓二流子，江小鱼耳濡目染，长大后坑蒙拐骗样样精通，看到小姑娘，有一些亲密举动，家常便饭，一看就是典型的小混混和嫡系正宗的"坏男人"；而花无缺在移花宫长大，里面清一色都是女人，宫中的环境充斥着文化扮相，花无缺整日浸淫，长大后人如其名，拿把扇子风度翩翩，谈笑有鸿儒，往来无白丁，女子与他同住破庙，孤男寡女共处一室，天赐良机，怕也是授受不亲，世人眼中标准的"好男人"。

可奇怪的是！奇怪的是！！奇怪的是！！！最终，小说里喜欢江小鱼的女子反而最多。看过这部小说的女性读者，绝大多数也最爱他，为何？乃因小鱼儿表面邪恶，懂得手段讨好女生和适度调戏，但是心里依旧有孩子般的善良质朴。如果你是一个追求快乐的红色女子，和江小鱼在一起，每天都会很开心，随时体验到刺激的感觉，无须担心恋爱中的平淡，时时是高潮，刻刻有惊喜。和这样的男人，即便每天露宿街头，饥肠辘辘，终日被仇敌追杀，浪迹江湖，你也会感慨："即便只有一天，就这么一天，此生足矣！"

再看电影《泰坦尼克号》，其实，杰克就是个像江小鱼那样的"坏男人"，而露丝的未婚夫卡尔，算是"好男人"一枚，但是露丝嫁给他，完全是为了解决家族衰败的现状。哪怕这男人再好，再送她一筐"海洋之心"，也根本爱不上。可杰克不同，穷小子带她疯狂跳舞，教她吐痰，为她作画……

你若是蓝色姑娘，这种"撩妹"方式，真是低俗无耻不入流，只会鄙夷唾弃；但对红色姑娘来说，这种体验，是人间仙境，颠覆人生啊，不枉此生，即便是短暂相处，也可成为此生最美好的回忆。

我在《性格色彩原理》中早就说过，性格无国界，无论东方还是西方，无论肤色如何，都遵循性格色彩的规律。美国新墨西哥大学曾做过一项调查，那些自恋冲动、追求刺激、爱撒谎、冷酷以及喜欢耍手段的"坏男人"，更容易吸引女性。为何会得出这样的结果？我的推断是，愿意配合调查的女性，绝大多数是红色，因为内心开放，愿意分享自己的真实感受，喜欢有趣，所以她们愿意配合做这样好玩的实验。而蓝色不愿分享自己的内心；黄色觉得这种调查对自己没啥好处，毫无意义，不屑参加；绿色只有在别人推动下，才会被动参与，绝不会主动参与。你试试看，若有一天，调查一群蓝色女子，断然不会是以上结果。

所以，这恰恰也证明，红色女子最偏向于选择"坏男人"。她们爱的是那个人和那个人带给自己的毫无征兆的、延续不断的人生体验。

任由江湖怎评述
爱你与你浪天涯

>> 选谁的关键

现在，你已知道了，四种性格中最偏好"坏男人"这款的是红色女子。那么，为何她们依旧会纠结到底选择"好男人"还是"坏男人"呢？

原因在于，红色太贪心，她们既想要一个"坏男人"带给自己持续不断的新鲜、刺激和高潮，同时又希望这个"坏男人"婚后不要用同样的招数对待其他人。也就是只想获益，不要风险，心目中的理想生活就是：和我恋时是"坏人"，和我婚后变"好人"。

好真实的梦想，佩服！敢问，有可能吗？

不要灰心，当然大有可能！

"坏男人"之所以坏，可能是因为太年轻还没体验够，也可能因为你被动，他要是不主动，猴年马月才能修成正果呢？所以，嫁他没啥不好。往乐观想，人过中年，随着年龄增长和婚姻确立，他会渐渐返璞归真，承担责任，变成一个"好男人"；往悲观想，难道年龄大了，就会改变心性吗？难道明确的恋爱和婚姻关系就能绑住一个人的心吗？你会发现，不论在文学影视作品还是在现实中，大多数时候都很难实现这一点。

而如果男人对每个女人都"坏"，是因为他还没遇到让他变好的女人。倘若你是他的真命天女，也许他会为了你，变成一个只在你面前坏的"好男人"。

20世纪90年代，被誉为纯爱鼻祖的日本连续剧《东京爱情故事》里，有个坏男人叫三上，飘逸长发，叼着香烟，有着一副让人无法拒绝的微笑，每天睡不同的女人。而小学同学里美，传统女性，独爱此男。

某日三上在大街上吻了她，并当着老同学的面宣布："这就是我的女人！"作为传统女性，里美觉得眼前这个男人的行为实在是太酷了。

但几天后，三上就在自己所在的医学院勾上一个富家小姐，里美质问他时，三上又用了一个套路，当着里美的面，把自己的电话簿掏出来，付之一炬，发誓永不再跟他人有任何来往。里美相信了。

可事实证明，三上依旧如故，后来被里美发现，人赃俱获。最终，里美嫁给这部剧的第一男主角永尾，因为此男是个大大的好男人，为人保守正直，典型的中庸派。

而三上呢？最后娶的，恰恰就是医学院的富家小姐，因为那个小姐知道怎样驾驭这个坏男人。

首先，她甘愿做备胎，明知三上有相好，依旧不放弃，一旦看到三上跟别的女人有约，就主动回避，而非撒泼，这让三上的内心既愧疚又感激。而这位富家小姐因为家庭从小高强度管束，虽然表面文静，但内心始终自由奔放，最后她搞了出惊天地泣鬼神的大事：原本她被家族安排与另一家财团联姻，不承想结婚当天做了逃跑新娘，出现在三上面前。而这长久做备胎后的临门一脚，恰好轰击在三上的心门上，让他无比感动。终于，浪子顿悟，为眼前这个女人锁定下半辈子的人生。

用作者柴门文的话来说："风流的三上，之所以风流，是因为他一直没遇到对的人。"但在我看来，最准确的说法应该是，因为他一直没遇到那个真正懂他性格，能进入他内心，并能搞定他的人。

"坏男人"是把双刃剑，如果你想寻求恋爱的刺激和惊喜，"坏男人"乃首选，但请你首先了解你可能遇到的风险，并且学会怎样搞定这样的男人。如果你想要无比稳定的婚姻，可以多考虑"好男人"，他们虽然看起来很无聊，但会给你带来安全和温暖。唯一麻烦的是，就怕你忍受不了婚姻的束缚，末了，发现你最爱的其实并不是那个"好男人"。

不同性格女子对男人的选择

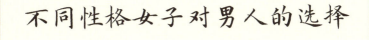

- 任由江湖怎评述，爱你与你浪天涯。
- 嬉皮笑脸必色男，发情止礼藏于心。
- 情若不可使人长，徒有专一最无用。
- 你是鸡来我随鸡，好便吃肉坏喝汤。

02 识男
——不同性格的男人喜欢怎样的女人

性格色彩学的很多秘诀，男女都可通用，也就是说，在性格的规律面前，男女平等。但在"女人喜欢好男人还是坏男人"这个问题上，与前文相比，男女略有差异。

与"男人不坏，女人不爱"这句话相对的，该是"好女人上天堂，坏女人走四方"。大众心里普遍暗藏坏女人更吃香的念头，但少有人讲得清原因。说来说去，只能说出一个等式：坏女人＝狐狸精。

有人说，男人遇到狐狸精，大多不愿结为夫妻，只想做个曾经拥有的过客，男人往往喜欢和"坏女人"游戏人生，和"好女人"白头偕老。若你也赞同以上说法，要小心，你的偏颇片面可能误你终身。

深度探讨前，要先确定"好女人"和"坏女人"的定义。

所谓"好女人"，指的是符合大多数人标准、善解人意、体贴温柔、循规蹈矩、听话顺从的女人。

所谓"坏女人"，并非道德角度的坏，而是想做什么就做什么，充分释放魅力，活得自我的女人。

网上对"坏女人"有三个形容词：野、媚、妖，这很能说明大众对"坏"的认知。

舜有两位好妻子，娥皇、女英，结果舜去巡视未归，身消道陨，噩耗传来，二人投水而死，忠贞不渝，被立为"好女人"的代表。

姐己把纣王迷得神魂颠倒，是公认的狐狸精的鼻祖。但人家白娘子也是蛇精，为啥却晋升为"好女人"呢？也许是小说刻意强化白娘子对许仙的一心一意，贤良淑德。武则天从嫔妃转变为帝王，打破了时代对女人的限制，后世评议，这是个不错的皇帝，却是个恐怖的女人。

总之，符合"好女人"标准，无论是人是妖，都会在史上得到颂扬；只要打破"好女人"标准，跳出条条框框，势必承受无数非议。

不过，时代还是在变化的。法国国宝级女作家科莱特个性超群、随心所欲，死后得到了国葬的待遇。有一次，她一边写作一边随剧团表演，媒体的评价是："笔杆和舞台一把抓，跳舞跳到乳房露出来。"她自己说："如果紧身衣妨碍我，伤害我的造型，我宁可光着身子跳！"她的存在，为半个世纪前的巴黎文化界增添了无数活力。那个年代的女权主义者都大喊口号，要独立自由，要和男人一样享受更多权利，可她基本上从不争取，也不喊口号，人家是直接开做，是实干派。因为世俗的道德和规范无法束缚她，这种做派，难免遭到"正统人士"围剿，当然被认为是"坏女人"。可是，她的人性通透和温柔又表现在，她曾说："爱一个男人，不是向他索取幸福，只是要一种在他身边生存的可能性，以及对他容忍。"

你说，她到底是个"好女人"还是"坏女人"呢？

从性格角度分析，"好女人"身上，蓝色和绿色的特质较多；"坏女人"身上，红色和黄色的特质较多。

那么，男人到底更喜欢和"好女人"在一起，还是和"坏女人"在一起？

也许"好女人"就像张爱玲所说的"白玫瑰",是圣洁的妻子;"坏女人"就像"红玫瑰",是热烈的情妇。张爱玲认为,男人在这两者之间是纠结的,"娶了红玫瑰,久而久之,红的变了墙上的一抹蚊子血,白的还是'床前明月光';娶了白玫瑰,白的便是衣服上沾的一粒饭黏子,红的却是心口上的一颗朱砂痣"。

徐志摩的原配张幼仪算是标准的好女人,出身显赫,听从家人安排,嫁给徐志摩之后,没半分豪门女子的娇气。尽管徐志摩把她当成空气,当成累赘,当成自己追求幸福生活的阻碍,她依然默默承受,期盼徐志摩会回心转意,直到最后绝望,听从徐志摩的安排,签下了离婚协议书。在那个时代,像她这样的女子被抛弃,是件非常丢脸的事,但她只说了一句:"你去给自己找个更好的太太吧!"

徐志摩喜欢的是有新思想的女子,能给他带来美好梦幻感的女子,他追求林徽因失败后,与陆小曼相爱并结合了。陆小曼无疑符合"坏女人"标准。年纪轻轻出入交际场,是名动一时的交际花,身后无数男人追求。她的第一任丈夫王赓与徐志摩是同学,因为自己去外地工作,托付徐志摩照顾自己老婆陆小曼。徐志摩和陆小曼一起游山玩水,产生了感情,陆小曼为了嫁给徐志摩,就和对自己忠诚专一的丈夫王赓离婚了。

婚后,陆小曼继续过着交际花的生活,铺张浪费,鸦片成瘾,导致两人生活非常拮据,徐志摩为了省钱坐免费邮政飞机,飞机失事。徐志摩死后,张幼仪负担了陆小曼的生活,并且承诺,只要陆小曼不改嫁,会终生给她支付生活费。

按现世标准,徐志摩和陆小曼,是标准的"渣男渣女",而张幼仪,最后的承诺,那是妥妥贤妻良母之体现,令人涕泪纵横。可惜纸上爱情终觉浅,爱情的好坏,与世人眼中人的好坏是两码事。"好女人"身上的好,无论男人还是女人都看得到,她们安分守己,永远不会欺骗和背叛你，给人强烈的安全感。但"坏女人"身上，总有些特质会吸引男人，她们似乎更有情趣，更刺激，更有种不确定感。

说到这儿，你可能会有种错觉，"坏女人"比"好女人"要吃香，做"好女人"是大大亏了。

别别别！

以上所有故事，都只局限在对某种性格的男人。选择"好女人"还是"坏女人"，当男人性格不同时，选择倾向完全不同。

>> 不同性格男人对女人好坏的看法

绿色性格男人

因为包容性强，情感中被动，绿色男人对"好女人"和"坏女人"的态度，和绿色女人对"好男人"和"坏男人"的态度一样，无所谓。他们更大程度上，其实是看谁对自己好。

绿色的郭靖爱上了亦正亦邪的黄蓉，没选择公主华筝，主要原因是黄蓉懂得花心思对郭靖好，假如华筝不是公主脾气，而是像黄蓉那样，又给郭靖做菜，又帮他想法子找高人师父，还天天甜言蜜语，绿色的郭靖早就被留在大漠成亲，也不会有机会遇到黄蓉。

《阿甘正传》中，绿色的阿甘深爱的女友，正是离经叛道的坏女人代表，和阿甘好了后，突然玩消失，跟一帮嬉皮士流浪，吸毒，恣意放纵，但只要她回来找青梅竹马的阿甘，阿甘对她总是一次次地接纳。

郭靖武功低微行走江湖时，一直被人瞧不起，他只知道是黄蓉一直主动帮他，只知道蓉儿对他好；阿甘小时候，被人一直欺负，是珍妮一直在主动保护他，他只知道珍妮对他好。如果你要搞定绿色男人，无须刻意做"好女人"或"坏女人"，无论你是哪种形态，绿色都可接受。需要注意：如果你太循规蹈矩，不去主动影响他，必然与他失之交臂！跟绿色男人恋爱，女子必须更加主动，这才是最紧要的。

> 谁对我好谁就好
>
> 独立小桥静候君

黄色性格男人

"坏女人"身上有些性格偏向红色，比如媚与妖，这跟红色的表现力强有关，把妖媚之气展露充分的女子里，红色居多。《聊斋志异》里的狐狸精、花妖和女鬼，比如小翠和聂小倩，皆属红色。

但还有些"坏女人"是不按常理出牌、特立独行、自行其是的黄色。黄色的"坏女人"中有素养学识，受过高等教育或社会历练的，往往对事物的判断睿智敏慧，运筹帷幄不比男人差。她们施展起太极，腾挪跌宕，先勾起男人兴味，当男人欲一窥究竟时，正襟危坐，拈花微笑，使男人意乱情迷，欲罢不能，乖乖拜倒在石榴裙下。更重要的是，她们知道怎样站在男人的肩膀上。

黄色男人，遇到黄色"坏女人"，会惺惺相惜，这种欣赏，源于期待情感中的挑战性，而聪明的"坏女人"懂得营造神秘感，只要一神秘，就能引得男人瞎猜。"坏女人"善用这点，把男人胃口牢牢吊着，让男人捉摸不透，想靠近，却发现只能远观。

　　　课堂中一位学员，喜欢上了一个黄色男人，因为那个男人喜欢户外旅行，因而她也加入了同一个户外俱乐部，并且爬山时提出要和他比赛，看谁能更快登上山顶，结果还真在第一次比赛中赢了他，以此成功吸引了黄色男人的注意。在后面交往中，她在其他项目上输给这个黄色男人，并表达了对他的崇拜之情，两人水到渠成，顺利走到了一起。

黄色男人欣赏独立自主的女人，但未必会把这样的女人作为理想伴侣。他们的最佳选择，是找到一个让自己欣赏的厉害女人，征服她，并让她只对自己臣服，就像上面故事里那个女孩。但这种选择有时未免理想化，更多时候，黄色男人在婚姻中更愿意选择懂事、听话、有一定独立性的女人。

而妖媚，黄色男人则无所谓，他们并不在意女人是否够妖媚或惹人关注，说白了，黄色认为这玩意儿中看不中用，可有可无。

如果你想征服黄色男人，你可以设法帮到他的事业。唐太宗李世民的长孙皇后，算是好女人的楷模，贤良淑德，克制节俭，在李世民对魏征恨不得生啖其肉时，没有一味谄媚顺从，而是严肃告知，圣上有此忠臣乃大唐之福。长孙皇后死后，李世民念念不忘。

> 色字头上一把刀
> 棋逢对手方成器

蓝色性格男人

蓝色男人恪守规则，对身边亲近的人很挑剔，乍看起来，不太可能跟"坏女人"一起，事实上择偶时，选择"坏女人"的概率的确不高。但本书要公布一个比达·芬奇密码还要石破天惊的秘密，那就是——蓝色男人的内心深处，喜欢"坏女人"。

原因在于，蓝色内心潜藏激情，细腻而敏感的他们容易被拨动情绪，只是受制于理智，不会表现出来。"坏女人"肆意的情感流露，对蓝色而言，有强烈的互补吸引力。

蓝色表面上会批判她们离经叛道，但内心有种被挑逗的感觉。因为"坏女人"的野性脱俗无羁，如同未经世俗污染的清纯，不受约束的洒脱。这种野，就是听她咯咯一笑，到处弥漫着原始的野性和磁性，男人的心思马上跟着活跃，不由自主地随风而动。

须知，野性的张狂最能勾起男人的征服欲，西施捂心茕茕孑立，只能引起男人爱怜，却很难激发男人狂热的渴望。野性的美，那是山巅一朵怒放的玫瑰，尽管花枝带刺，可依然让男人忍不住伸手攀折。

奥斯卡获奖影片《魅影缝匠》，讲述一个蓝＋黄的时装设计师，从工作到生活都无比高标准严要求，生活近乎苛刻。比如，当他思考时，如果有人用刀切奶酪，那声音绝对不能忍，这直接导致他无法与喜欢的女人长期生活。他的冷淡让女人很受伤，女人越渴望与他交流，他越冷淡，直至分手。有一天，他遇到一个红＋黄的餐厅服务员，女子身份地位和他虽有天壤之别，却有种天生的反抗精神，随意，热情，主动表达情感，他被这些特质吸引，把女人带回了家。当他再次表现出苛刻、挑剔、难以接近时，这个女人没像从前他所经历的那些女人一样退缩和离开，而是用各种办法来改变他，最后，不惜给他吃毒蘑菇，让他生病，让他脆弱，让他需要关爱，因而两人身心交融，最后结婚。每当两人出现矛盾，老婆就给他吃毒蘑菇，而他明知有毒，还是满怀深情地吃下去，等待发病，等待灵肉合一。

这个红＋黄女人，明显是个"坏女人"，为了得到爱，竟然不惜用这种方式。但也唯有她，能让这个男人心甘情愿地娶她，死心塌地吃下她亲手放的毒蘑菇。

这样看来，好像你想搞定一个蓝色男人，至少要学会放毒蘑菇。这招太狠了，应该说，你要变得有内涵。如果你只是一个简单本分的"好女人"，蓝色男人会认同你，但内心情感需求依旧无法得到满足。

> 红雨随心野性浪
> 青山着意化为桥

红色性格男人

红色男人在女人好坏的问题上，接受度最为宽泛，因为他们都爱，他们认为好坏随时都可转换，只要你能引起他们的兴趣，就存在发展的可能。

《鹿鼎记》中红色的韦小宝，他既爱"坏女人"方怡，又爱"好女人"双儿。

红色的方怡，一开始对韦小宝毫无兴趣，只爱自己的师哥。为了帮师哥，假装诱惑韦小宝，让他一次次上当被害，韦小宝越是恨，就越想得到她。

绿色的双儿，对韦小宝唯命是从，金庸的好友倪匡说，如果有一晚，小宝忽然对月兴叹："月亮方得真可爱！"双儿也不会和你辩论月亮是圆的，她会说："看来是真的有点起角呢。"小宝不禁感慨，得妻如此，夫复何求啊。

四种性格的男人，相比之下，红色最没有原则，易陷温柔乡。

红色男人容易被会哭的女子拿下。这种哭不是光着脚丫猛着劲地号啕大哭，而是梨花带雨泪湿罗巾地哭，这种蹙眉凝噎的哭，可直接浇进男人心田，故而可以激起红色男人的同情心。

红色男人容易被撒娇的女子拿下。不撒娇的女子，犹如死鱼，少了灵动。影视剧里，一边指尖有节奏地轻戳男人胸膛，一边嘟着小嘴似怨非怨地道"爵爷真是好功夫呀"的女子，嗔功都是臻至化境。她们知道这群红色男人，都是以成功征服女子为自己人生的万丈长虹，故而可以激起红色男人的虚荣心。

红色男人容易被柔软的女子拿下。河东狮吼的女子，永远只能震慑胆小怕老婆的男人，靠恐吓无法激发起男人的雄性荷尔蒙。女子的柔情水款款飘过，像苏杭丝绸那样的柔软，这是男人心灵的渴望，故而可以激起男人的保护心。

同情心、虚荣心、保护心，此三心，乃天下红色男人情场中的软肋，最易被"坏女人"一击即中。

黄色的性格色彩传播大使阿诗玛这样跟我说：

老师，我很容易和红色男生不欢而散。您说的这三点，我都是反方向做的。

去年年初，长江读书的一个同学追我，人很帅气，当时被他阳光的外表吸引，我们好了一个月。有次出差回来，我说不用接，他非要接，都晚上十一点多了。最后，他居然开车在我家楼下等我，手里还拿着夜宵。我看到他，顿时火冒三丈。他说担心我，也怕我饿。我不仅没有赞美，还说："你觉得我是小孩子吗？"我极力压制内心的不满，强调说："明天我会去找你，你非要来找我。而且我不吃夜宵，也喜欢独来独往，我太累了。"然后我扭头上楼，他非要跟上来。最后我说："东西给我，你回去吧。"

后来觉得很烦，我们就分开了。现在，仔细一想，他其实想要的很简单，就是被需要，想保护我，被我认可而已。可我当时真是觉得烦躁。

你看，你如果不给红色男人保护你、呵护你、心情柔软的机会，

怎么凸显他们的男子之风呢？（详见《性格色彩单身宝典》）

> 天生多情情不薄
> 卿本人间一浪子

如何搞定情感经历丰富的红色男人，此处只透露一个最大秘诀，就是——你要去看这个红色男人之前遇到的是"好女人"多还是"坏女人"多。如果他一直遇到的都是"好女人"，那么，你坏，会让他过目不忘；如果他一直遇到"坏女人"，那么，你好，会让他朝思暮想。

如果你依旧不能理解此话奥秘，就认真想想为何古今中外的文学作品中，总有各种读书人被农家女吸引？

龚古尔文学奖是法国久负盛名的文学大奖。在毛姆笔下，他评价龚古尔兄弟英俊有魅力，弟弟朱尔欢快风趣，秀气性感；哥哥埃德蒙内敛拘谨，高大俊美。他们认为爱情是虚空的，没任何用，只会耗费时间精力，影响文学事业，为了伟大的文学事业，这对严苛的兄弟决定不谈恋爱、不坠情网。可正常男人总要解决情欲，所以，他们决定，情妇要有，但兄弟共享足矣。走进兄弟二人世界的女子玛利亚，虽然放荡堕落，但快乐善良。她跟龚古尔兄弟在一起，温顺得像猫。作为一名助产士，见闻多多，每天都会把所见所闻讲给这对文学兄弟听，他们听之入迷，由此产生很多创作灵感和素材。

龚古尔兄弟喜欢助产士，就像古今中外，仗剑天涯的读书人路过穷乡僻壤，很容易被大字不识的清秀农家女吸引，生出无尽爱意。原因很简单，农家女天生的聪慧和与生俱来的活泼，让一切学历在她们面前都黯淡无光，这一切都给那些喜爱猎奇、喜爱体验、喜爱变化，充满理想主义的红色的感性男人，带去最简单直接的快慰，能毫无压力，不需耗费心机，从而生出无限奇思异想。而且，即便你事业上毫无建树，但是凭借几句文绉绉的秀才味，不出山村的农家女也会觉得这个男人好有文化呀，好有见识呀，也更容易崇拜你。你看，这让一个男人很容易感受到自己的男子汉气概。

按照人性内心最隐秘的想法，都希望自己所爱的这个人是个好坏结合体，想让她好的时候好，想让她坏的时候坏。哇，你做梦的能力真不错。不过，人就是如此，明知是痴心幻想，不碰到头破血流，不碰到没有退路，还是会挠心抓肺地追寻。

不同性格男人对女人的选择

- 天生多情情不薄，卿本人间一浪子。
- 红雨随心野性浪，青山着意化为桥。
- 色字头上一把刀，棋逢对手方成器。
- 谁对我好谁就好，独立小桥静候君。

03 网恋
——如何不见面就看穿真相变虚为实

　　如何克服网聊的虚无缥缈，从模糊好感到真切喜欢，再到走入现实？本节不谈虚的，就是告诉你如何将性格色彩在恋爱中从网上落到地面，爱情从天而降时，不能让幸福只停留在云端。

>> 不同性格的网恋特点

　　假设有四个男生，各方面条件相差无几，唯独性格不同，分属四种——红色、蓝色、黄色、绿色，他们喜欢上了同一个女孩，并且都拿到了女生微信号。当他们同时追求时，我们来看看会发生什么。

　　四个男生都给女生发了个"你好"，女生高冷，回复了一个字："忙。"收到回复后，不同性格最有可能的反应是什么？

● **绿色性格网恋——自行告退**

　　看到"忙"字，立即告退。心想：看来这女孩挺忙的，她这么漂亮，估计跟她聊的人挺多，我还是先不要打搅她了。等了一会儿，到了睡觉时间，绿色就洗洗睡了。

■ **蓝色性格网恋——暗藏不言**

　　看到"忙"字，不确定女孩是真忙，还是以这个字拒绝，所以蓝色默默等着，如果女孩真忙，总有忙完的时候，一直等到午夜，女孩啥也没说。

▲ 黄色性格网恋——以利诱之

看到"忙"字，觉得这女孩还挺有挑战性的，不错。他想了想，女孩快毕业，好像工作还没落实，于是回复："有份工作介绍你，忙完后给我挂电话19988888888。"然后，专心加班。黄色认为，与其等你召唤，不如化被动为主动，找到能吸引你的事，让你自投罗网。

假如女孩没回复，第二天，黄色又给她发了一条消息："我认识一个平台的人，手里有很多资源和流量，有发展，我推荐你去他们公司工作，你把简历发给我吧。"女孩依旧未回。

第三天，黄色继续加大筹码，又发了条消息："昨天跟你说的那个工作，起薪三万，明天是最后面试，错过就没了，你自己看着办吧。"

总之，黄色目标不变，方法可变，如果一招不灵，加大赌注，卷土重来，直到搞定。

♣ 红色性格网恋——乐此不疲

看到"忙"字，红色想象力驰骋，表达欲更强，不断给女孩发消息："忙什么呢？""这么晚了还在忙，注意身体呀！""大概还要忙多久啊？给个回复啊？我等你忙完，再好好聊，好不好？"

女孩不回复，红色开始情绪化："喊，这么骄傲，不理人啊？""大不了不聊了，我才不喜欢跟没有诚意的人聊天呢！""我走了，再见，不，应该是，永远不见！"

女孩还是不回，红色就把女孩拉入黑名单，但三分钟不到，他又重新加回："对不起，刚才是我太冲动了。""我不该那么小气，男人等女人是应该的。""你不说话，我就当你原谅我了哦。"

如果说蓝色的兄弟是等了一晚，那红色的兄弟就是自己忙活了一晚。红色擅长自说自话，会给自己导演上一出精彩大戏。情感爆发快，消散也快。如果没快速得到对方回应，会有焦躁感，担心自己不被对方接受。

网恋中，红色非常容易幻化对象，也就是说，总把一切网恋想得无比美好。在没真正见面前，看到照片，会把对方的美照继续扩大十倍，即便线下见光死，遭受剧烈打击颓废了一段时间之后，下次依旧会纯洁地卷土重来，因为红色太相信美好的事物，太容易好了伤疤忘了疼。

这点与蓝色完全不同。蓝色认为任何人的美图都是秀秀的，即便满脸麻子，也有可能是 PS 出来故意扮丑。世上既然有人扮美博取欢颜，就有人扮丑故意考验；有穷光蛋装大款勾引良家妇女，就有沙特王子装学生党寻觅灰姑娘。反正，没见到真人前，网络对面的那人，根本不可能那么好，一切都要靠时间来考验，贪图我色相和身体的坏人，一个月不得手，早就没耐心逃窜了，那些有耐心不看我照片还能跟我聊上两年的，才是真爱。

理解了不同性格网恋的特点，你才能琢磨，如何在网上与不同性格恋爱。

>> 如何正确地和不同性格网恋并落地

如何与红色性格网恋

假如你喜欢的对象是红色，他可能是个喜欢变换微信头像的人，没事常发朋友圈，发自拍照，晒自己今天去了哪里，做了什么，从其抖音或朋友圈，你可以看到他的心情一天中反复变化，时高时低，会把自己的很多情绪在网上倾诉。

　　　Joyce，红色女孩，平均每天发十条以上朋友圈，朋友圈心情一天变了九次：

第一条：（附美颜相机自拍照）哎，大头贴……

第二条：若我恋上，定是自焚式的投入，把我认为最好的，竭尽所能地都给你……

第三条：公司又发福利又抽奖，抽中最爱的挂件，美美地工作！！！

第四条：想你的时候，不敢和你说话，和你说话的时候，不敢说想你。

第五条：心情不好，发疯，让泪倒流……

第六条：你不是我，如何知道我的艰辛；我不是你，如何感受你的焦虑。

第七条：家里频繁莫名丢东西，新买了一床蚕丝被不翼而飞！

第八条：快乐时身边很多人，伤心时却只有自己。

第九条：你们都别刺激我了，再刺激我，后果很严重！

红色的核心追求是快乐。跟红色谈恋爱，你要不断变换新鲜花样，带给他惊喜，让他和你在一起时总是觉得很开心。

《跟乐嘉学演讲》课程学员文赤炽，分享了她是怎样用性格色彩绝技搞定红色男友的，核心关键就是——先关注他的朋友圈。

因为这个红色男生发圈频繁，信息量大，很快就能找到他所喜好的信息。比如，男生有一天说"这把瑞士军刀很特别"，拍了张橱窗照片。炽炽立刻上网，订了一把同款军刀，让人送到男生手上，卡片留言"宝刀配英雄。有心人赠"。

果然，红色男生把瑞士军刀连同卡片一起拍照、发圈。还写了一句"今日我做了英雄，有心人快快出现"。男生供职于广告公司，圈里也有一堆红色，于是纷纷猜测，好不热闹，男生大大满足了虚荣心。

又过了一周，炽炽发现男生又发了条朋友圈，说加班很累很辛苦，于是买了外卖，叫人送去，又留了一张一模一样的卡片，写着："有心人怕你饿着"。

类似此事重复几次，吊足了胃口，炽炽给男生寄了张话剧票，附上同款卡片"有心人邀你看戏"。当红色男生来到剧场，发现坐在旁边的是她，惊喜浪漫，顺利展开。

你若问我，老套的故事真的好用吗？

答案是：第一，相当好用，这满足了红色对梦幻爱情的核心刚需啊，有人愿意付出一生的代价来换取一夜的爱情，为啥不允许老套的故事翻新重演呢？第二，这个问题上，男女一样，影视剧总是塑造男人对女人用这招，其实女人对男人同样适用，但前提是双方有基本好感，以避免网恋见光死。

> 直抒胸臆情真切
> 魔幻翻新小精灵

如何与蓝色性格网恋

假如你喜欢的对象是蓝色，他可能很长时间才发条微博或朋友圈，内容隐晦（比如引用一首诗、一张风景照片，或一篇别人写的文章），需要花很大力气琢磨，才能隐约体会到他所要表达的情感。

比如一位曾向我咨询情感问题的朋友，两年里只发了两条朋友圈，只有他自己知道，那两条信息，都与他八年前就分手的爱情有关。

第一条：从朋友家阳台看黄浦江。（配图是一张黄浦江的照片）

第二条：一切都是命运，一切都是烟云。——北岛蓝色重视默契，他认为如果你懂我，不需说太多，你就能明白；如果你不懂，说再多也没用。跟蓝色谈恋爱，需要很细心，不急于回答他的问题，要从他简单的应答中体会背后的深意。

跟蓝色网恋，要事先对他有所了解，如果只是纯粹网上初次聊天的陌生人，想要追求他几乎不可能，因为基本信任尚无，什么都不会跟你聊。

米司令，跟蓝色女孩在网络文学论坛认识。开始，米司令很喜欢她的文章，在下面留言，女孩并不回复。过了大概半年，因为每次米司令留言都很用心，所以蓝色女孩偶尔一次点开他的头像，到他的文章下写了一句话，很隐晦，其他人必然云里雾里，但米司令知道，那是引用《呼啸山庄》中男主人公希斯克利夫的话。所以，他就在下面用小说女主人公凯瑟琳的话予以回复。这样，两人一推一挡，真正建立了联系。

两人从论坛文章下面的相互回复，到相互私信，又花了半年。从私信交流，谈彼此的爱好和感受，又过了一年，因为米司令工作调动，要去女孩所在的城市，就把自己的微信号发给了女孩，两人从聊天到加上微信，足足两年。最终，两人从微信到见面到约会到结束恋爱到婚姻，共计七年五个月。

搞定蓝色，需要很长时间，除非足够投缘，足够喜欢，否则的话，男生的耐心真要被耗尽了。同样的故事，要是放在两个红色身上，怕是孩子都生出几个了。

> 知我之人无须说
> 不知我者何必说

如何与黄色性格网恋

假如你喜欢的对象是黄色，他在发朋友圈时，会转载一些有用的文章；如果写东西，比如写工作或旅行手记，他会记录信息，记录事情，而非记录心情。

两个黄色的女学员，一个是单亲妈妈，朋友圈除了转载她认为值得保存的育儿文章外，没有其他内容；另一个是爱好户外的单身女孩，每到一处野营，就把当地的衣食住行简单记录在朋友圈，以备需要时看。

她们的朋友圈，都没有任何互动，对她们来说，这只是一个记录信息的工具罢了。她们不喜欢聊天，除非是聊她们认为有价值的事，或她们有需要找你帮忙，或你以很尊重的态度请求她们的帮助。因为黄色觉得生命不应该浪费，应该有目的地去做能让自己进步的事。

跟黄色谈恋爱，你要理解她们重视事情多于重视感受，以她们的思考方式与她们交流，并且让她们看到你在不断进步。

多年前，"性格色彩读心之道"线上训练营的学员向我咨询"如何追求黄色女孩"。他和黄色女孩仅有QQ，之前两人已有不少交流，清楚彼此情况，只是他没直接表白，也不确定自己要不要表白。我说，你知道"借力"吗？

"借力"是性格色彩中的一个专业术语，线上学员半年内随时可来线下同步。当你要去解决某人的问题时，假设你不知道你的方法是否奏效，就可以到课堂上寻找这种性格的同学，然后进行验证。

当月他完成课程，回去以后立马做了三件事：第一，观察一周，看黄色女孩QQ上线时间是否有规律，发现是每晚8点；第二，每晚7点50分准时上线，上线后，让自己头像亮半小时，看看半小时内人家会不会主动找自己聊天，如果不找自己，半小时后就下线；第三，坚持一个月，每天同一时间上线，头像亮半小时。他的设定是，如果坚持一个月，女孩都没找过自己，那么可断定，人家对自己没兴趣，再纠缠也没用，就放弃。只要她主动找自己聊，就有机会。最后，第二十五天，他成了。黄色女孩主动问他工作的事，他给了对方满意的回答，黄色女孩拿到结果后，主动请他吃饭，他心花怒放，当然，其实买单的人是他，以此，又换来下一次的约会。

和黄色恋爱，最大的好处是，只要彼此对眼，不需繁文缛节，一切顺理成章。黄色不像红色那样渴求仪式感，也不像蓝色那样柔肠百转让你莫名，更不像绿色那么被动，只要你迈出了关键一步，并且让黄色觉得你们合适，接下来，黄色会帮你一起推动关系发展。

> 不露性情朋友圈
> 繁文缛节尽可无

如何与绿色性格网恋

绿色几乎很少发朋友圈，更不会倾诉负面情绪。

一位同事，大绿色，偶然一次我看了他的朋友圈，除了发现一年只发四次之外，更惊讶的是，这四次的内容都极其平淡。

第一次：天气很热，但也很好，路过曾经工作过的地方，喜欢这里。

第二次：太阳落山了，不冷不热的傍晚，很好。

第三次：上海难得的雪天。

第四次：回家真好。

标准的"清风流"。天热也好，天冷也好，回家也好，不回家也好，在绿色的字典里，没有"不好"这个词。聊天时，他说得较少，常出现一些"嗯""哦""不错啊"的字眼，代表他在听，但没什么自己的意见可发表。跟绿色恋爱，你要发挥主动性，带动他，教他一些他未曾体验的事，让他感觉你是个可以信赖和依靠的人。

性格色彩学员杨哥分享了他的故事。他在网上成功把一个绿色女孩变成女友，秘诀就在"快"。他和女孩在相亲网认识后，加了微信。但他只聊了一次天，打听到女孩住哪个区，平时去哪儿吃饭。

第二次，就约女孩吃饭，约会地点定在女孩家附近，就在女孩常去的餐馆。因为方便，且地点熟悉，女孩很顺利地同意了。男孩成功把关系拉近一步，根本没花时间网上聊。当最后确定恋人关系时，绿色女孩告诉他，其实之前她还参加过一次相亲，有个男孩很早就认识了，但只是网上跟她聊天，没提出见面，所以，就被他捷足先登了。

> 清汤挂面流水账
> 天下武功唯快强

网聊，看似无影无形，其实用性格色彩的规律破解，可一眼破迷障。通过性格色彩，捕捉细枝末节，色眼识人，再加上钻石法则，可以识别不靠谱的网恋，也可以让靠谱的网恋顺利奔现。

如何与不同性格网恋

- 🧘 直抒胸臆情真切，魔幻翻新小精灵。
- 🏃 知我之人无须说，不知我者何必说。
- 🧍 不露性情朋友圈，繁文缛节尽可无。
- 🛕 清汤挂面流水账，天下武功唯快强。

04

相亲
——如何在相亲时能看人精准不走眼

我此生相亲经验有限，主要是担心万一见面不喜欢，不好意思拒绝。见了就走肯定不礼貌，虚与委蛇地找话讲也痛苦。所以，年轻时的几次相亲，无话可说时，我都将其变成了我的性格色彩课，一晚上和对方聊得不亦乐乎。

2017年，性格色彩卡牌——史上最强悍的性格色彩工具（详见《性格色彩卡牌指南——三分钟看透人心》）诞生了，学过性格色彩卡牌的人，都喜欢带着这个宝贝去相亲，瞬间进入对方内心，交谈得无比顺畅，想继续发展，就约着下次继续；想戛然而止，就用卡牌找到性格不合的依据，即便大家无缘成为恋人，也能做朋友，正所谓"进可攻，退可守"。

但如果你现在手上没有卡牌，马上就要去相亲，怎么办？

>> 相亲时如何确定对方的性格

细节之一：扮相

♣ 红色性格——引人注目

喜欢把自己打扮得夸张和引人注目的，多数是红色（记住，这话不能反过来说，红色未必都会这样，但是会这样打扮的，多是红色）。红色喜欢夸张的饰物，女生自不需说，复杂宫廷风格的项链、手链，奇形怪状的胸针，即便男生，也可能会戴一个彩色酷炫的手表，或者晃得你眼花缭乱的图章戒指。由于天性随意，即使着意打扮，还是有可能出现类似扣子扣错这种粗心的错误。

■ 蓝色性格——保守精致

追求严谨、精致，宁可保守，也不出错。即使在大热天，蓝色男生在相亲时也不穿汗衫短裤，而是穿薄衬衫，袖口的扣子扣上；蓝色女生几乎从来不穿超短裙，宁可穿薄点的长裙，领口也不敞开。女性通常随身带包，但蓝色随身的包，打开来，里面有条不紊地放着必备物品，要找什么都很容易找到。不像红色女生把包打开，乱七八糟，想找什么都找不到。女子的头发相对难打理，风吹会乱，但蓝色女生一定会提前想好这个问题，进入相亲场所前就整理好，纹丝不乱，这一点其他性格很难做到。

▲ 黄色性格——简洁干练

着装干练、精神，不会拖着长袖或裤管，在所有性格里，黄色最讲究档次，如果从上班地点过来，可能穿商务西装，如果周末见面，可能穿休闲服，总之要简便实用。黄色女生不喜欢有很多复杂装饰或褶皱花边的衣服，不喜欢太多饰物。职场上的黄色，衣服颜色要凸显权威。

● 绿色性格——轻松休闲

着装轻松、休闲，绿色追求慢悠悠的生活方式。既不像红色那样喜欢引人注目，又不像蓝色那样把自己束缚，更不像黄色那样追求高效，绿色经常穿着松松垮垮的衣服，比如毛衣，或软塌塌的宽松纯棉衣裤，只是为了舒服，没那么在意形象。他们一般喜欢柔和的颜色和简单的款式，容易在人群中失去存在感。绿色可能会疏于打理头发，看起来没什么造型，可能头发长了，也不会及时去修剪。

细节之二：相互介绍

♣ 红色性格——热情多话

比较热情，介绍自己时会自动多说信息，比如，自己在哪里上的中学和大学，第一份工作是什么，不用你问，就会说出。同样，他也会问你很多问题，但这些问题多半没啥关联，譬如，一会儿问你喜不喜欢宠物，一会儿问你去过最远的地方。当你回答时，说到一个红色感兴趣的点，他会赶紧插话，发表自己的体会，聊了一圈下来，你会发现红色说的话相当多。

■ 蓝色性格——少说多听

说话谨慎，介绍自己时会先说一句，然后等你来问。你提的每个问题，他都回答得滴水不漏，既把情况交代清楚，又没多给任何信息。他问你问题时，环环相扣，问题和问题间有必然关联。比如，问你的工作，他会先问，什么专业，一共几份工作，然后依次了解分别是什么。问其他事也一样，你会感到他非常有条理。当然，他绝不会在初次见面时问你隐私。最后临走时你发现，他提的问题比说自己的事要多得多。

▲ 黄色性格——掌控话题

目的性强，讨厌啰唆和废话，对自己也是一句话介绍完。问你问题时，会抓住自己最关心的几点来问，往往他问的问题，跟他的择偶标准有必然关系。当你想要展开告诉他细节时，他会试图带到下一个话题，因为他觉得已经知道的事，没必要了解那么多的细节和过程。如果你问了黄色不愿回答的问题，他会直接告诉你他不想回答，直截了当干脆利索。跟黄色相亲，一般很快结束，因为他善于控制时间。

● 绿色性格——问啥答啥

关注他人感受，很被动，所以绿色的自我介绍也很简单。如果你不问，他绝不会想到告诉你什么。因为怕自己提的问题会为难对方，故此也很少问，多半会说"今天真热啊"之类的说了等于没说的话。但如果你问了，哪怕是初次见面比较隐私的问题，也有一答一，问十答十。跟绿色交谈，主动权完全在你手上，只要你不说结束，他不会主动结束。

细节之三：下次约会

♣ 红色性格——主动邀约

情感奔放，很要面子，对提出下次约会，红色会纠结。多数情况下，红色如果喜欢对方，会鼓起勇气问，下次什么时候见面。如果情商高，会包装下，假装不经意地问："这次韩国料理挺好吃的，我知道转角对面有家茶餐厅，那里的菠萝包不错，不如下次去吃那个吧？"假如你热情回应，那自然情感升温，但假如你犹豫或冷淡，说"再看看"，红色会瞬间情绪低落，甚至脸色都挂不住。

■ 蓝色性格——被动试探

主动邀约对蓝色而言，要思前想后，考虑很多。即便感觉好，也不会主动约下次，而是看对方反应。如果对方很冷，蓝色自己就否定了自己，认为这次相亲失败。如果对方热情，只是没提出下次邀约，蓝色可能会暗示，比如"你下周会很忙吗"，其实就是在试探，如果对方稍有敏感度，会说："不忙，不如下周五一起吃饭吧。"这样自然皆大欢喜。但如果对方呆头呆脑，没接茬，只说了一句"不忙"，就又去讲别的了，那蓝色就比较郁闷，也不会主动，会一直等到对方主动。

▲ **黄色性格——直接安排**

对黄色而言，彼此看对眼，就一路推进，没必要想太多。黄色只要觉得自己喜欢对方，不管对方是否满意自己，就一定会主动邀约下次，甚至连下次见面的时间、地点、方式都一次性说好，快速解决问题："下周五晚上 8 点，我们去新世界影城看电影，票我会买好，你提前自己吃好饭就过去。"感觉很像交代工作，一副不容置疑的口气，如果遇见一个喜欢别人帮自己做决定的人，那再好不过。但如果对方也很有主见，而且讨厌别人替自己做主，就可能会排斥黄色。

● **绿色性格——顺其自然**

对生活没啥计划，顺其自然最舒服，所以绿色很少会想到主动提出下次约会，如果对方没主动约，绿色更可能在相亲结束后过了好几天，才想到是不是该约对方再见面。当然，如果相亲时对方主动约下次见面，绿色的答案一定是"好吧"，即便心里没那么喜欢对方，但为了不伤害对方，也可能会先答应。

>> 和四种不同性格的男女相亲

相亲男小丁和相亲女小咪，分别与四种不同性格的对象相亲失败，过程如下：

和红色性格女人相亲

丁丁和性格活泼的红色妹子相亲，因为丁丁比较内向，又是第一次，所以事先做了好多攻略，把打算点的菜，聊的话题，吃完饭要去看艺展的路线，都记下来，做成表格，约好 11 点见面，算好时间 10 点 50 分到。

结果，路上接到对方电话，妹子 10 点 30 分到了，说被自家的猫吵醒，所以早早出了门。妹子主动问他要喝什么咖啡，说帮他买一杯，丁丁就傻了，因为没想到妹子会早到，把他所有的计划都打乱，慌乱中说："什么口味都行。"妹子说："那我就买和我一样的了。"他说："好。"

到了以后，妹子早已买好咖啡，一起入座。他不知该说什么，也忘了把表格掏出来看，妹子点好菜，跟他聊天。一直是妹子主动，从最近的新闻，到附近新开的店，到生活琐事，他完全找不到任何话题，只能嗯嗯啊啊。吃饭结束，按原定计划，两人一起走路，去附近美术馆看艺展，这时妹子咖啡已经喝完，丁丁的咖啡握在手里没喝——之前太紧张，只顾吃和听对方讲，咖啡没动。

看完展览，妹子对他说："咖啡你不爱喝，给我吧。"他这才发现自己还是一口没喝，于是稀里糊涂地把咖啡给了妹子。

相亲结束，他想再约妹子出来，约不到了。介绍人说，妹子很介意他一口咖啡都没喝，要是对口味有要求，可以在开始就说清自己要什么口味，或者说"点一杯和你不一样的"。

和红色性格男人相亲

约在介绍人的公司见面，红色男人迟到二十五分钟，门一开，男人气宇轩昂走进来，丝毫没感到不好意思。

介绍人慌乱介绍，这是小咪，清北大学毕业。这是驰子，也是清北毕业。啊，你们还是校友呢，你们同级，不过驰子早毕业，因为他是自考生（小咪的汗当时就下来了）。驰子脸色顿时大变。介绍人还在那儿继续，早毕业，早创业，你看他样子多年轻啊。终于熬到介绍人说完了，小咪和驰子出去散步。

一出门，驰子就开始发挥："小咪，你觉得学历和能力哪个重要？"

"都重要吧。"小咪含糊以对。

"我不这样认为，"男愤然，"现在成堆的博士生找不到工作，来给我打工我都不要……"相亲结束，小咪犹如经历了一场听证会，吓得再也不敢去了。

和蓝色性格女人相亲

丁丁和蓝色女生相亲，卡着点到。快到时，收到蓝女发来的餐厅定位，附了一张餐厅门口的照片，文字说明："餐厅有两个门，从肯德基对面的这个门进。"见面后，蓝女打扮精致有分寸，丁丁觉得自己穿着太随意，很尴尬。

吃饭在一家西餐厅，英文菜单，蓝女用熟练的英文跟侍应生交流，丁丁又汗颜，感觉两人阶层相差太大（其实丁丁收入比蓝女高很多）。吃饭时，见丁丁不知该聊什么，蓝女友善发问，挑起话题，然后静静听丁丁说。

整个过程，丁丁说了很多，但丝毫不知蓝女情况——她只是附和，或简略提些保守中立的看法。丁丁问她个人情况，她以极抽象的方式作答。饭吃完，丁丁感觉自己的事蓝女都知道，蓝女的事自己啥都不知。

之后，丁丁从介绍人那儿听说，蓝女觉得自己坐姿不正，喝汤声音大，无意和自己交往。

和蓝色性格男人相亲

咪咪到了，蓝男短信嘱咐，先不要入座，在门口稍等，等他安排。

电梯门开，蓝男一手搭外套，一手拎公文包，优雅走出，忽然瞥到坐没坐相地瘫软在迎宾椅子上的咪咪，吃惊的表情差点没收住。

蓝男开口第一句，称王咪咪小姐。咪咪也吓了一跳，恍如置身谈判席。入座时，蓝男在两个空桌间徘徊，最后还是咪咪站累了，随便选了一个，蓝男才入座。上菜时，服务生搞错次序，先上了蓝男嘱咐别上的热菜，儒雅的蓝男表现出少许愤怒，事后解释："我看不惯服务的不专业。"

饭毕，顺道去超市购物，咪咪自动寄存包后，密码纸攥在手心，购物结束才发现，纸揉得几乎烂了，上面的字一个都看不出，咪咪差点哭出来。蓝男接过烂纸，对着光端详许久，然后一个个数字地试，失败了无数次，咪咪已经没耐心，蓝男却坚持不懈，结果，半小时后，试出了全部正确的数字组合。箱门应声而开的一瞬间，咪咪对蓝男的敬仰犹如滔滔江水。

事后，咪咪从介绍人那里听说，蓝男觉得自己邋里邋遢，不像个女生该有的样子，没兴趣和自己交往。

> 识人鉴人必观微
> 不矜细行累大德

和黄色性格女人相亲

丁丁的一个亲戚介绍了国外留学回来的黄色女生。第一次见面，黄女穿着高级又朴素，让丁丁眼前一亮。丁丁知道黄女家境不错，本人高薪，谈吐大气，两人交流了人生观、价值观，颇为合拍。虽然黄女不苟言笑，但留了微信，丁丁心中窃喜，觉得黄女对自己有意思。

之后，丁丁无事便给黄女发信息，黄女回复很简略，有时不回复，事后丁丁再追问，黄女只说忙，便无解释。丁丁心中空落落的，总想得到黄女的关注。丁丁看网上说，女人会爱上坚持每天给她发

"早安""晚安"的男人，遂计划坚持一百天，每天发"早安""晚安"给黄女。

每天他发了后，黄女只要不忙，都礼貌回复；如果忙，就不理。坚持到第十七天时，黄女说："跟你说个事，能不能不要总发些没营养的东西？"

丁丁受到巨大打击，心如死灰，放弃。

和黄色性格男人相亲

黄男与咪咪约会数次，每次见面，黄男别无话题，只是大谈特谈自己工作中如何与人争斗其乐无穷。一日，咪咪无意中说起自己去参加八人晚餐，黄男直言，我们已经交往了，你怎么还能有外心。咪咪深感不自由，提出散伙，无奈每次还没说完，就被黄男打断，于是，又听了一脑子"宫斗"故事。最后，咪咪发狠，说以后再也不和你见面了。黄男脸色平静，说你真会开玩笑。

> 直言不讳狠戳心
> 前脚翻脸后脚笑

和绿色性格女人相亲

丁丁和绿女相亲。绿女面相温柔可喜，可亲可近。喜微笑，少言少语。喜倾听，不时点头以示赞同。

丁丁觉得绿女是理想伴侣，不知她心意如何。之后约会绿女，但凡问到绿女喜欢什么，一概回答："还行吧。""都可以。""不错的。"丁丁感到很难捉摸绿女喜好。一次，单刀直入问："你喜欢我吗？"绿女还是老样子回答："你人挺好，不错的。"丁丁想既然不拒绝，就继续交往吧。

于是，每周都约绿女见面，两个月过去，感情不进不退。两个月后，再次邀约时，绿女说："我妈不让我来了。"丁丁惊问为何，绿女说家里给她介绍了一个人相亲，见过几次，双方家里颇为满意，打算订婚了，所以，绿女的妈跟她说，不要再和其他男生单独见了。

丁丁闻言犹如晴天霹雳，从此开始怀疑人生。

和绿色性格男人相亲

咪咪与绿色男人相亲，问他："你喜欢吃什么？"

他说："都行，你点吧。"

咪咪："要不要吃条鱼？"

他："吃也行，你想吃就点吧。"

咪咪："可是我不喜欢吃鱼，我怕被刺卡到。"

他："哦。"

咪咪："你到底吃不吃鱼嘛？"

他："你不是说怕被刺卡到吗？"

咪咪："可是如果你想吃，我可以点一条，你来吃啊。"

他："其实我吃不吃都行。"

咪咪："……"

这次相亲后，咪咪觉得点一个菜都这么麻烦，对话太累。虽然相亲时双方加了QQ，咪咪却没打算跟他聊下去。但是，每日咪咪上线，必能收到绿男微笑（绿色从不用大笑表情），吃了吗？上班了吗？久而久之，咪咪觉得这个男人会关心人，还是不错的，于是便又有些松动，跟他聊了起来。

绿男：下班了吗？

咪咪：没有啊，很惨，要赶稿，明天要出刊，呜呜呜，好苦命啊。

绿男：呵呵。

绿男：该吃饭了哦。

咪咪：我吃不了啊。

咪咪：我好可怜啊，都没人给我送饭。

绿男：你在哪里？

咪咪：我在梅陇镇南广场 99A。

绿男：嗯。

绿男：我要吃饭了，同事在叫我。

咪咪：我饿死了，呜呜呜。

绿男：怎么你没有饼干吗？

咪咪：没有啊，啥都没有，惨死了（说到这里其实咪咪已经非常烦躁了）。

绿男：可怜。

绿男：下次买点饼干放着。

绿男：加班晚了吃点饼干。

咪咪发怒，删掉绿男，退出 QQ。

你问问题我来答
你说是啥就是啥

>> 如何让你喜欢的相亲对象快速喜欢你

♣ **让红色性格快速喜欢你的方法**

1. 无关原则，小小争辩

红色不喜欢过于平淡的交谈，如果你一味附和，他会觉得淡而无味。当然，你也不能否定他，最好的方式是，当他表现自己时，尽量赞美，但在一些无关原则的小问题上，可说些不同的观点，小小争辩，借机展现自己可爱的一面。

2. 我听你说，多聊自己

红色天生喜欢自己说，别人听，渴望得到关注。你可以通过提问，让他谈论自己感兴趣且擅长的事；对他讲的事，表示出兴趣和强烈的参与感；当他情绪起伏时，你要代入，感受他的感受，并且表达出来，这样，他会觉得和你非常投缘。

3. 人单力薄，望你助我

红色乐于助人，即便还没成为情侣，也乐意帮你一些小忙。交谈中，可以找到一个你不懂，而他比较擅长的事向他请教，问题的难度不要太高，当他帮你解答后，你可给予他强烈认可，这样，你来我往，你们的关系就近了一步。

■ 让蓝色性格快速喜欢你的方法

1. 换位附体，揣摩心思

蓝色情感细腻，表达含蓄，所以不会把自己的想法说出来，如果你能读懂，这对他来说无异于遇到知己，非常难得。比方说，餐厅吃饭，隔壁桌子很吵，蓝色没说什么，但已经皱起眉头，很努力地向前倾着身子听你讲话，这时你就应该主动把服务员叫来，让隔壁客人注意一点。问题解决后，你会发现他松了口气。类似的事情多做几件，蓝色自然会对你留下深刻的美好印象。

2. 玩味细节，交流感受

蓝色善于发现细节，品味细节，所以不妨多聊聊最近一次看画展的感受，或一起欣赏约会场所的装修风格，最终你们也许会在看过的同一本书里找到共同话题。蓝色念旧，不妨和他聊聊过去的事，比如《泰坦尼克号》3D版要上映了，是将十五年前原版《泰坦尼克号》转制后重新上映的。聊这个话题，可以带出很多过去的回忆。

3. 放慢脚步，勤快商量

相亲中会遇到很多需要决策的事，比方说，吃完饭，你觉得聊得愉快，提议看场电影。即便蓝色对你有意思，想和你一起去，由于性格使然，对突然增加的约会项目，会顾虑很多，也会担心进展太快。当蓝色对你的提议犹豫时，不要坚持己见，尊重他的意见，问他想怎么办，也许蓝色最终会打消顾虑。如果还是顾虑，可选择折中方案，比如一起散步。

▲ 让黄色性格快速喜欢你的方法

1. 多聊事业，理解支持

无论男女，无论当下是否有事业，黄色天然就对事业的话题感兴趣。可以问下他的事业、目标和未来打算，对其表示理解和支持。如果他的领域恰好你了解，也可说下自己的看法，或谦虚地给出建议，黄色很喜欢这样有价值的交流过程。

2. 回答简洁，明确答案

黄色是主动进攻型选手，如果他对你有兴趣，会快速提出问题，并希望得到明确答案。回答问题时，不要拖泥带水，尽量简单自信。如果问到你不擅长的事，比如你是否会做饭，可坦然回答："暂时还不会，时间精力都花在工作上，没空学。"只要让他知道你珍惜时间即可。

3. 低调展示，吸而不追

黄色主见强，最好的做法就是让他发现你的优秀，被你吸引，让他自己做出要对你穷追不舍的决定。对自己的优点和擅长的事，可不经意地让他知道，但不可高调炫耀，对喜欢炫耀的人，黄色会有批判欲，但如果你低调地展示出实力，黄色会对你产生莫大的兴趣，后面的事，就不用你操心了。

● 让绿色性格快速喜欢你的方法

1. 分享新鲜，不给压力

绿色对沉闷谈话的耐受度高，但并不表示他们享受这个过程，他们只是无力改变局面而已。如果你能分享些他生活圈子之外新鲜有意思的事，他会愿意当个好听众，也能从中获得小小的开心。但不要给他压力，不要让他觉得你在批评或者迫使他走出原来的圈子，做出改变。如果你想推动绿色，一定要等到你们的关系很好了之后再做尝试。

2. 掌控局面，兼顾需求

绿色习惯让别人为自己做决定，但有时会忽略自己的需求，在这个过程中，可能会产生不舒服的感受。所以，最好的做法是替他做决定的同时，让他可以没顾虑地说出自己的需求，比如，绿色让你点菜，你可以说："我来点，我什么都吃，你只要告诉我你有什么忌口就可以了。"这样，他也会很配合地告诉你，只要不辣，其余都可，而你也可以点自己爱吃的吃个痛快，不必担心他是否委屈了自己。

3. 替他考虑，安排一切

绿色计划性不强，对生活琐事，走到哪儿算哪儿，如果有人替他们考虑好，他们会觉得很舒服。譬如，约会的时候，你告诉绿色，出门左转，走一百米就能到地铁，他会很乐意按照你的指令行事。这样的事多了以后，绿色会不知不觉地把你当作他生活的一部分，情感升温水到渠成。

不难发现，红、蓝、黄、绿各有千秋，也各有软肋。

如何在相亲之路上一招致胜，需要你的魅力，需要你的真诚，也需要你精准的方法。磨刀不误砍柴工，相亲前多学点性格色彩，知己知彼，扬长避短，出奇制胜，方能成就自己的美满姻缘。

相亲中如何快速识人

- 东聊西扯话不断，只留情绪满乾坤。
- 识人鉴人必观微，不矜细行累大德。
- 直言不讳狠戳心，前脚翻脸后脚笑。
- 你问问题我来答，你说是啥就是啥。

05

選擇
——不同性格恋爱时怎样做明智选择

人生处处是选择，一着不慎，满盘皆输。爱情中的选择问题，常见有二：其一，选我爱的还是选爱我的？其二，喜欢上几个，必须选一个，到底该选哪个？

>> 选择一：该选择爱我的人还是我爱的人?

谁都希望找到一个彼此相爱的人，共赴成就，同奔幸福。可刚开始恋爱，双方的爱完全对等，可能性极小，多数会有一方更主动，情感更强烈。当出现这种情况，是选择我爱的人，还是选择爱我的人，不同性格的选择完全不同。

绿色性格择偶——只要不太讨厌，就选爱我的人

因为绿色在情感中被动，即便对一个人有好感，只要对方不主动，也会淡然处之，久而久之，就不联系了。但如果对方很爱绿色，很主动，只要他身上没有明显不能接受的特点，绿色并不要求两人有多么强烈的爱情，顺理成章，就在一起了。性格色彩传播大使阿郎在年会时说：

我的绿色堂妹和我说，朋友聚会上，认识了一个男生，男生要了她微信，最近一直找她聊天，没明说喜欢，但对她有好感，她也觉得男生不错。我鼓励她和男生交往，她却说："可是他告诉我，他打算出国留学。"我说："你也可以出国，你英语这么好，考个雅思，和他一起出去。"她说："可那挺麻烦的。"我不知说啥。过了一阵，我问她跟那个男生怎样，她说："他出国了。"我又问她："那你怎么办，继续找吗？"她告诉我，妈妈的同事给她介绍了一个，她谈不上喜欢，但那个男生很喜欢她，天天约她，没事就送礼，还天天往她爸妈家跑，我问她："那你喜欢他吗？"她含糊地答："我想他人应该不错吧，我爸妈都喜欢他。"最后，她和这个男生确定了恋爱关系。

> 良人遴选无底洞
> 不如爱我者择一

黄色性格择偶——爱不爱不重要，要什么最重要

黄色与生俱来有目标感，选择伴侣亦是如此。黄色不像红色那样沉醉于"你侬我侬"，他们希望找个和自己共同成长，或对自己事业有帮助的人在一起。有些黄色为了达成目标，甚至可以把爱情放在一边，更多地从事业助力的维度考虑。

《红与黑》中的于连就是典型黄色。"为达目标，不管过程"是于连的奋斗信念。为了往上爬，他除了展示惊人的智力，还对一般的道德观不屑一顾。于连强大的意志力主要体现在对爱情的控制上：对莱纳夫人和拉莫尔小姐，他在感情上收放自如。出身贫贱的他，为了进入上流社会，做了市长夫人——莱纳夫人的情人，当他得偿所愿，成为权势人物拉莫尔的秘书后，又有了更高的目标——获得

一个更好的职务。于是他追求并赢得了拉莫尔女儿马蒂尔德小姐的倾心之恋，得到了部队一个上尉的职务及每年两万法郎的赠予金，等等。这时，不到25岁的于连已经取得了在上流社会中的成功，飞黄腾达指日可待。

> 情爱不可当饭吃
> 选人就是选事业

蓝色性格择偶——想要我爱的人，却选应该的人

蓝色在四种性格中对情感看得很重且放在内心深处，但这并不意味着蓝色在选择时一定会全凭感性。

课堂上有位蓝色学员，老师问她："如果你俩相爱，他父母强烈反对，你怎么办？"

她说："首先，取决于他！他坚决，我就跟着坚决；他摇摆，我就会动摇。其次，取决于父母反对的原因是什么，有的原因可以接纳，有的不可以。比如我父母因为他没钱反对，那我肯定坚持。"

"你父母强烈反对，你怎么办？"

"一样的，也取决于他。如果他父母嫌我没钱，就要看他的态度。"

蓝色在面对此类问题时，并非坚决地不顾一切地"非要在一起"，而是既重视两人的情感，也重视事情的走向，因为对方的态度会直接影响事情的走向及未来两人能否幸福。

借此，我想多探索下"是否会因父母反对而放弃爱情"的话题，于是打电话分别找两个蓝色学生借力。碰巧，他们都经历过这

样的事。

第一个，警察蓝男，女方父母反对，他默默观察女方反应，但女方坚定地要嫁给他。所以，蓝色也坚定地拒绝了其他狂蜂浪蝶，和女方修成正果。

第二个，律师蓝男，女方父母反对。女方开始信誓旦旦坚持，时间长了，蓝男感觉到女方动摇，不时故意试探："其实，我爸妈说得没错，你要是更主动些，就好了。"在蓝色看来，女方立场已经越来越偏，自己和女方的距离越来越远，最终，两人联系越来越少，爱情无疾而终。之后，蓝色痛苦了一年，慢慢走出，接受了一个一直追自己的女孩，很快结婚了。

> 明明心中选我爱
>
> 临到末了选应该

红色性格择偶——我爱者心喜，爱我者心安

第一种：选择"我爱的人"

因为红色容易快速反应，遇到感兴趣的异性，"来电"快，会主动追求自己喜欢的。

红色觉得，一旦爱了就要轰轰烈烈，你不爱我没关系，我一定要跟你在一起，因为红色对自己的情绪缺少掌控，容易随性而为。像媒体报道中经常出现的"当街下跪求爱"或"下跪挽回爱情"，就是红色对自己爱但不爱自己的人的冲动表白。

梁羽生小说《云海玉弓缘》里的厉胜男，就是这样一个红色女子。她爱上金世遗时，金世遗已有心上人谷之华，而她也不乏裙下之臣，但她不顾一切，就要和金世遗一起，甚至逼他娶她，最后，在他怀中香消

玉殒。因为她一直太过主动，太多次强迫金世遗和她在一起，造成金世遗对她十分憎恨，但在她死的瞬间，金世遗突然发现，自己最爱的是她。

红色男女这种不顾一切的强烈的对爱的渴求，缘于性格。一方面，可能会让没有那么爱他却不得不和他在一起的人感到不舒服，从而远离；另一方面，当他的付出足够真诚、足够纯粹时，也让人感动。

正确的做法是，如果你很爱一个人，不管别人怎么爱你，都无法替代这人在你心中的位置，那么，你不要用强迫的方法，而要用性格色彩洞悉他的内心，找准他的需求，通过你正确的努力和付出，让他逐渐向你靠拢。

第二种："选择"爱我的人"

首先，这样的选择更有安全感。当红色受过爱情挫折，或平时得到的关注不够，容易选择"爱我的人"。因为红色的核心需求是快乐，而关注和认可最能带给他快乐。当对方大量赞美他，并且以各种行动示好时，可以给红色带来内心的满足感，这种满足感，虽然不一定是爱情，却可让红色内心的天平大幅倾斜。找一个"爱我的人"，让红色被认可的需求能得到满足。

其次，那个"爱我的人"为红色付出很多时，红色出于感恩和愧疚，也会这样选。

《天龙八部》中，王语嫣深恋慕容复，这位帅气的表哥完全占据了王语嫣的心，虽然段誉对她情根深种、穷追不舍，她还是一直无动于衷。直到最后，她发现慕容复心中完全没有她，只有自己的"大业"，原先所有绮丽的幻想彻底破灭，而段誉对她的不离不弃深深感动了她，于是从了段誉。

如果你选"爱我的人"，那你先要深度洞见自己，到底是因为迷恋这种被认可的感觉，还是真的喜欢对方。更好的做法是，不要因为一个人对你好，就冲动做出选择，继续相处一段时间，观察对方的优势，体会你和对方是否合拍，建立更加坚固的感情，而非仅仅因为对方对你好，就不好意思拒绝，这样很容易懊悔一生。

> 欲寻开心选我爱
> 欲求安全选爱我

>> 选择二：同时喜欢几个人，怎么办？

问：我面前有两个男人，一个有钱但很丑，一个很帅但没钱，我该如何选择？

答：每个人的消费偏好都是不同的，看你自己的偏好在金钱和美色之间如何移动了。很多人会做白日梦，两者兼得。

《青蛇》里有段话："每个男人，都希望他生命中有两个女人，白蛇和青蛇。同期的，相间的，点缀他荒芜的命运。——只是，当他得到白蛇，她渐渐成了朱门旁惨白的余灰；那青蛇，却是树顶青翠欲滴爽脆刮辣的嫩叶子。到他得了青蛇，她反是百子柜中闷绿的山草药；而白蛇，抬尽了头方见天际皑皑飘飞柔情万缕新雪花。每个女人，也希望她生命中有两个男人：许仙和法海。是的，法海是用尽千方百计博他偶一欢心的金漆神像，仰之弥高；许仙是依依挽手，细细画眉的美少年，给你讲最好听的话语来熨帖心灵。——但只因到手了，他没一句话说得准，没一个行动硬朗。万一法海肯臣服呢，又嫌他刚强怠慢，不解温柔，枉费心机。"

该怎么选择才不后悔，要先明白，为什么一个人会同时喜欢几个人?

同时喜欢几个人的原因

原因一：多情

红、蓝、黄、绿四种性格，红色多情，蓝色长情，黄色无情，绿色温情。

因为红色情绪起伏大，容易受到新鲜事物吸引，容易动情，容易留情；蓝色保守情感内敛，宁可固守，长时间专情；黄色理性且果断，注重事而非感受，为解决问题，可把情感放在一边；绿色平和且关注他人感受，缺少激情，擅长温暾的情感模式。所以，喜欢几个人而难辨轻重的，几乎都是红色。

《天龙八部》中的段正淳是典型红色。他临死时，对着情人逐个表白，连痛恨他花心的女子也忍不住动容。在金庸老先生眼中，段正淳这个多情坏子，对每个女人都是真爱，并无深浅。当然，由于社会观念的影响，如果女人像段正淳那样多情且公开，必遭天下围剿。但这并不代表多情的都是男人，有时女人更多情。

法国女作家乔治·桑也是红色。她一辈子不知疲倦地写作与恋爱，对男人有超乎寻常的激情，并以其庞大的名流情人帮而闻名于世。18岁婚后，她因不能忍受丈夫的平庸，开始了一次次红杏出墙，她的绯闻对象名单中，既有缪塞、李斯特、梅里美、肖邦、福楼拜等诸多天才，也有法律系的学生、为她看病的医生，还有帮她办离婚手续的律师，别说当年，即便放在现在，她也算功力惊人。当外界抨击她时，这个不受世俗束缚的女人回答，像她这样感情丰富的女性，同时有四个情人并不多。并且她还借自己的作品向外宣称："婚姻迟早会被废除，一种更人道的关系将代替婚姻关系来繁衍后代。一个男人和一个女人既可生儿育女，又不互相束缚对方的自由。"

当然，如果你是一个享受多情且毫无烦恼的人，就没必要来看此文。假定你有苦恼，也想选定一人长相厮守，但就是无法确定，那么很有可能，接下来说的第二个原因，你也会中枪。

原因二：贪心

换个说法，又名"纠结"。

黄色不纠结。黄色有主见，做事讲利弊，追求价值最大化，擅长抓重点。选择伴侣时，只要觉得这人和自己在一起能相互扶持，帮助彼此，那就是这个人了。当很多选择摆在黄色面前时，他能快速评判，盯住最满意的选项，其他选项全划掉，然后，对最满意的对象全力出击。

绿色不纠结。绿色最没主见，根本就不选择，巴不得别人帮自己拿主意。对绿色而言，如果 A 和 B 两个选项，自己感觉差不多，还不如让父母和朋友做主，多好，纠什么纠，让他们去纠吧。

蓝色做事讲逻辑，优先级排序，逐步筛选，所以，蓝色做事不纠结；但在情感上，蓝色会纠结，会有对情感拿不起放不下的心绪，会有抽刀断水水更流的惆怅，但好在蓝色理智，会按照实际情况做选择，把未尽的遗憾深埋心底。严格来说，蓝色也算不上纠结。

故而，最纠结的，唯有红色。

红色想法多，就是不知哪个想法最好。你仔细观察就会发现，你身边纠结进哪个公司工作，纠结放假去哪里玩，纠结选什么衣服的，基本都是红色，因为——什么都想要！

在纠结的问题上，性格色彩初学者会疑惑，蓝色考虑问题翻来覆去，不是也纠结吗？

真正的蓝色，因为追求完美，做决定慢，他们会把所有选项考虑得非常细，选择前，确保安全系数最高，彻底分析完才行动。这跟红色有天壤之别，因为红色决定后，仍会后悔，吃着碗里的，看着锅里的，哎呀，当初要是选那个该多好，我当初为什么要选这个！

分析这么多，就是想告诉你，如果你同时喜欢上两个人或很多人，并且长时间纠结究竟选哪个，那你，就是典型的红色。

解决方法：到底如何选定自己要的那人？

如果你就是那个在生命的某一刻，同时喜欢上两个甚至很多人的红色，那该怎么办？真正的答案是，喜欢就喜欢了呗，喜欢的感觉无法掐灭，无法割断，由心而发，是你的本性，用任何方法武装自己，都是与心违背，所以，非常正常，没啥大不了。但如果你要确定一个人过日子，千万别急，有时，什么都想要，什么都得不到。做减法的道理，人人都懂，但实际操作很困难，以下两步，你可试试。

第一步，冷静一段时间

红色喜欢一个人，多是一时冲动，被对方某个闪光的特质吸引，过段时间，对方的闪光点闪着闪着就散了。所以，红色需让自己冷静一下，先去忙其他的，然后隔段时间，回头思考自己对那个人的喜欢，是不是冲动导致的。

第二步，重点看缺点

婚前，你可能因为爱情甜蜜，对缺点视而不见，你会自我安慰，小事无妨；可婚后，当年不起眼的小毛病，就会被无限放大，越看越不顺眼，成为爆发的导火索。当你同时喜欢几个人，重点要看他们身上哪些缺点不能被你接受，不然，即便跟他最终走到一起，也不会快乐，也许终有一天大战爆发。

同理，情感领域外，如果你是一个容易纠结和贪心的红色，如果你想让事业发展更好，修炼自己做减法，是一生都必须去做的功课。只有将爆发力聚焦在最得心应手的点上，才能发挥出那束耀眼之光（性格色彩在事业中的运用，详见《性格色彩职场宝典》）。

不同性格的恋人选择

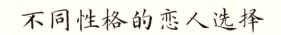 欲寻开心选我爱，欲求安全选爱我。

明明心中选我爱，临到末了选应该。

情爱不可当饭吃，选人就是选事业。

良人遴选无底洞，不如爱我者择一。

06 逼婚
——如何让不同性格的父母不再催婚

公司里不少年轻人常扎堆，探讨逢年过节应付长辈逼婚的策略，煞是丰富。

胆小的同事，借助道具，引发他人猜测，譬如戴个假情侣戒，换个与姑娘合影的手机屏保，若被问起，就装作害羞，不停傻笑，让提问者自生无限遐想。

厉害的同事，先发制人，以进为退，被人问起，赶紧反问，你儿子谈朋友了吗？你女儿现在怎么样？你给小孩婚房准备好没有？现在血压正常吗？新车摇号摇上了吗？听说你娃今年考大学了……设法掀起新一轮的讨论，火速撤离。

擅长讲故事的同事，会用悲惨案例洗脑，告诉七姑八姨，某男闪婚后，性格不合，被彪悍老婆家的几个兄弟给打残了；某女被催婚后，性格不合，偶然出轨中招怀孕只能马上离婚，再婚后发现男方离不了还有小三小四小五，你们可别急着把我的幸福毁掉啊……

再过十年，时代更加进步，也许中国式父母不再逼婚，但至少在长辈追问依旧常见的当下，知道怎样用正确的方式搞定父母，对那些饱尝逼婚之苦的朋友，是刚需。如上所述的招式，并非对天下所有父母都有用，只有熟知他们的性格并且知道如何因人而异、因势利导，才是关键。

>> 不同性格父母的逼婚

♣ 红色性格父母逼婚——老李老王抱孙子，娘亲怎能不着急

红色父母常被焦虑包围，容易逼婚，只是不会那么坚持罢了。逢年过节，更易受到外界影响。看到朋友们开始抱孙子了，就开始急；听到新闻说，年龄越大找对象越难，女性过了最佳生育年龄，生孩子很危险，就开始急；听小区大妈说，人民广场有上万个父母举招牌给子女找对象，一些没用的小道儿消息加之七嘴八舌，红色父母越听越崩溃，开始抱怨唠叨，把负面情绪传递给孩子。

作为天下最愿为子女操心的性格，红色父母对子女的婚事格外热心。这是因为随着年龄增大，身体机能退化，红色父母没能力靠自己让自己快乐。因此，他们将自己的快乐建立在子女的快乐之上。只要子女快乐，自己就快乐。而他们坚信婚姻会带给人快乐，生娃更是人生迟早必经之路，不孝有三无后为大，先成家再立业，乃圣人之道，为人父母者，当然要强烈推动子女早日成婚。

电视剧《咱们结婚吧》里，杨桃的娘为了女儿的婚事，千方百计安排各种相亲，在杨桃反复强调自己的反感后，刻意制造各类男士与女儿"邂逅"，工作的客户突然开始告白，汽车追尾的小伙开始递名片邀午餐……弄得杨桃神经紧张，草木皆兵，甚至以为电梯里遇到的鲜花快递员是母亲的卧底，令人啼笑皆非。

红色父母过于在意外界评价，子女没对象，似乎自己就矮了一截。为了避免另类眼光，他们急于让子女快速找伴，四处张罗着给孩子介绍对象，如果子女不配合，在没人选前，红色父母会更着急，软硬兼施，逼着子女去相亲。好在并不坚持，唠叨几句，如果子女誓死不从，或不搭理，红色父母也只能干瞪眼没辙。

■ **蓝色性格父母逼婚——老李今天来做客，闺女相片掉家里**

蓝色父母最讲道理，层层盘问，丝丝入扣，让你抓狂，对结婚的考虑、规划、手边有没有合适的……每个事项，一个不落，全部盘问，用忧虑的眼神和叹气，给你罩上几层阴霾。而且，蓝色负面思维强，会考虑到多年后才发生的事，让你心情压抑。

蓝色父母着急，仅在内心翻滚，少在言语中明显透露。除非你傻到主动询问，否则，蓝色父母即便再担心，也不会轻易流露。他们不像红色父母那样整天唠叨，不会直接逼子女去相亲，往往暗示子女注意。眼看儿子过了而立之年还没对象，一直赞许宁缺毋滥的爹，也开始着急，常常不经意提起邻居家谁谁结婚了，单位老李的女儿好像也单身，私下里暗暗物色。如果有一天，你在自己的电脑桌上发现了一张女生照片，问起来，你蓝色老爸铁定说是老李来家里玩时不小心落下的。

▲ **黄色性格父母逼婚——今年必须把婚结，找头母猪也要结**

黄色父母控制欲和主观性非常强，凡事喜欢自己拿主意。从小到大，你读什么书，穿什么衣服，留什么发型，读什么专业，该做什么，不该做什么，都要听他们的，你的终身大事，更要听他们的意见。黄色父母的一生，就是掌控子女的一生，而且，哪里有你的反抗，哪里就有父母的压迫。小兔崽子，你还翅膀硬了啊，咱看谁硬过谁。

电视剧《离婚前规则》里，红色女儿赵亚彤瞒着做高官的老妈闪婚，却因为老公事业平平，惹得老妈人都没见，就立即要求他们离婚，遭女儿强烈反对后，老妈平静提出，要求他俩在赵亚彤老公事业有成前，必须隐婚。与此同时，在未得到女儿同意且女儿未离婚的情况下，直接安排女儿与青年才俊的相亲饭局。并且坚持自己做的一定是对的，对女儿所有的解释不予理会。这样决绝霸道的安排，非黄色父母莫属。

黄色父母安排子女相亲，再正常不过。在你年轻时，他们更多关注你的事业，当你的年龄到了一个他们认为的问题临界点，就开始集中火力，直截了当，下达指令，告诉你快速解决。而且黄色父母一旦逼婚，基本上已为你做了决定，不管你有没有找到，直接相亲直接结婚。

● **绿色性格父母逼婚——只要孩子你不急，爹娘其实也不急**

如果你父母是绿色，恭喜你，这辈子也不会遇到逼婚。如果他们对你逼婚，只有一种可能，就是他们被亲朋好友和他们的爹娘逼着来逼你。绿色父母会有气无力地说："孩儿啊，你打算怎么办啊，旁边的人都好急，你不急吗？"如果你很生气，绿色父母可能会反过来哄你。

绿色很讨厌别人逼自己做什么，当然，也不愿强人所难。在绿色父母看来，婚姻是子女自己的事，子女觉得结婚幸福，那就结，子女没找到合适的对象，那就继续找。反正，只要子女自己过得去，那就行。绿色父母甚至不愿去主动关心子女的恋爱状态，更不会逼着子女结婚。这与绿色一生都信奉轻松和谐的人生态度密不可分。

电视剧《大丈夫》中，顾晓珺的母亲性格中有很多的绿色，原来，自己觉得女儿找了个大她20岁的老公，不太合适，但被欧阳剑几句软话一说，便觉得其实并非完全接受不了，为避免女儿和老公之间的矛盾，两边安抚。

世上，大概再没有比绿色更好说服的家长了。

>> 不同性格子女被逼婚后的反应

♣ 当红色性格子女被逼婚——烦躁不堪

红色最容易受到外界影响和波动，如果外界压力变大，就会烦躁，试图转移话题。

红色活泼开放，追求自由的情感，最不喜欢被别人约束。有些红色到了一定年纪迟迟未能走进婚姻殿堂，并非不想结婚，往往是因为红色追求情感体验，总觉得最好的在后头，选择太多从而不知道选哪个。红色如果被父母逼着去相亲，还是会反抗，找各种理由不去。就算不情不愿地去了，也是阳奉阴违，交差了事。

电视剧《北京青年》里，何西因为被父亲唠叨得不耐烦，且相亲对象是自己顶头上司的女儿，才不情不愿去了，甚至还叫上自己的哥们儿在旁边把关，随时准备找借口离开，这大概就是红色被父母逼着相亲的典型对策。

剧中的何西正好对原本自己不愿相亲的对象一见钟情，可现实生活中的人们哪里有那么好的运气，有时只因为想要自由的情感，即使被相亲的对象自己并不反感，也不愿接受自己被勉强相亲的结果。

■ 当蓝色性格子女被逼婚——心如磐石

听父母数落时，蓝色不愿告诉父母自己的想法，不动声色，心里主意非常坚定。

蓝色如果不能遇见自己喜欢的人，宁缺毋滥，会一直等下去。蓝色对感情相当执着，一旦遇见自己喜欢的人，再难对他人产生兴趣。如果被父母逼着去相亲，蓝色不愿与父母直接冲突，而出于对感情的偏执又不愿去相亲，这会让蓝色无比痛苦。他们会找各种理由不去，实在扛不过，去了也不发一言。

中国古代最凄美的"梁祝化蝶"，代表了经典的蓝色的爱情哲学。对于爱情，他们含蓄内敛，十八里长亭相送，情意绵绵，最后，也没直诉衷肠。面对父母逼婚，他们宁可玉石俱焚，也不愿爱情被玷污，于是双双化蝶。

现实中，并不会出现化蝶的神话结局，可蓝色对爱情的忠贞不可侵犯，即便父母相逼，也改变不了蓝色内心对爱情的坚持和等待。

▲ **当黄色性格子女被逼婚——视若无睹**

黄色内心有非常强烈的主见，结不结婚，是自己的事，和他人无关。现在都什么年代了，以后说不定婚姻就消亡了呢。黄色子女要么不搭理，直接走人，随便父母怎么跳脚；要么有理有据，现场教育父母无须操心。

电视剧《大丈夫》中，顾晓珺根本不搭理父母的念叨，自顾自爱上了比自己大 20 岁的教授，甚至把父母安排的门当户对的相亲当作自己恋情的挡箭牌，甚至还主动求婚，安排了自己的婚礼庆典。这样的霸气，非性格中有很多黄色的人莫属。

面对父母安排的相亲，黄色一般不以为然。黄色从小在任何事上都明确知道自己要什么，一心想达成目标，而且总能证明自己是对的。对于爱情，他们早知道自己要怎样的伴侣，无论是要一个事业助力的伙伴，还是要征服别人看来不可能的对象，黄色总是胜券在握。

● **当绿色性格子女被逼婚——欢迎介绍**

绿色最没有被逼婚的苦恼，不是人家爹娘不逼，而是绿色没啥主见，也不和家人正面冲突，反正自己也没找到，父母逼婚时，两手一摊，舌头一吐，说：我也找不到，你们愿意介绍，好啊，那就给我介绍呗。

父母安排相亲，绿色子女的合作态度最佳。甚至，根本不用父母强迫，绿色就心甘情愿地去赴约，不但不抗拒，反觉得省心省力。而且，绿色对爱情没那么多强烈起伏，只要相亲者给予小小的情感，绿色就能给予反应，因为本身需要的爱，也没那么多。

《性格色彩单身宝典》中有一个重要观点，所有性格里，最不容易大龄未婚的，是绿色，因为绿色好说话，没那么高的要求，差不多就行了。所以，一旦父母施加压力，绿色不会忤逆，索性就从了。

>> 如何应对不同性格父母的逼婚

应对红色性格父母逼婚——理解苦心，绝不顶嘴

如果你爹娘是红色，面对他们的发急和逼婚，首先要安抚他们的情绪，千万不要和红色爹娘顶嘴，一定要说自己在努力争取。

你要认同父母对你的一片苦心，感恩他们对你的操心，告诉他们，你会努力快马加鞭，确保尽快保质保量地完成任务，让他们抱上高质量的孙子。但也不能只为了追赶速度，最后质量不行，生出来还不能不管，到时候，一片狼藉，那多糟心啊。

你完全可以和红色爹娘讲："我理解你们的苦心，在这个问题上，其实我和二老的方向是一样的，我也希望有个好对象陪着我，你们也不用操心，还能享福，多好。"

记得你自己要有信心，别被他们的负面情绪所感染。你自己很积极乐观，就可以感染他们，你可以开自己玩笑，说会找到最好的，给父母准备些小礼物，让他们出去吃个饭，或者调侃"你们那么急，那你们给我介绍呀"。你放心，他们想张罗为你做点事，一定会去做的，不过，最终决定权在你自己这儿。

爹啊娘啊放宽心
孩儿自当早完婚

应对蓝色性格父母逼婚——手握计划，认真沟通

面对蓝色父母，要认真给他们讲道理，列出计划，说明合理性，千万别拍胸脯说，下周就带个姑娘回来或半年之内就嫁，这种话忽悠忽悠红色父母问题不大，但如果是蓝色父母，这招什么用都没有，只会加重他们的担忧。

你可以对蓝色爹娘说："爸妈，现在很多年轻人都是古板应试教育，大学没法谈，毕业逼着谈，你想啊，高考前还模拟考好多次，那为什么结婚前，我就不能多谈几次恋爱，增加一些经验呢。我没有感情基础，不了解对方性格，只是以貌取人，然后草率牵手，到时候婚姻肯定会有问题，万一离婚，受苦的不仅是我，您二老不也遭罪吗？"

面对蓝色父母，要和他们一起探讨你目前存在的危机，你的风险，解决问题需要多少时间，付出多少努力。你可以实事求是地告诉他们，造成现在不结婚的原因，是工作很忙，注意力没放在上面，遇到过几个不错的，但没有进一步发展，然后，可以给爹娘机会，让他们帮你分析，帮你制订计划。你可以告知，你每个月会参加相亲活动啊。

记住，对蓝色父母而言，你越逃避，他们越担忧；越面对，让他们觉得你有执行的计划，他们越心安。

> 心急不吃热豆腐
> 万事皆在进行中

应对黄色性格父母逼婚——咬定青山，告知目标

跟黄色父母沟通前，要先想好，你心里到底要的是什么，如果你

心里没一个非常明确的结论，沟通下来，会被他们牵着鼻子走，莫名

其妙地进入婚姻，婚后没了自我，痛苦万分。

所以，你定下自己内心真实的想法，再跟你的黄色爹娘过招，明确无误地把你的答案用不强硬但坚定的方式告诉他们，并且坚守底线。

你告诉给黄色父母，现阶段你就是想专心工作，事业未成，不打算结婚。若你是男儿，你告诉他们，儿子没有事业，成家后也无法承担责任，最后难免家破人亡；若你是女儿，你告诉他们，女子没有事业，婚后吃穿用老公的，会因为没有家庭经济地位，被瞧不起，难免婚姻惨淡。你非常感谢爸妈的安排，但这个亲，你不会去相的。不管他们用什么大招，你都淡淡以对，不要着急，不要强硬对抗。

黄色尊重那些有主见并且坚持的人，在坚持的过程中，千万不要情绪化，黄色最恨情绪化。如果你有自己明确的目标，告诉他们，让他们对你放心，不要逼迫你做不愿做的事情，你会赢得黄色父母的理解，此后，他们不会唠叨，不会逼迫。你一劳永逸地解决了问题。

> 男儿无业何来家
> 女子无业婚后孤

最后，借用《性格色彩单身宝典》中的一句话献给各位，千万不要因为外界对你的逼迫而草率结婚，否则，必有无尽的悔恨和痛苦。

如何应对
不同性格父母的逼婚

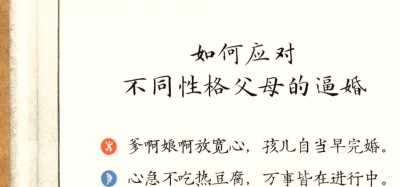

- 爹啊娘啊放宽心，孩儿自当早完婚。
- 心急不吃热豆腐，万事皆在进行中。
- 男儿无业何来家，女子无业婚后孤。

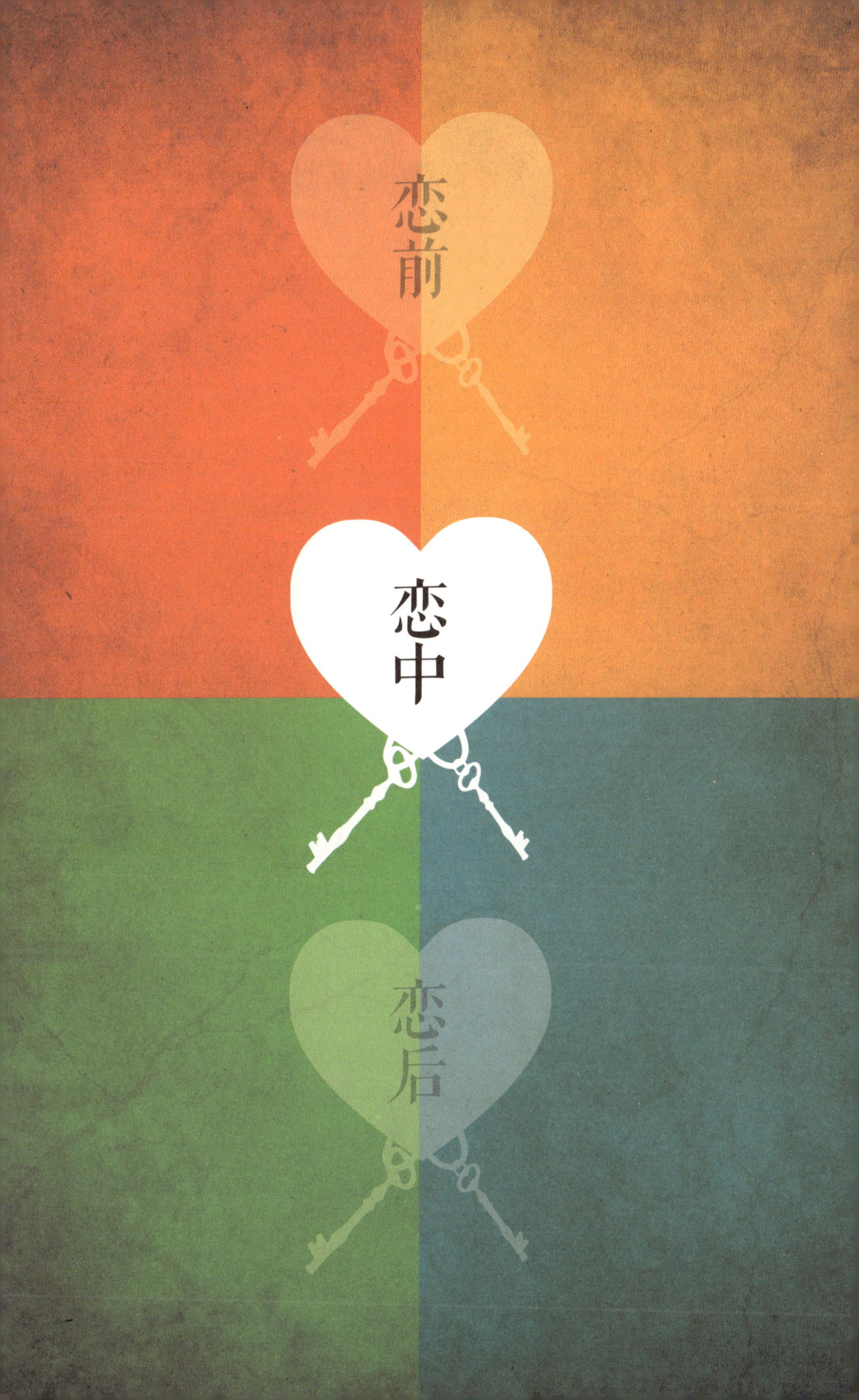
恋前
恋中
恋后

07 追女
——怎样追到你喜欢的不同性格女子

　　某日，金庸笔下各主角把酒论英雄，探讨如何追女孩。

　　乔峰认为，追女孩最重要的秘诀就是——你自己要是个英雄。按照现世的说法，就是要成功，你说哪个女孩不希望自己的男人是英雄？有安全感？不成功，根本就不配有女友啊。

　　郭靖一听完全不同意，追女孩未必需要自己是英雄啊。想当年我武功那么烂，还不是把蓉儿给追到手。最重要的秘诀就是——必须会装傻。你看，蓉儿多聪明啊，欧阳克跟她比聪明不是活活把自己赔进去了。我越在女孩面前装不懂，她就越觉得我可靠。

　　段誉笑嘻嘻地说，非也非也，追女孩的秘诀是——死缠烂打！俗话说，女人的心是水做的，总有心软的一天，只要你穷追不舍，总会成功，若不是这样，我怎么追得到王姑娘呢？但这招脸皮不厚的人还是别学啦。

　　令狐冲强烈反对，说自己暗恋小师妹那么多年，死缠烂打绝对是徒劳无益，而追到盈盈却毫不费劲，最重要的秘诀就是——装酷。天下女孩都喜欢酷男人！我和小师妹一起长大，知根知底，啥招都没用，可盈盈就不同了，我一酷，她立刻就被我吸引住了。

　　这时，韦小宝开口了，追女孩最重要的秘诀只有一个——性格色彩之钻石法则！大家都没见过这么清新脱俗的武功，赶忙请小宝赐教。

小宝说，我没读过书，又没武功，可我能娶七个老婆，就是因为我知道，女孩不是一模一样的，追这个女孩的方法，不一定就能用到别人身上。追女孩，胆大心细脸皮厚，也不是没道理，但不能生搬硬套，要灵活运用，要从实践中出真知。你看我若脸皮不厚，怎么追得到阿珂；要是胆子不大，怎么敢追建宁公主和洪夫人？大家听得对小宝顶礼膜拜。小宝最后补了一刀，其实性格色彩最厉害的就一句话，到哪座山唱哪首歌！不懂性格，怎么可能掌握正确有效的追法呢？

追求红色性格女人——包容宠溺

红色女生不管年龄多大，始终是小孩心态，在情感关系中，如果你能洞悉到她内心的需求，及时给予，不管是照顾她，还是保护她，让她有一种重回童年、在你怀抱里得到你悉心呵护的感觉，追她就变得轻而易举了。

《三生三世枕上书》里，红色的狐狸凤九遇到危险，被东华帝君救了。凤九为了报恩，进东华帝君的太晨宫当了宫娥。后来有一次，帝君遇到危险，凤九变成小狐狸去救他，之后就以狐狸之身留在帝君身边。帝君真的把她当成宠物，为她盖凉亭，为她做鱼吃，在这段以宠物之身和帝君相处的日子里，凤九无比强烈地爱上了帝君。

虽然是神话故事，但完美诠释了搞定红色女子的钻石法则，把她当小孩，当宠物，总之只给她风花雪月、温情脉脉，不要让她触碰柴米油盐、人生艰难，让她跟你在一起安心、快乐，如在天堂。

红色的小古，大龄未婚，容貌才华，均属上乘，从小到大，追求者众，无一入法眼。35岁，生了场病，病好后，参加一个瑜伽班，班上认识了比她小8岁的男生。虽女大男小，但男生很疼人，一见钟情后，每天接送，不管多晚，也绕路送她回家。只要她一个眼神，就替她把所有事都做好。不知不觉中，小古沦陷了。

一次通话，她说自己已订婚，我问她为何选这个人。她说了个细节让我印象很深，她说："我头发很长很密，一直觉得洗头之后吹发很麻烦，和他在一起后，每次我洗完头，就躺在床上，头发垂在床边，他蹲在地上，拿着吹风机，细心地为我一绺一绺吹干，我就感觉自己又像公主，又像他女儿，太享受了。"

总之，红色女子需要的爱，很直白，爱她就对她好，各种好，把她当作宝。红色在情感上有极高的需求，一旦得到满足，对你产生依赖，就会非你不可，没你不行。

> 夜短偏爱日高眠
> 怜香惜玉宠上天

追求蓝色性格女人——默默守护

《三生三世十里桃花》中，天族子阑爱上了翼族胭脂——一位蓝色美女。天规有令，两族不可结合，故此，子阑把感情藏在心里，从未表白，只是默默保护。胭脂开始不知子阑的身份，却敏感地发现他对自己的好，也没明说，等到知道子阑是天族，明白两人不能在一起时，胭脂还是没说明自己的情感。

后来，胭脂救侄女，需要一种特别的丹药，子阑用内力炼丹给她，受了极重的内伤，也没告诉她，默默离开。自始至终，子阑对胭脂，就是默默付出，啥也不说，但胭脂尽数体会。分开多年后，胭脂带侄女找到子阑，让侄女对他说谢谢，说完后，眼中满含期待看着子阑，但子阑克制了情感，让她不要再找他，胭脂万箭穿心，忍痛答应，默默离开。

这段感情，虽然结果不曾花好月圆，但胭脂心中，对子阑已非君不嫁，即便两人没在一起，也不会再接受他人。

这就是，搞定蓝色女子的"默默守护"。

若你身边有蓝色女子，无须多说，只需行动，让她体会，因为她会把你做的一点一滴全都记在心里，不会忘记。而且这种女子非常理智，不会死缠烂打，你与她之间会有相互的体察和默契。

蓝色的翩翩，平时追求者众，当她因工作原因，从深圳转移天津，需要常驻两年，只有一个男生什么也没说，默默地自寻门路，也到了她所在的城市找了份工作，只是为了能偶尔有机会见到她。这份不张扬默默地付出，感动了她，也在后来的你来我往中，催生了一段情。

当蓝色女子爱一人时，也许不会多说什么，因为蓝色觉得，用嘴说的爱情肤浅，真正的爱不需用语言表现，要用行动。同样，如果你爱上一个蓝色女子，请你也用行动来为她做些事，不需大张旗鼓地告诉她。让她自己发现，她会更感动。

> 两情若是长久时
> 又岂在朝朝暮暮

追求黄色性格女人——挑起征服

《乱世佳人》中的女主角斯嘉丽，容貌美丽，性情骄傲，很多男人喜欢，她也乐于获得男人的关注和追求，但只要她发现哪个男人对自己死心塌地，立刻索然无味。

她之所以喜欢上有妇之夫卫希礼，就是因为卫希礼并不关注她，没对她贴鼻子上脸，让她感到自己的魅力被否定。这种被挑战后想征服对方的女子，性格中都有很多黄色。因为她们有很强的目标感和控制欲，越被打击，越要战胜，无形中，会把爱情当成竞赛。

所以，如果你喜欢一个黄色女子，可以小小挑战下她，勾起她的征服欲，也许会有意想不到的效果。

一位黄色朋友告诉我，当初她在一群追求者中发现她未来老公，就是因为这个男人不像其他人那样讨好她，而是既保持朋友的热情，又没非分之想。当她开始留意这人时，发现这人自身有料，能力不错，在专业上还经常和她PK，这挑起了她的兴趣，最后拿下了他。当然，这个男人其实也喜欢她。

在性格色彩的专业中，斯嘉丽并非典型黄色，而是红＋黄。因为除了黄色以外，红＋黄在情感中也想征服对方。差别在于：黄色的征服，只是为了达到目标，征服过程中没有太多情绪，也不会因为对方的反应让自己有情绪波动；但是，红＋黄，在征服对方的过程中，会因对方的话语和不认可，让她的心情一会儿在天堂，一会儿在地狱，波动巨大，非常痛苦。

《三生三世十里桃花》里，有个反派，红＋黄的女孩素锦。素锦自小就对太子夜华有好感，后来发展成爱慕，因为得不到夜华，就费尽心机搞出许多事，去害绿色的素素，素素也因此吃了不少苦头。

但素锦为什么会死心塌地地爱上一个不爱自己的夜华？究其根源，其实是被夜华的一句话刺激了。夜华作为天族太子，爷爷给他安排了一门亲事，与狐族白浅联姻。当素锦发现自己喜欢的夜华，居然要娶别人时，就跑去表白，但夜华说："有本事，你就像白浅一样，让我非娶你不可！"这下，刺激了素锦，挑起了她不达目的誓不罢休的欲望，导致这辈子都放不下夜华。虽然结局没成，但内心的情感和欲望，已经被彻底激发了。

这就是，搞定黄色女子的"挑起征服"。

> 情场之趣在于赢
>
> 挑动心弦她追你

追求绿色性格女人——博取同情

很多人都说女子的同情心强，博取同情，确实也在恋爱中被广泛使用。但其实，这招对蓝色和黄色都毫无作用！最有效的，就是对绿色女子。

绿色同情心强，关注别人感受，即便别人对她不好，也会为别人着想，替别人找理由。所以，用这招追求，绿色女子不怎么怀疑，顺理成章，就发展下去。

《三生三世十里桃花》中，天族太子夜华爱上了凡人女子素素。素素性格温和没主见，是典型的绿色。夜华想追，却不知怎么开始，最后决定"博同情"。他使苦肉计假装自己受了重伤，倒在女孩家门口，素素一见他浑身是血，觉得好可怜，马上把他扶进家疗伤，还要为他找大夫。等到伤好，他赖着不走，素素也不好意思赶他走，直到家里的米都吃完，两人也相处了一段时间，素素对他日久生情，自然成了一对。

其实，绿色的情感建立需要时间，男主摒弃自己太子的身份，把自己搞成孤雁失群、虎落平阳的状态，不断激发女主的同情心，为两人的情感培养赢得一段时间，当绿色女孩习惯他的存在后，才发现已经不知不觉恋上了他。

绿色最吃"博取同情"这一招。如果你喜欢绿色女子，可以尝试激发她的同情心，营造长时间的相处机会，让她对你产生依赖感，最后，她就会希望你一直留在她身边。

一个绿色女孩说，她老公当年上大学时追她，先是装可怜，说自己是外地来的，没有同学愿意跟他一起吃饭，问能不能坐在她旁边，绿色女孩就同意了。后来每天中午，他们都一起在食堂吃饭，而且男生会一直告诉女生哪个菜好吃，帮女生做选择，帮女生打饭，时间长了，自然而然就走在一起。

另外，"博取同情"这招，对红色也很有效，因为红色女子容易心软，且乐于助人，当男生可怜的样子出现在眼前，很容易勾起红色照顾人的欲望。

电商公司物流部工作的 Grace 告诉我，学会性格色彩卡牌后，她莫名其妙成了集团 EAP 负责人，大家有什么困惑，就找她咨询，她也愿意帮别人。

在和兄弟公司联合举办的年会上，一个男子要了她的电话号码，开始约她。开始，她对此人感觉一般，但有一次，这人突然约她，说失恋了，想自杀，求她帮忙开导下。于是，她一下子很同情这个男人，就与他见面，疏导心结。这个男人每次说自己的事都是碎片式的，于是两人经常见面，每次聊聊对情感的看法。聊多了，她发现这个男人对理想情感关系的描述，跟自己的想法很符合。

日子久了，有一天，男人告诉她，其实他对她一见钟情，之所以找她倾诉，是希望有更多机会相处。她这才恍然大悟，原来男人在"博同情"。但是确实相处后，她也觉得男人不错，两人真成了一对。

老虎扮猪吃大象
为亲芳泽装可怜

　　以上与四种不同性格女子相爱的过程，印证了性格色彩的大道至简。只要你能真正学透性格色彩这个工具，洞察到所喜欢人的性格，因人而异，就能更快地让你对她的爱，变成她对你的爱。

如何追求不同性格的女子

- 夜短偏爱日高眠，怜香惜玉宠上天。
- 两情若是长久时，又岂在朝朝暮暮。
- 情场之趣在于赢，挑动心弦她追你。
- 老虎扮猪吃大象，为亲芳泽装可怜。

08

追男
——怎样追到你中意的不同性格男子

上文谈了如何追求自己心中喜欢的女子，本文谈谈如何吸引自己心中喜欢的男子。

若你现在还觉得，"女追男"实在不好意思，主动表达喜欢的女子掉价，主动追男人的女子不会被珍惜，女子再动心也不能主动，否则会被人看不起……那，不知姑娘你一直生活在哪个朝代？白素贞追许仙，知否？七仙女追董永，知否？祝英台追梁山伯，知否？《倚天屠龙记》中赵敏主动追张无忌，知否？《何以笙箫默》中赵默笙主动追何以琛，知否？

你觉得这都是小说？这都是神话？这都是影视？哦，好的。

名妓苏小小主动追宰相之子阮郎，知否？大家闺秀卓文君听司马相如弹琴后意乱情迷，当晚就放弃身份，主动追穷小子，知否？红拂女追了李靖后，李靖就成了唐朝第一战神，知否？

其实，你追不追你喜欢的人，是你的事。但是如果你真有了自己中意的男子，切记，只有爱情，光靠勇猛拼杀，天天喝心灵鸡汤，皆无用功。如果你不想一辈子热面孔贴冷屁股，不想铁杵十年没成针，那就先学点性格色彩。

追求红色性格男人——认可信任

红色男人，即便年纪不小，依旧如同少年，充满活力和冲劲，对待情感真诚而炽烈。他们擅长讲笑话，多半还有几个与工作无关的爱好，跟他们一起，生活丰富多彩。他们喜欢你，就会直接表达，不像蓝色男人那样弯弯绕绕；他们不开心，就会对你倾诉，唤起你的母性情感。

这种童心未泯的男人，也有许多女子喜欢，只可惜他们虽然容易互动，却未必把你当作最重要的那个人。因为他们交际强，圈子广，会遇到很多选择。

法国总统马克龙还是40岁的超级大帅哥时，他夫人布里吉特已经65岁了。当这对夫妻牵手出现在世人面前时，大家都很惊讶。其实从性格角度，搞清楚红色的马克龙为何爱上比他大25岁的女人，并不难。

马克龙16岁时，布里吉特是他的老师。像所有富有才华的红色一样，马克龙不但成绩好，而且兴趣广泛，热爱诗歌和话剧，还会弹琴、跳探戈，标准的文艺少年。重点来了，布里吉特经常在课上表扬马克龙，甚至当着全班同学的面，朗诵他写的诗，马克龙因此被同学们起了个外号——老师的小宠物。正因为布里吉特对他强烈的认可，让他喜欢上了跟布里吉特一起探讨文学和艺术，两人越来越欣赏和爱慕对方。

更为可贵的是，两人一起走过了二十年，虽然马克龙比布里吉特小20多岁，照理说，布里吉特比马克龙多了许多的阅历和经验，但她从来没有凌驾于他之上，而是无条件地支持和认可他。

总统大选期间，曾有一名马克龙的助手，质疑布里吉特为何可出席高层会议，她微笑着回应："我是他粉丝会的会长。"简短一句话，流露出对马克龙由衷的崇拜和支持。也难怪马克龙这个大男孩会始终不渝地爱着布里吉特了。

一个典型红色的学员告诉我，在跟出身豪门的女友相恋四年后，因为女友总发大小姐脾气分了。刚分手，就遇到一个各方面条件比前女友差很多的女孩，但这女孩无比崇拜他，无论他做得如何，在女孩眼中都是最好的。于是，相恋四个月，两人就谈婚论嫁。婚前，前女友找他希望复合，他拒绝了。当时他只是凭感觉做出选择，直到学了性格色彩，才明白自己这么做的原因。

除此以外，红色渴求信任，所谓信任，就是当别人都不相信你的时候，依旧有我相信。对红色男人来讲，这是最弥足珍贵的情感（关于信任的力量，详见我的自剖录《本色》）。

《琅琊榜1》中，胡歌饰演的林殊是红+黄性格，因遭遇灭门惨案，饱受冤屈，身体受到极大伤损，容颜巨变，整个人深沉许多，不再像少年时意气风发、张扬跳脱，但不管个性怎么变，性格并没有变。他的恋人，刘涛饰演的霓凰郡主，是红色，无论是十三年前还是十三年后，无论别人怎么说，她始终单纯地相信，她的爱人绝不会是坏人。重逢后，霓凰认出了林殊，并且毫不犹豫地表示了对他的信任、认可和崇拜。正因如此，虽然林殊身边也有其他美女追求，但他丝毫未动心。最后去边境杀敌前，与霓凰订了下一世婚约。

世人认为花心的红色男人喜新厌旧，可惜世人并没看懂红色男人在内心深处的第一刚需不是"变化"，而是"认同"！

红色男人时刻需要爱人对他有价值的认同，随着交往时间的延长，很多伴侣会习惯性地平淡，不再给予爱人直接正面的认可，而这对红色男人的情感是最大的慢性毒药。切记，真正促使一个红色变心的不是世俗所指的帅哥美女，那只在短期刺激见效，更大的原因是心理上全然的认同感。

记住，对待红色童心未泯型男人，发自内心的信任和认可很重要。

> 心悦君兮两不疑
> 举世不信我独信

追求蓝色性格男人——营造快乐

很多爱情影视剧中，我们常发现这样一种蓝色男人：话不多，面容冷静，心思细腻，遇到问题时从不急躁，而是静观其变，等到别人想破了头，还不知道答案时，他才慢慢说出自己的看法，一语中的。

这种男人往往很吸引女子。女子觉得他就像解不开的谜，越想探究，越陷得深。其实，只要你懂得性格，搞定这种男人，并不像你想象中那样难。

这种成熟稳重的蓝色男人，很容易受到活泼欢快的红色女子的吸引。因为蓝色沉静，容易陷入沉思，而乐观的红色，拥有随时随地制造快乐的能力。

日本著名影星高仓健是典型的蓝色，他一生挚爱的妻子江利智惠美是红色。两人最终离婚，是因为性格间的碰撞，蓝色的高仓健希望妻子待在家里、安守妇道，而红色的江利智惠美原本就有杰出的歌唱才华，婚后渴望复出，重返歌坛。虽然两人以悲剧结局，但高仓健一生都未再娶，而且不断怀念两人初恋时的美好时光，就是因为江利智惠美的红色优势——活泼和热情。两人初见并相爱时，正是江利智惠美扮演小品剧"傻傻爱桑"这一角色时。"傻傻爱桑"是一个不怕邪、不怕困难、乐于助人并有些傻乎乎的小朋友，一个典型红色的小朋友。这个角色在日本家喻户晓，万人爱戴。江利智惠美把这个角色演得淋漓尽致，逗人捧腹。

当然，还有一点很重要，就是时间。蓝色的心门是一点点打开的，你不能指望他一下子就和你海誓山盟，这在蓝色看来，十分草率且肤浅。吸引蓝色，你需要付出足够的时间。

现实中的恋爱关系里，红蓝配非常多。一个蓝色的丈夫在课堂上坦承，之所以爱上红色的妻子，就是因为无论生活中遇到什么事，她总能以积极乐观的态度去面对，这点是蓝色的自己不具备的，也是他渴望拥有的。

《琅琊榜 2：风起长林》中，黄晓明饰演的长林王世子萧平章，就是成熟稳重的蓝色，足智多谋，凡事谋定而后动，给人以强烈安全感。佟丽娅饰演的蒙浅雪，红色，一副傻傻好骗的样子。两人青梅竹马。14 岁时，萧平章求皇上赐婚娶她。之所以红色的蒙浅雪能吸引蓝色的萧平章，就是因为她烂漫无邪，能让他从绞尽脑汁的权力斗争和凶狠歹毒的宫心计中暂时走出，拥有一个不需猜忌、简单快乐的爱情生活。

例如，京城发生瘟疫，萧平章不希望蒙浅雪出门，但他清楚红色的蒙浅雪在家里待不住，就骗她，为了找到治疗瘟疫的药方，让她从无数典籍中找到有"上古拾遗"四个字的一本书。蒙浅雪对萧平章的话深信不疑，开始疯找。这样，萧平章既可不用担心她出门，自己又可去忙重要的事情，晚上忙完回来，蒙浅雪还在找书。看到老婆很傻很天真，这蓝色男人笑得很欣慰。

记住，对待蓝色严肃内敛型男人，营造欢乐的氛围很重要。

韩剧《来自星星的你》讲述了从外星来到现代的神秘男人都敏俊，与身为国民顶级女演员的千颂伊追寻真爱的浪漫爱情故事。千颂伊追求都教授也是想尽了办法，过程很搞笑。

蓝色的都敏俊，在他严谨、有条不紊、坚持原则的背后，是谨小慎微、细腻、敏感的情感世界，担心自己对原则的丝毫突破，会带来灾难性的后果。这些全面体现在他对千颂伊感情的层层包裹、想爱不敢爱（不敢表白，只在静止的时间里偷偷牵起她的手，偷偷亲吻她）、表白后立即反悔（手机发送了"我喜欢你"的短信，又立即让时间停住，赶紧删掉短信）的种种表现中。而红色的千颂伊，则是粗线条的人。

两人迥然相反：一个冷若寒冰，一个性如烈火；一个深沉阴郁，一个单纯放肆；一个被动封闭，一个主动出击。都教授，像是生活在围城里的睡美人；千颂伊，像是披荆斩棘的惹祸精。

这个女子拥有蓝色男人喜欢的，却不得不掩藏起来的特质，而最吸引蓝色男人的就是——这个女子可以如此毫不掩饰地把这些特质展示出来，因为这些都是他自己所不敢表露的。

> 玉树临风凛如霜
> 谁知炽火可燃冰

追求黄色性格男人——既听话又有主见

由于男女生物属性的差异，强势自信的男人往往比强势自信的女人，更受异性欢迎。当女人喜欢上强势自信的男人时，要么是想得到对方的保护，要么是想挑战和征服对方。想被保护，需要读懂强势男人，知道怎样得到对方平等的爱，而非俯视的爱；想征服他，需要把握沟通尺度，让对方有兴趣与你互相过招，而非真的变成敌人。

气场强大、目标坚定、越挫越勇，是黄色男人的三大特质。想搞定这样的男人，必须读懂黄色。黄色男人理性，以目标为导向，他们喜欢的女子要有两个特点：听话和有主见。

两个看上去完全矛盾的特点，恰恰都是黄色男人想要的。

"听话"，并非百依百顺，指的是不情绪化，不任性妄为，愿意倾听和尊重黄色男人的想法；"有主见"，指的是有一定独立性，有自己的见解，不过度依赖，即便黄色男人忙于自己的事，也能完全安排好自己，承担起该承担的责任。

《甄嬛传》中，几乎所有女人都围着一个男人转，就是黄色的雍正皇帝。

雍正虽在花丛中流连，骨子里却非常理性。为了稳定重臣年羹尧的忠心，他可任由重臣的妹妹华妃在宫中飞扬跋扈，却赐她欢宜香，让她不能生育，以免母凭子贵，权力倾斜；甄嬛得宠于雍正，又失宠，再得宠，此过程，正是雍正的性格所致。一开始，甄嬛的有主见、不献媚、不邀宠吸引了雍正，雍正为了她，甚至举办了一个类似民间的婚礼，还许诺她可直呼"四郎"。后来，雍正觉得甄嬛太有主见，不听话，渐生不满。最后，甄嬛终于摸清雍正的性格，开始懂得把握"听话"和"有主见"之间的平衡，登上贵妃的宝座。

课堂上，我问一位经营宁夏最大的牧场多年的黄色学员，他的择偶标准是什么。他说，第一，外表舒适，但绝对不能美貌，过于美艳，在婚姻中必然会带来很多麻烦和外界评论，给事业带来不必要的阻力。第二，就是"懂事"。他之所以选择现在的妻子，就是因为在一群符合要求的女子中，妻子在"懂事"上，比其他女子高出一大截。"懂事"，意味着该听话时听话，该独立时独立，外表不能当饭吃，短期内会被迷惑，但从长期看，对专心做事的男人来讲，"懂事"，才能让后方大本营安稳。

记住，对待黄色强势霸道型男人，既"听话"又有主见，很重要。

> 百顺千随并独立
> 方见柔美在个中

追求绿色性格男人——帮他做决定

"暖男"这个流行词，大多时候指绿色男人。绿色性情温顺、包容，不情绪化，愿意照顾人。绿色做男主角的电视剧很少，除了绿色的感情不丰富以外，还因为绿色欲望低，如果没有身边人的持续推动，不会主动走向人生巅峰。就像郭靖，如果没有黄蓉一直给他制造机会，一直鞭策鼓励他，充其量，此生就是草原上的一枚金刀快婿。

在情感中，绿色被动，缺少主见和想法，所以如果你喜欢的男人是绿色，切莫以为，但凡男人都主动，等他找你表白，你等到天荒地老海枯石烂，依旧还是只有那块烂石陪伴。即便他心里喜欢你，也依然需要你制造机会，让你们能经常在一起；同时，你最好帮他拿拿主意，比如带他去挑衣服，给他生活上的建议，将你们的关系紧紧绑在一起。

公司有个同事是绿色，大家好奇，他怎么会有那么强势的女友。原来，他和女友是研究生同学，女友比他高一级，因为女孩觉得他成绩好，做项目用得上，就主动找他，要他到自己的项目组来，他就来了。来了后，女孩总使唤他做事，绿色的他，无论怎么被使唤，都不抗拒，反而觉得有人告诉自己往哪个方向走，很不错哦。最后，两人就顺理成章地在一起了。

宋话本《碾玉观音》中有记载：南宋绍兴年间，红色的秀秀出身贫寒，被送到郡王府当绣娘，性情灵动，人人喜爱；绿色的崔宁是郡王府的玉匠，老实巴交，性情温和，脾气木讷。秀秀对崔宁有意，郡王也开玩笑，说等秀秀满期，要把秀秀许配给崔宁。一天，王府大火，众人逃跑。崔宁和秀秀走在一起，秀秀假装脚疼走不动，崔宁便将秀秀带回家中休息。到家后，秀秀说饿了要吃饭，受惊了要喝酒。崔宁都买来，几杯酒下肚，秀秀向崔宁说："你还记得郡王说把我许给你吗？何不今夜我和你先做夫妻？"崔宁吓得一惊："万万不可，礼法不合。"秀秀又说："你要是不敢，我明天就到郡王府跟大家说你把我骗到家里来了！"于是，秀秀和崔宁当夜便做了夫妻。

看来，敢爱敢恨的女子，自古到今，早就知道要先下手收入囊中。记住，对待温顺大白型男人，帮他做决定很重要。

> 算盘珠子需人拨
> 推波助澜要代庖

特别提醒性格被动的女子，我担心你过去总是看鸡汤，被"女人在爱情中要被动"这种浑话耽搁到现在。就是在这样错误路线的指导下，很多女子恋爱中从没主动过，总把自己当成姜太公。可等了半辈子，也没鱼上钩。你想想，铁丝是直的，又浮在水面上，还没有鱼饵，鱼儿怎么会跃出水面？就算能，鱼儿怎么会咬没半点腥味的铁丝？除非它疯了！除非它不是鱼！

宋话本《闹樊楼多情周胜仙》中，东京18岁少女，名曰周胜仙，一日，在茶坊邂逅令她怦然心跳的心上人范二郎，两人"四目相视，俱各有情"。周胜仙自思量，若我嫁得一似这般子弟，可知好哩！今日当面错过，再来哪里去讨？于是，周胜仙借故和卖水的人吵架，讲明自己身世，故意让范二郎听到自己说的"我是不曾嫁的女孩儿"，暗示情意，可谓胆大无忌。范二郎心有灵犀一点通，也借和卖水人龃龉，讲明自己家世，向周胜仙表示了爱慕之情。两人一来二去，终成良姻。

在古装戏曲里，女孩追求男人的路数通常是：佳人见才子，要么回头一望，眼波流转，嫣然一笑；要么花园小径，路过才子，忽然掉了手中锦帕，这样，才子才能逮到机会，弯腰替她捡起，她接过帕子，看他一眼，掩嘴一笑，翩然而去，独独留那才子怔在原地相思。

你看，即便你闭月羞花，也要知道该怎样去吸引你自己喜欢的人。

如何追求不同性格的男人

- 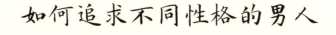 心悦君分两不疑，举世不信我独信。
- 玉树临风凛如霜，谁知炽火可燃冰。
- 百顺千随并独立，方见柔美在个中。
- 算盘珠子需人拨，推波助澜要代庖。

09 暗恋
——暗恋不同性格时由暗转明的关键

暗恋也叫单恋，这种情爱，从一开始就是单方行为。那个被暗恋的人，要么从来不知，要么知道却佯装不知，要么知道后明确告知暗恋者自己不喜欢。暗恋者通常无力自拔，越陷越深。陷入幻想之苦，郁闷之苦，无奈之苦。

电影《芳华》叙述了20世纪70年代部队文工团年轻人的暗恋，有两段，让人扼腕叹息。

第一段暗恋，是刘峰对林丁丁的暗恋。

刘峰是文艺兵，因为一辈子学雷锋，只做好事，常受嘉奖，在众人心中，他就是道德真君的化身，修东西找刘峰，猪跑了找刘峰，有困难，找刘峰，理所当然。一次抗震救灾时，他伤了腰，跳舞之路断了，领导给了他干部学院进修的名额，他也让给了别人。

刘峰一直暗恋着独唱演员林丁丁。林丁丁是团里"女神"，暗恋者无数，早已习惯了众星捧月。当刘峰这样一个老好人出手帮她时，毫无感觉。有一次，刘峰请她去看自己手工制作的沙发，她坐在沙发上，忽然刘峰表白，她正错愕时，刘峰激情上脑，双手环抱窈窕淑女。不巧，这个动作被路过的群众发现了。

林丁丁告发他要流氓，刘峰形象一落千丈，被发配去了伐木连，刘峰的暗恋以凄惨告终。

为了做"好人",一直压抑自己情感的刘峰,在性格色彩的专业术语中,被称为典型的"压抑红"。一个人压抑久了,一旦有机会就会释放,特别汹涌,无可抵挡。他甚至没想过用什么方法表白是有效的,就任凭情绪的冲动支配自己的行为,丝毫未曾预料后果(详见《性格色彩原理》)。

抛开影片中时代的悲哀,从性格角度分析:刘峰表白失败,在于他的性格是红色,考虑问题欠周全,没有预估对方接受表白后的心理反应,在表白方式上横冲直撞,毫无策略,北方话,就是个标准的二愣子。这种表白,除非对方也非常喜欢你,来的是惊喜;否则,对方完全无感时,心理预期猝不及防地被打破,来的是惊吓。

第二段失败的暗恋,是肖穗子对陈灿的暗恋。

肖穗子是领舞,陈灿是小号手。肖穗子暗恋陈灿多年未表白。陈灿车祸撞掉门牙,如果没有黄金做底托补牙,就无法继续吹小号,只能转业。为了帮陈灿补牙,肖穗子把妈妈给她的金项链拿出来给陈灿。即便如此,陈灿还是不知她心意,两人一直相处到文工团解散。

离开的车上,肖穗子趁陈灿不在,写了表白字条塞进陈灿的小号盒,可这时,肖穗子的闺蜜郝淑雯告诉她,自己和陈灿恋爱了。这个当头棒喝,让她悄悄把表白字条从小号盒子里拿出撕碎。自始至终,陈灿,都不知这个叫肖穗子的女孩居然喜欢他。

从性格角度分析,红色的陈灿,或许对肖穗子也有好感,但粗线条的他,完全没察觉到肖穗子的心意。而肖穗子却在无尽的等待和矜持中,消耗了太多时间。如果她早点表白,也许站在陈灿身边的人,是她;而现在站着的,却是闺蜜。

所以，表白要讲究方法，不能冲动，也不能一味等待，否则，你的菜就被别人夹走了。

>> 暗恋者为何暗恋

在将你的暗恋对象变成明恋前，先要思考，暗恋会出现在哪种性格身上？而在思考这个问题前，你又需要思考，人们为何要暗恋？

原因一：唯美情结

有人觉得暗恋是懦弱者对爱情的意淫，可人家暗恋者不以占有为目的，即使你已名花有主，暗恋者依然躲在远方，默默守护，你的一举一动、一颦一笑，暗恋者甚至比你的恋人更清楚、更投入、更在意。由此，我们可以得出结论，暗恋者不以结果为目的，若是一定要将美娇娘或帅儿郎捧入怀中，那显然根本不会选择这么一个打法。在四种性格中，做任何事情都会考虑最终达成目标的，首选黄色，故此，暗恋与黄色无关。

暗恋者如果最终把窗户纸捅破，暗恋变明恋，修成正果，那他多数会觉得是自己暗恋长久的功劳；如果持续很久，都没有由暗转明，那就至死也不说。暗恋者对爱情真实的想法就是：付出，便是人间最大的美好；爱过，就是人间最大的拥有。

日本著名作家夏目漱石还在当英文老师时，教学生翻译。恋人夜晚散步时，男子情不自禁说的那句"I love you"，一个学生翻译成"我爱你"，夏目漱石说："没劲，如此直白，何来情调，情调源于弯弯绕绕，只要说一句'今晚月色很美'，一切尽在不言中！"

好狡猾的夏目！是今晚月色美呢，还是和你在一起所以今晚的月色很美呢？如果女子想要让这男子道破，故意调侃他，问："以前不美吗？"

想捅破，就可以答："月光和以前一样，但不知为何，就是今晚的特别美。"

不想自己捅破，想让她主动捅破，就说："以前没有你啊。"

若是还不想捅破，继续如此保持，就继续重复："今晚月色很美。"

这三种方式，可进可退，可攻可守，可酌情任选，非久经暗恋，不能尽悟。

原因二：悲剧情结

如果一个事情的结局是悲剧，那么这场悲剧的主角将被人们所同情，如罗密欧与朱丽叶、梁山伯与祝英台。如果一个事情解决得如传奇般完美，那么我们只能用天意来感慨，但是如果这个完美的东西破损，人们就会有种强大的悲悯情怀，这种情怀加上想象，将会达到所有完美物品永远无法达到的境界，如伟大的维纳斯断臂雕塑、古希腊的帕特农神庙。

暗恋者的爱情，心中喜欢，口不敢言，默默为自己所爱的人奉献，这种感觉，就如同上述的悲剧，让旁观者能感受到残缺的遗憾和力量；而当事人，更是身在其中，历经种种的哀愁伤感。

堪称史上伟大暗恋之首的，非勃拉姆斯莫属。

20岁时，勃拉姆斯认识了他一生中最大的贵人舒曼，没想到，鬼使神差，在看到舒曼妻子克拉拉时，惊为天人，一见钟情，在残酷的思想斗争后，爱上师母的勃拉姆斯选择了克制，即便后来恩人舒曼病逝，也没向克拉拉表达过自己的情感，而是选择了深藏这份爱，独自离开。这份"暗恋"持续到四十三年后克拉拉病逝，那时已经是古典音乐巨匠的勃拉姆斯，一下子失掉了自己的灵魂，第二年也跟着走了，直到去世都没结过婚。他曾说过："我最美好的旋律都来自克拉拉。"

"我爱你，但是不能和你在一起"，勃拉姆斯完美地验证了爱情的不完美，外人看起来非常伤感，但也许勃拉姆斯本人心里念着克拉拉的痛与恋，正独自咀嚼着悲剧的美。

不求结果，仅仅为了内心深处的一种感觉就沉浸其中的，在四种性格中，只有红色和蓝色这两种性格才能做到。《性格色彩原理》中早有阐述，这两种性格情感丰富，一生都会受到情感的干扰。相对而言，黄色和绿色这两种性格被情感影响的程度可以忽略不计，自然也很难理解，为什么悲剧会是一种美？难道生活不该是追求快乐的吗？天天自舔伤口有意思吗？

不同性格阵营的对话，真是鸡同鸭讲，大家完全不在一个频道。总之，悲剧情结，在黄色和绿色这两种性格那里没有生存的土壤。

原因三：担忧情结

暗恋者最担忧什么？暗恋者之所以在心里默默守护喜欢的人，不敢做出任何表白，不敢大胆去追求，或许是害怕万一被拒绝后，连暗恋的机会都没有了。这里通常有以下几种情况：

1. 怕被拒绝的暗恋者，是因为自卑

自卑者总认为自己配不上自己暗恋的人，只是当成男神和女神在内心膜拜，当成自己的精神幻想。

法国电影《大鼻子情圣》中的大鼻子西哈诺，堪称怕被拒绝享受暗恋过程者的楷模。因为嫌弃自己的丑陋大鼻子配不上表妹，一直帮着自己的情敌写情书给表妹，而被情书打动的表妹，待到表哥临死时，方知自己真正爱的是谁，而西哈诺的这句台词"我的心会永远与你存在，而

我，即使在另一个世界，也会依然爱着你"成了最经典的暗恋语录。

因为暗恋而被自己感动，这种行为多数出自红色。这和看武侠小说常哭得涕泪纵横的道理一样，就一句话，自己被自己的爱情所感动，虽然这些暗恋者自己可能永远不会承认这一点。

2. 怕被拒绝的暗恋者，用欲盖弥彰的反行为遮掩内心的情感

在岩井俊二的《情书》中，男孩藤井树和同班一个女孩名字相同，这种巧合，给女孩带来很大困扰，男孩却很享受。他用各种恶作剧和女孩发生联系：在书的借阅卡上写下藤井树的名字，把自己不及格的试卷和她对调，骑车时，突然将一个纸袋罩她头上。女孩觉得男孩是个怪人，根本没想到，他居然爱着自己！在暗恋的这个男孩转学那天，他来到她门前，让她帮忙去图书馆还本书。多年后，图书馆学妹跑来告诉她，书的借阅卡上画着她的素描，可当年的她根本没发觉。

后来，暗恋男孩在另一个城市，发现了一个和女孩长得很像的女孩，叫博子，两人恋爱，但男藤井树一直没求婚。一次登山事故，男藤井树身亡。之后，谜团逐渐解开。片子结尾，女藤井树抱着男藤井树最后给她的书，眼泪夺眶而出，书的名字叫《追忆似水年华》。

女孩做梦都想不到这个不停地对她恶作剧的男孩，居然一直暗恋着自己，而这一切只是男孩用来掩饰内心汹涌澎湃的面具罢了。而这种行为，也只有红色才做得出来，想表达，又不敢表达，希望自己独出心裁的方式，引起对方注意，可惜对面的姑娘是个迟钝的人儿，结果只能"落花有意，流水没接到情"，比"落花有意，流水无情"还要悲惨。

综上所述，暗恋者，几乎未见黄色，在余下三种性格中，绿色的暗恋云淡风轻，远不如红色和蓝色这两种性格的暗恋那般惊天动地、历久弥坚。

>> 暗恋不同性格时如何转明恋

对红色性格的暗恋对象——立体出击

暗恋一个红色，可以多角度全方位地出击，切忌一招用到天荒地老。

因为红色渴求新鲜，对被追求容易"系统脱敏"和"免疫"，所以，你要看这位红色是否正被很多人围攻。如果是，那你务必要与众不同，出别人没做过的新招，就像谷爱凌最后使出那招前所未有的、拿下冠军的、吸引世人目光的 1620 高难度惊天一跳，否则，你吸引人家关注很难。当成功吸引注意，留下深刻印象后，你再尽情施展。

靓靓同学分享了她被老公搞定的经历。

两人在一次徒步活动中认识，开始她觉得这人很有男子气概、很阳光，但其他地方没啥特别。当时，大家都互加微信，她和他也加上，但没讲话。

后来，他发了一个新徒步活动给她，只有链接，啥留言都没，她估摸是群发，恰巧那个目的地她特别想去，就报名了。

这次徒步，他和她又成了同行者。徒步到一半，靓靓开始体力不支，两腿摇晃。同时，几个男人抢着帮靓靓拿包，还有人想借机揩油扶着她走，靓靓都没接受，她想自己走。周围看客纷纷劝她歇一歇，让男生帮她。唯有他，丢过来一句："你不是一般女孩儿，相信你自己可以的。"她听到这话，能量大涨，噌噌噌冲到队伍前面。

到了休息处，他瞅了个空，把自己带的精致点心和补充能量的维生素饮料悄悄递给她。简直是荒漠中一缕甘泉，如此贴心。之后，他一直走在她身边，说些江湖趣事，逗得她合不拢嘴，一不留神才发现，自己那个最重的包不知何时落到了他肩上，自己身上只剩一个小腰包。下小雨时，他本能地伸出大手为她遮挡雨丝；到了营地，迅速找到避风温暖的帐篷角落，把最好的位置留给她。

此男真是好算计啊，操作得如此低调奢华，靓靓心中自然有数。徒步结束，两人继续联系。

针对红色，最重要的在于，用对方不排斥的方式靠近，用与众不同的方式吸引注意留下印象，一旦两人开始建立联系，你有情我有意，该干吗干吗。

> 独树一帜别有爱
> 式如泉涌无穷尽

对蓝色性格的暗恋对象——长线出击

因为蓝色保守、谨慎、敏感，所以，可先保持距离观察，了解他的喜好和习惯，找到一个可跟他深度交流的契机。

比如，这人喜欢看书，常去图书馆，那就可以去图书馆看他喜欢的那类书，当钻研到一定程度，对这类书非常了解时，再设法和他交流。这时他和你交流，会有知音感。当你们有共同语言后，再顺理成章，表达好感，话不说满，他自可体会。

日本电影《四月物语》，正是蓝色女生追求蓝色男生的故事。

北海道少女卯月考上了京都大学，第一堂课，人人都要自我介绍，说说为何选这所大学。卯月紧张得没回答。其实，她上高中时，暗恋比自己大一届的男生山崎，因山崎考了这所大学，卯月才选择了这所学校。她打听到山崎正在一家书店打工，于是没事就去那里选书。她在书店中偶遇了学长，紧张得不知所措。她在店里转悠，学长

131

就站在收银台前。她不知道如何说话，脸涨得通红。要离开书店时，外面下着大雨。她打着学长送给她的伞，对他说："学长很有名啊，对我而言。"而后转身奔向雨中，泪水也淹没在雨中。后来，偶尔让山崎帮她去书架顶端够她够不到的书，一来二去，两人就熟了。

当蓝色男生被这样表白时，内心波澜，但什么也不表示，换作红色男生，早就追出去为她撑伞了。

暗恋通常是朦胧的，就像和一个影子恋爱，可尽情按照自己的想象去构建恋人的模样。这种感觉，证明了人有爱的能力，即使没得到爱的人，也起码爱了自己。

恋爱时，男子可能更多扮演追求者，主动向女子射丘比特之箭。但是，暗恋中，男子和女子绝对平等。有时，女子的暗恋比男子更加浓郁，她们更不敢大胆表达自己的情感。

终于一个大雨天，书店再没客人来，她也走不了，两人开始攀谈。那时，蓝色的山崎才意识到，自己已迷恋上了眼前的这个北海道少女，因为她的这种长期追寻和暗度陈仓的接触，在他看来，优雅而高级。

对蓝色，你要花上足够多的时间，不要一上来就用爆发力燃烧。蓝色认为，短跑高手不值一提，随时可能歇菜；相反，对长跑健将，对不着文字、不着语言、不着痕迹，但润物细无声的情感流淌，一天天渗透，直到水滴石穿，蓝色会很容易着魔，就像电影中这对男女，时机一到，衷肠立现。

> 不争朝夕之长短
> 但愿日月能比肩

对黄色性格的暗恋对象——引诱出击

黄色在意的是，你能为他提供什么价值。所以，搞明白你暗恋的这个黄色当下需要什么，很重要，你可展示给他，你有他需要的能力或资源或经验，但不必急于给予。让他有需要时，会想到你，他主动找你比你主动找他，要好得多。

有次《跟乐嘉学演讲》课程在大理召开，某晚，做了场即兴演讲比赛，主题是"我此生最值得骄傲的事"。有人讲自己的创业，有人讲自己的育儿，大红色的妮妮讲的内容是，怎样把自己暗恋的黄色男人成功拿下，发展为老公。

对恋爱时常被黄色甩、被黄色伤、被黄色置之不理的红色而言，妮妮的发言可谓扬眉吐气，为红争光，当然，这是因为她学会了性格色彩钻石法则。

商学院上课时，我认识了这个黄色男人。我看上他，最重要的原因是他酷爱运动，没有中年男人的油腻。

追他的方法是，先跟和他关系好的同学打成一片，让自己有机会被邀约参加他们的聚会，一起聚会的时候，找机会自然而然地坐在他身边。吃饭时，自己先快速吃完，然后，跟他做个鬼脸："你吃饭好慢啊！看我吃得多快！"这样一种看似无礼的方式，他却很有兴趣，"挑战"和"比赛"，对黄色有天然吸引力。

大家一起在园子里散步时，我又突然对他说："听说你跑得很快，我们比赛跑步好不好，看谁快！"说完我就向前跑，他出于本能反应就追了上去。因为我早有准备，穿了跑鞋和轻便裤，加上我跑步也不赖，一下就占据了优势，而他哪肯服输，虽然受到裤子和皮鞋的阻碍慢了点，但很快提升了速度，追了一阵，最后，还是他超过了我，赢下了比赛。

我一看他超过了自己一段路，立刻说："不比了，不比了！你跑得太快了！不开心！"后来，他说他觉得我这个样子特别可爱。

再后来，主动的接力棒就交到了他手中，推进的节奏也就由黄色来主控喽，暗恋转明恋，该让他追我啦。

《孙子兵法》有云："予之，敌必取之，以利动之，以卒待之。"意思就是，给敌人一点利益作为诱饵，敌人就会趋利而来，然后你严阵以待就行。恋爱中，男女双方的关系，诚然与敌我矛盾毫不搭界，但这招，用在黄色身上最为合适，乃因黄色有时会将恋爱视为一场你追我逐的游戏，既然如此，有时不妨让出主动权。表面看，是他追你；其实，不过是你为了追他而造成的局面罢了。

> 你追我追皆为追
> 让出主动任君赢

对绿色性格的暗恋对象——快速出击

暗恋绿色，最重要的就是——主动出击，一定要先下手为强。绿色很容易被动接受恋情，当然，表白中，不要给他过大压力，绿色骨子里不愿承担责任，所以，只要轻松地和他走在一起就好。

日本纪录片《人生果实》，讲的是 90 岁的老头和 87 岁的老太，两人这辈子都在小村里自己种蔬菜瓜果，自己做饭，自己靠手工造房子和庭院。

老头主管环境设计和日程安排，而绿色的老太，一生都围着老头转，他安排什么，自己就做什么。

老太小时候是造酒厂老板的独生女，老头是大学帆船队队长，来比赛没地儿住，身为队长的他，就去找年轻时的老太协商，问她家的酒窖能不能借住。当时还是小姑娘的老太，一看他穿着麻布做的皱巴巴的裤子，还有草鞋，觉得他挺可怜的，是不是穷得没地儿住啊，就说"好啊"。那一瞬间，帆船队队长就喜欢上了眼前的姑娘。

其实，当时绿色只是出于好心做好事，但队长觉得这女孩家境殷实，性格却单纯善良，这么好的姑娘，适合当老婆。之后，就各种围着她转，要想接近，也简单，因为绿色没什么心眼，甚至不会怀疑你接近她有什么图谋，反正你找她，她就在，你跟她聊啥，她就跟你聊啥，你说的，她听不懂，她也嗯啊哦，你笑了，她也会陪着你笑笑。

队长对绿色女子由暗恋转明恋的契机，很简单，就是跟她聊些帆船知识，约她看比赛，走后，保持书信往来，表达爱意，很快，两人就结婚了。

面对绿色，啥力气也不用费，几乎不存在暗恋的问题，只要你自己直接表白即可。

如果你觉得绿色很难追，最大的可能是，这个绿色身边有人在强烈影响他，让他完全无法自己做决策，这时，你需要把影响他的人找出来，然后将那个关键影响者拿下。

绿色小丫，从小听妈妈话，妈妈说大学不能谈恋爱，小丫就不谈。小丫上的理工科大学，女少男多，动心思追她的男生很多，但小丫从不接受男生单约，永远说"不好意思，忙"（这也是她妈教她的）。

大学四年，没谈过一次恋爱。毕业后，追求者众，但她总是乖乖地把谁追她，报告给妈，妈一顿挑剔，没一个满意。大牛认识小丫后，直觉这么温柔的乖乖女，怎么会没对象，旁敲侧击，才搞清原来是未来丈母娘太挑。于是，常在小丫面前说："你妈真的很有远见，大学不谈恋爱是对的，她把你保护得真好，真是好妈妈。""你妈告诉你的没错，吃这个确实有营养，要是我妈从小也这么管我就好了。"小丫如实将大牛的夸赞报给母亲大人，多次后，小丫妈听足了大牛的夸赞，无形中对此男很有好感。

之后，大牛逢年过节，除了给小丫小礼物，也给小丫妈备上一份精选，于是建立了深一层联系。最后，小丫妈主动说，大牛这娃太懂礼数，咱不能老拿人家东西，请他吃饭吧。于是，大牛如愿见到了未来丈母娘。开通直达后，更好沟通了。最终，顺利牵手小丫。

这就是曲线救国的魅力。你明知绿色在自己的终身大事上没啥拍板权，当然要去寻找成交的关键，这个道理天下销售人人皆知，找不到主心骨，费再多口舌也没用，找准决策关键，事半功倍。

> 顺其自然快如电
> 荆棘受阻画曲线

对天下所有暗恋者而言，爱情最美好的结局莫过于：等到有一天，终于精诚所至，金石为开，自己暗恋的对象突然间开始爱自己了。这时，暗恋者定然喜极而泣，爱情诚不欺我啊。

就像爱情片《独自等待》里，女孩性格豪爽大方，和她暗恋的男孩是死党，但男孩一直把她当妹妹。男孩爱上别人，女孩还为他出谋划策。有一天，男孩发现女孩一直珍藏着自己送的礼物，心有所感却不愿接受。直到女孩去外地工作，在车站送别时，他才突然领悟她对自己的好。两人拥抱，女孩哭着说："我要走了，火车不等人。"男孩接话："火车开走，还会回来的。"那一刻，他们心意互通。

暗恋者每日幻想如此心意早日到来，悲催的是，这样的事，在世上万里无一。如果你天天期盼，毫无行动，难免岁月催人老，空悲叹。

暗恋不同性格时的
正确做法

独树一帜别有爱，式如泉涌无穷尽。

不争朝夕之长短，但愿日月能比肩。

你追我追皆为追，让出主动任君赢。

顺其自然快如电，荆棘受阻画曲线。

10

表白
——如何向不同性格表白可一击即中

　　爱的感觉，随心而动，但是表白和感觉，有时无法吻合。表白对有些人而言，就是无法开口，这与自尊心有关。自尊心越强，表白就越缩头缩尾，瞻前顾后，在还没弄清对方是不是也爱自己的情况下，不敢轻举妄动。有些话，一旦说了，可能就永远没了机会。保持暧昧的距离，若即若离，若有若无，彼此还能做朋友。可一旦捅破窗户纸，就可能真的只能陪你到这儿，若再相遇，不识而过，从此江湖是路人。

　　可表白是恋爱的开始，跨过这步，才能由暗转明，随后方有可能登堂入室。如果我们把爱情当成人生的赌局，到底应该怎样提高表白的成功率呢？

>> 不同性格如何表白

♣ 红色性格表白——浪漫创意

　　红色，众所周知，是四种性格里最浪漫，也最爱搞浪漫的类型。

　　在电影《那些年，我们一起追的女孩》中有句台词："对我来说，告白如果只关心成不成功就太逊了，因为一旦成功，就不会再有下一次的告白。告白当然要成功，所以仅有一次机会。因为仅有一次机会，当然就得想法让告白漂漂亮亮，永生难忘。"这句话，正好完美地说明了红色表白的心态。

夜晚，青年男子偷偷溜到心上人窗下，弹起他心爱的土琵琶，唱起那动人的歌谣。屋里的姑娘听着动人情歌，心动不已，正考虑该不该到窗台看看男孩时，老爸已经提着猎枪冲出去，一边跑一边唱："朋友来了有好酒，若是那色狼来了，迎接他的，有猎枪。"当然，岳父顶多就是吓唬小伙子一下，最后的结局皆大欢喜。

只要你不是五音不全，唱起歌来鬼哭狼嚎，那就看看伍迪·艾伦在电影《人人都说我爱你》里的成功经历，给无数红色树立了榜样。

除此以外，典型红色常见的表白方式，极具张力和夸张性。他们喜欢在一个极其别致的环境里，在道具或装饰的烘托下，在亲朋好友的敲锣打鼓下，用自己的真心与浪漫去感染对方，让对方在激情下含泪点头，沉溺于对二人世界未来的畅想。

《金粉世家》里，男主角富家公子金燕西是个红色。其表白，就是在女主角学校教学楼对面，挂两个特大的对联，红底白字，写着"冷清秋我爱你，I Love You"。

《泰坦尼克号》中，杰克和露丝确定关系的那一刻，是杰克让露丝在船头摆出展翅高飞的姿势，闭眼，张臂，夕阳，感受，飞翔。瞬间，露丝心动。于是，这个在网上被模仿了百万次的动作，就烙印在了一代代爱情梦幻者心中。

对红色来说，用浪漫有创意的方式表白，欲仙欲死，简直就是巅峰体验。红色坚信对方一定会和自己一样，享受这一切，被这种浪漫所击晕。

他向她求婚时，只说了三个字："相信我。"

她生下女儿的时候，他说："辛苦了。"

女儿出嫁那天，他搂着她的肩说："还有我。"

她病危那天，他对她说："我在这。"

她走的那刻，他亲吻额头轻声说："你等我。"

这一生，他没对她说过一次"我爱你"，但爱从未离开。

这世上，有一些人，他们从不会甜言蜜语，不懂浪漫，却总能在你需要的时候在你身边。

这种人，就是蓝色。

蓝色内敛含蓄，你逼着他天天说"我爱你"，生不如死！在蓝色看来，自己不需说，你也能懂，那多高级；或者，我说一句，你就能猜出我背后的好多句，那多让人神往！很多蓝色在表白前特别犹豫。

高仓健在他的自传里提过一件往事。当年刚出道，在电影公司，有位比他大 5 岁的大姐对他很照顾，常请他吃点这个那个，小高就爱上了大姐，但他不敢表达。有次，大姐说请大伙吃饭，唯独他以不去的姿态表示我俩没啥关系，到后来，他想了很久，鼓足勇气：不行，我得跟大姐表白。刚想张口，这大姐说："小高呀，我跟你报个喜讯，我要结婚了。"真是晴空霹雳！

即便蓝色终于鼓足勇气表白了，也是婉转得不得了。《廊桥遗梦》的男女主角都是蓝色，女主表白只写了封信："白蛾舞动翅膀时若想晚餐，今晚收工后，随时可来。"然后，放在和男主初次相会的大桥栏杆上，摄影师男主第二天到桥上拍照，发现字条，读懂了女主，两人踏入深爱，磨坊里缠绵几日几夜，从头到尾，一句情话都没说，因为觉得对面这人就是世上最理解自己的人。蓝色这样委婉的方式对同样的蓝色有效，但对其他性格可能就是灾难。

大学里一个蓝色男生想表白，对方是红色女生。他拉着那女生走到没人的小山头，望着夕阳，说了句："今天傍晚真美啊！"女孩说："是啊是啊。"其实，女孩早就猜出来男生想表白，她就在那儿等着呢。这男生紧接着又说："我……嗯……那个……你今天穿的衣服，我觉得蛮好看的，很像是我看到的拉斐尔晚年作品里的那个。"女孩表面虚与委蛇地回应，其实早就心猿意马，老娘就等着你表白呢，你赶紧说啊，你这个死人，你赶紧说啊！结果，憋了半天，憋到最后，这个蓝色的哥们儿还是啥都没说，硬生生挤了一句："那个……明天，我们还能一起去上自习吗？"女孩崩溃了。

所以，蓝色表白，跟红色和黄色有本质不同。既不张扬，也不直接，把"我爱你"这三个字用各种东西层层包裹，你要是跟刚才这女子一样，没有破解蓝色内心的技术，只能干着急。

对蓝色而言，切记，电影《志明与春娇》曾告知这种表白的巨大风险。旁敲侧击不能"侧"太狠，否则，对方没搞懂，就尴尬了。

志明给春娇发了条短信——倒过来写的"I miss u"（我想你）。当时，春娇没看懂，志明的愿望落空了。好在最后她还是领悟了，也让这句话浮上了一层浪漫的光芒。

最悲催的是，根本没机会搞懂，等到搞懂，已经擦肩而过，彼此错过一生。

同样是这种方式，两个心里互相喜欢了很久的人，男孩在女孩过生日时，送她一个杯子，女孩以为是普通礼物，没在意。多年后，她偶然用这个杯子装了次水，发现杯底显出"我爱你"三个字，恍然大悟，这是男孩当初对她的表白。时过境迁，女孩的生活斗转星移，物是人非，男孩也不知去往何处，只剩下朦胧的印象在唱一首忧伤的歌。

低调婉转的方式，显得爱情更有质感，然而，却很有可能使人错过机会，这也证明了"缘分"这词中的两个字，缺一不可。有缘与无分之间，往往就缺一个合适的表白。

▲ 黄色性格表白——霸气直接

黄色做事讲求目标，希望快速达成，恋爱这事也是如此。与其说黄色在恋爱，不如说，黄色是在选择目标，然后立刻出击，快速拿下，甚至把征服对方后要做什么都想好了。

大部分黄色男人表白，约会了一次后，内心先假想你成了他的女友，甚至连表白的过程都没有，有一种"我看中的女人就是我的人"的强悍。

黄色无论男女，比起恋爱过程，更在乎恋爱结果。但这点在一种情况下除外，就是黄色虽然清楚跟这人不会有结果，但只要觉得恋爱能让自己成长，依旧投入。

黄色会把自己认为最高级的东西砸向对方，我向你表白，你答应，就给个痛快；你不答应，哦，没事，那我过几天再来。

《跟乐嘉学演讲》课堂里有个女生，自述被黄色男友以非常霸气的方法征服。两人大学时一起自习，男生突然掏出一张精致的纸，标题是人生计划表，上面写的都是他的人生奋斗目标：18岁我和你相识，让你做了我的女友；20岁，我们一起拿下雅思；22岁，我们申报同所英国大学；25岁，毕业后我们结婚；30岁，我在外打拼，你在家照料孩子；50岁，孩子创造了事业奇迹，成为我们的骄傲；70岁，我们在欧洲小镇上度过余生；90岁，我们葬在同座小山上！满满一张纸，把未来两人的奋斗目标全写在上面，这个女生立刻热血沸腾了，简直就是偶像剧里的霸道总裁！他好可靠哦！他好强大哦！我就要和这样强大的男人在一起！于是，两人就在一起了。

事实上，此男友是标准的红＋黄，不是黄色（性格组合的规律，详见《性格色彩原理》）。

首先，黄色没那么多闲心写那么多字，在所有性格里，最不喜欢写字的就是黄色，他们习惯于用最干脆利落的方式来搞定。在黄色看来，这种表白太烦琐。真正的黄色，直接就堵在教室门口，等你出来，约你夜宵，一杯啤酒下肚，就一句话"做我女朋友吧"，多快，比那一页纸岂非更高效、更霸道、更总裁，不会跟你有商量的余地。

其次，用规划美好蓝图的方式吸引女孩的追求方法，在黄色看来就是画大饼充饥，那是红色最擅长做的。被黄色男人追求，他会占用你所有的空隙时间，只要算好你空着，他就要来找你。如果你读书的时候在兼职打工，他有钱就直接给你转账，他没钱就会帮你赚钱，黄色认为这才是对你好的唯一表达方式。

和黄色男人在一起，如果他要把你追到手，你没有任何喘息机会，或者说你没有接触其他人的时间和空间，因为黄色的目标就是要得到你。

所以，黄色表白，没有花样，不懂招式，就知道直白，一力降十会，任凭你花头再多，都不如俺实惠！

● **绿色性格表白——坐等你来**

绿色最擅长的表白方式是什么呢？如果你除了本书，还看过性格色彩系列其他的书，就会发现这是个伪命题。绿色之所以不表白，并非因为内敛含蓄，而是安于现状，总是指望着天上掉馅饼。对绿色而言，没对象，自己一个人过，也不错，反正有朋友和同事可以聊天，也挺好。晚上躺下一闭眼，啥都不知。睁也一晚，闭也一晚，发那么多愁干吗，生活总是会继续的，爱情在那儿，强求不得。

如果不是父母逼着相亲，他们也不会表白。他们唯一希望的事，就是能被人主动扑倒，这听起来有点搞笑，不不不，那是因为你不是他。多数绿色，无论男女，从内心深处，只要那人自己不讨厌，还算有感觉，真的很希望被人"壁咚"，而非让他们自己主动去表白。

>> 如何正确地向不同性格表白

在揭秘如何正确地向不同性格表白前，你须知最重要的一个原理，就是——对不同性格的人，如果你表白用错方法，必然陷入日暮途穷之地，堕入万劫不复深渊，喜剧秒变悲剧。

一个典型大红色，喜欢玩浪漫。大学时，为了跟女孩表白，花了整整半年生活费，买了999朵玫瑰，摆在女生宿舍楼下，外加500支蜡烛，以及户外巨无霸低音炮，仰天长啸"I love you"，一群好友呐喊助威，五六百号学生围观。他就觉得，这么大阵仗，够浪漫了吧，谁人可以抵挡这种浪漫的攻势！

但老天很给力，喊了几分钟后，开始下雨，直到雨水浇灭所有蜡烛，人家女孩也没下来。然后，他就在操场长啸哀鸣，哭了整整半小时，淋成落汤鸡后，任凭玫瑰花瓣随风飘去。

学了性格色彩后，他找到这个女孩，回忆当年往事，才发现大错特错，美好爱情被他自己亲手葬送了。

原来，女孩是黄色，对他很有好感，但觉得他有时太无厘头，被追了两个月还没完全下定决心。当黄色女孩看到表白如此阵仗，她的理解是，你妄图让我在众人起哄下从了你，内心强烈反弹，居然想逼我，没门！而且，你一个大老爷们儿，当着那么多人号啕大哭，还是不是个男人了！所以，下定决心，这个男人绝对不能要。楼下敲锣打鼓时，这个黄色女生任凭你们闹得欢，早早盖被子去见周公了。

这个故事告诉我们，你擅长什么方式不重要，重要的是，你是否对别人用了对的方式！能读懂对方的性格和需求，用人家喜欢的方式对人家，不是用你自己喜欢的方式对人家，才是关键。

表白红色性格——浪漫狂野

红色耳根软，听到感天动地的情话，听到也不知能不能实现的承诺，只要听到，都觉得好听，会心魂荡漾，不能自己。

电影《河东狮吼》里，陈季常赢回柳月娥的心，用的是这样一句话："从现在开始，我只疼你一个人，宠着你，绝不骗你，答应你的每件事都会做到，对你讲的每句话都是真心，不欺负你，不骂你，相信你，别人欺负你，我会在第一时间出来帮你。你开心时，我会陪着你开心，你不开心，我会哄你开心，永远都觉得你是最漂亮的，梦里也要见到你，我的心里只有你……"

说的时候，口气要真诚，要坚信自己一定做到。我相信多数爱情中的表白者，只要不是PUA，只要不是故意行欺骗之实，在感天动地的表白时，都是相信当下的自己未来一定能做到。如果你都怀疑自己能不能做到，那还是先别说了，实在太假。这招的核心，就是表白者在表白时，先要打动自己，而后打动心上人。

这方面，该学学《翻滚吧！阿信》中的阿信。

阿信爱上了电信公司代号599的女孩，被对方甜美的声音和善良的关怀所征服。一天，他骑着摩托车来到电信大楼下，对着上面喊："和我约会吧！我是阿信。"摩托车的音响里放着王杰《一场游戏一场梦》的一句歌词——"不要说愿不愿意，我不会因为这样而在意"，刚好代表着阿信的心声。一群女孩纷纷趴在窗台向他招手，只有599号知道，这话是对她说的，开心地笑了。

直接表白所弥漫出的自信，最能打动心上人，尤其适合男子对女子的表白。而在大庭广众之下的表白，会让红色的被表白者，虚荣心得到极大满足。红色女子感性澎湃，在气氛的催情下，容易点头。不过最重要的是，你们之间至少已经有些暧昧在流淌。如果人家对你毫无印象或毫无好感，你却企图用这种方式霸王硬上弓，强行让对方感动，那只会尴尬收场。

想搞定红色，谨记，在爱情面前，该出手时就出手，因为稍纵即逝的不只有爱情，还有你的人生。像阿信的表白不需投入什么金钱，只需要勇往直前的青春之气。

有些时候，表白不仅是情感的抒发，还需要场面营造，那背后，便是金钱的力量。如果你俩确实有很好的感情基础，而你要表白的对象又是红色，那么类似在众目睽睽下摆玫瑰蜡烛的做法，多数可以拿下。

电影《春娇救志明》，男主角志明跟春娇求婚，自己套上超级玛丽的衣服，在大马路上支了个舞台，请自己的好友一起，唱了首给对方写的歌，有段歌词是："余春娇请跟住志明，志明这人可靠过黎明，余春娇请嫁给志明，下半生交托给志明，变成双侠，才能够维护地球和平！"即便两人之前闹矛盾，已经几天没说话，但就因为红色的春娇特别容易被这种浪漫热情的氛围打动，所以当场就答应了求婚，结束了爱情长跑。

如果你要表白的对象是红色，而且你感觉你们俩的感情已经到位，可以有实质进展了，那么行动前，可以找个有创意的点子，给对方一个浪漫的惊喜。现在你知道，为什么北京世贸天阶那块全亚洲最大的天幕总是不愁生意做了吧，太多的男男女女想去那里表白，想在那里被表白。

除了勇敢而浪漫又有创意的表白之外，所有的恋爱书，都会教你送礼，这似乎已经成了恋爱中男女的一笔巨大开销。到底应该怎样选择恰当的礼物呢？

电影《野兽之瞳》里，古天乐饰演的 Tan 送给女友的情人节礼物是冰箱。女友发飙："你有病啊，你见过有人送冰箱给女朋友的？！"Tan 古井无波，不动声色，缓步前行，打开冰箱——里面全都是红呀么红玫瑰，红呀么红玫瑰哟。女友转怒为喜，当场就要把 Tan "就地正法"。

电影《玻璃之城》里，黎明饰演的许港生要和爱人韵文分别。告别礼物，是按自己左手所定制的石膏指模，上面的手纹由韵文的名字组成。许港生当时的台词是："我的生命线、事业线、感情线，全由你的名字组成。"礼物如此，煽情如斯，一击即中。

送礼物谁都会，但能否别出心裁，能否击中对方内心柔软处，才是关键。对红色来讲，不像黄色那样，首先看重的是价值和实用；心思和创意，对红色才是最重要的，用不用心才是最重要的。有创意，不仅意味着别致，还代表着用心，看来你对我是真爱，若不是真爱，怎会花这么多心思去琢磨呢？

若你此刻担心你没什么钱，一穷二白，别说钻戒，连一束鲜花都买不起；你担心在物欲横流的社会里被裹挟着无力前进，不知道该怎样向你爱的人表白，怕被人嘲笑，担心无力维护你那脆弱的自尊；你对自己说，你除了一颗天地可鉴的炽热的对爱人的心以外一无所有，这时你该怎么办？

电影《心动》中，金城武饰演的浩君每次想女朋友，就跑到天台，用相机拍下那一刻的天空，然后发给她。"每张照片里的天空，都是我思念你时的心情。"思念，不是虚的，而是天空中流云的形状。

这招会吗？此招名曰"念你之心，时时定格"。若你相思成灾，对方不知，一腔思念，空兴叹，一切滚滚，付诸东流。若你实在穷得叮当响，可用这招，唯需谨记，拍不到大理这般纯净的天空无妨，别拍烟囱滚滚黑烟密布的天，那样的话，你给图片配文案，有点难。

浪漫满屋情话真
与君相爱无绝衰

表白蓝色性格——不着爱字

刚才所说的那种红色擅长的众目睽睽之下超级浪漫的、广而告之的求爱方式，拿来对蓝色使用，是灭顶之灾。蓝色喜欢含蓄委婉的表达方式，所以，你也要如此去对他，以彼之道，还彼之身，妙哉。

轰动一时的韩剧《来自星星的你》，男主角都敏俊是蓝色，千颂伊向他表白时说的话，可以奉为向蓝色求爱教科书级别的范例予以探究。那段表白从头到尾，不着一个"爱"字，缠绵蕴藉，余味回甘。

她说："如果你住在这颗星球，我也想住在这颗星球；如果你去了其他星球，那我也想过去跟你一起住。虽然我一直惴惴不安，生怕你随时会消失不见，可如果我们在一起的时间能够永远停住，我宁愿献上我的灵魂。我的心很痛，这让我开始考虑，如果当初没有遇到你会怎样，可是，就算让时间回溯，我也还是会选择遇见你，我相信，这就是我们的命运，我们注定会在一起。"

千颂伊说这话时，周围并没有什么随时爆发爱情火焰的环境，也没直接说出"我爱你"，但这对于蓝色的都敏俊来说，特别受用，特别迷人，特别心醉。

148

所以，如果你的伴侣是蓝色，你觉得时机到了，完全可以带他去你俩第一次见面的地方，或对你俩感情最有意义的一个地方，因为蓝色喜欢怀旧。到了以后，选个无人打扰的角落，给蓝色足够的安全感，你就可以求婚了。但是，不必奔放，不必高喊"我爱你"。学学人家千颂伊，低调就是腔调。你可以说："我希望我们未来每年的这天，都可以来这个地方。"你完全不用担心蓝色听不懂。人家听懂了，也不会对你说什么豪言壮语，只会过来，拉着你的手，倚着你的肩，就这么一直下去。OK，恭喜你，成了！

> 爱字何须说出口
> 全程示爱不着痕

表白黄色性格——男女有别

黄色不喜欢扭扭捏捏，所以，那些绕来绕去的表白不可取。你要表白，要求婚，就干脆利落，开门见山，少废话。

阿Q当年向吴妈表白被痛打，表面看，是因为他穷，还有一个最大的真相被世人一直忽略，那就是阿Q向红色的吴妈用了向黄色表白的方式，结果，当然是竹篮打水一场空。对于旧社会的红色女子而言，说出"我想和你困觉"这话，你把我当什么人了？！你在侮辱我吗？！更何况，对红色来讲，完全接受不了听上去没有情感的赤裸裸的表达。

最近，我参加了一对学生的婚礼，两人中的丈夫，几年前，为了跟我学演讲，一路追随，后来恋爱后，推荐妻子来学习了性格色彩。两人从相识到结婚不到半年。

典型黄色的妻子，从业律师；红＋黄的丈夫，是名证券分析师。　149

相识三周后，男人发现女人是黄色，就用性格色彩传授的钻石法则表白，就记住一句，要直接，要开门见山。

于是，在那个晚上，就一句话，石破天惊。

他盯着女子的双眼，非常认真，诚恳地只说了一句话："Nancy，我想跟你睡觉，想睡一辈子的觉。"

浪漫不浪漫？惊喜不惊喜？有没有被惊吓？

黄女听完，只回了一句："好，这是你说的，就你了。"

你看，向黄色女子表白就是那么简单，只要人家也喜欢你，怎么豪爽怎么来，怎么大气怎么来，别搞那种叽叽歪歪没用的花花肠子。我想强调，你也许认为"九曲十八弯，弯弯赛神仙"最美，可人家认为"通天大道笔笔直，直连圣洞接仙缘"方为最美。所以，不要把你认为的美，加之在他人头上。

需要特别提醒各位朋友的是，表白黄色的方法，到此，并未全部说完，因为唯独在黄色这里，男女两性的表白方法有所差异。

有一次，一个90后问我，"壁咚"求爱可否所向披靡？我被弄得云山雾罩，请教了00后，才明白，原来男子将女子逼到墙边让其无处可逃，是为"壁咚"。

这个问题，我转头问了我10后的女儿："灵儿，如果幼儿园里，你们班有几个男生都想跟你玩，可你只能选一个，你会选那个把你堵在墙角说你一定要跟我玩的男生吗？"她想都不想，斩钉截铁地告诉我："爸爸，我不喜欢别人堵我，我要和谁玩，我自己会选的。"我问她这个问题的时候，她才6岁！现在你知道了吧，"壁咚"不可能"人见人爱，花见花开"，这种雕虫小技，也仅适用于那些喜欢被人推的性格。

如果你是女子，当你非常中意一个黄色男人的时候，切记，理论上，最好请你不要主动去表白，这是本文中我唯一特别提到的男女有别之处。

受传统文化的影响，黄色男人的内心不太能接受被人追求，他们会觉得一旦答应，就有一种被女子掌控的感觉，所以，当女子追求黄色男人时，需要营造一种氛围，让黄色男人反过来对你表白。请务必记住，你要去满足黄色男人做主控者和推动者的需求。黄色男人，更希望他追你，而非你追他，那样的话，对他来说太没成就感了。

周星驰在《喜剧之王》里饰演的尹天仇，曾对张柏芝饰演的柳飘飘说了一句话，正是向黄色表白的钻石法则。尹天仇说：你不能太直接，要摆出一副娇羞的模样，试着低着头，害羞一点，做些羞答答的表情，就像鹌鹑一样。这样，人家才会情不自禁地过去搂你，你再顺势靠在对方的肩膀上，你就成功了。

所以，你的心上人如果是黄色，你要偶尔示弱，把一些明明你可以自己完成的事，当作自己完不成，需要他帮忙，让黄色男人有机会在你面前展露能力，勾起他征服你的欲望。

切记，女子太强，在情感中，命不好啊。当然，你大可对我说的这话嗤之以鼻，拿出来几句口号——"谁说女子不如男""男人都是靠不住的""妇女也顶半边天""靠天靠地不如靠自己"——这话说得全都对！我说的是，如果你希望你的情感生活能更幸福、更顺畅，假设你是黄色女孩，你要学会适当示弱。这是你通往幸福最重要的路径（详见《性格色彩单身宝典》）。

一房两人三餐饭
来年咱家有百房

表白绿色性格——快速下手

和黄色主动出击不同，绿色从来都是坐等别人表白。

一个绿色女孩，说男朋友搞定她，就是有一天开车把她拉到一座小山，就他俩在山头，突然他把她推到车身上，吻了她，她也没反抗，莫名其妙在一起了。

缘何如此？

因为绿色有两个特点：第一，不懂拒绝；第二，没什么要求。不懂拒绝的好处，就是有人表白，只要对这人有感觉，还没想好要不要拒绝，也许就乖乖举手投降了；没啥要求的好处，就是无所谓一定要高富帅或白富美，只要对方条件过得了自家父母这关，自己没什么特别强烈的想法。

所以，对绿色表白的方式，可以用这两个字："壁咚"！

这样看起来相当敷衍和暴力的一句话，可能会引来读者不解：凭什么其他性格要这么详细和复杂的攻略，到绿色这里，就这么简单？你让绿色情何以堪？

我想说的是，但凡以上"为古人担忧"的，你肯定不是绿色。子非鱼安知鱼之乐，绿色读者看到以上分析，最有可能的反应，不是生气，而是无所谓地说上一句："哎呀，好像有那么一点点道理。"但你指望让他说还有什么其他道理吗？其实，他也说不出。

> 劝君惜取争分秒
> 花开堪折直须折

关于如何向不同性格表白的方法，你已知晓。在本文最后，让我们回忆下《大话西游》中至尊宝那段痛彻心扉的台词——"如果上天能给我一个再来一次的机会，我会对那个女孩说三个字：我爱你。如果非要在这份爱上加一个期限，我希望是一万年。"人们之所以被打动，就是因为自己常常错过表白，流年似水，终生遗憾。

有什么方法可以让未来的你看现在的你时，人生的遗憾少些呢？

墨西·门德尔松是作曲家门德尔松的爷爷，德国著名思想家，号称"犹太苏格拉底"，但身材五短，是个古怪的驼子。

有一天，他到汉堡去拜访客户，客户的女儿名叫弗西，墨西一见钟情，爱若丢魂，但弗西却因他的丑陋外表拒绝了他。

到了必须离开时，墨西鼓起所有勇气，把握最后和她说话的机会。女孩有着天使般的脸孔，但她从没正眼看过他一眼。墨西害羞地问："你相信姻缘天注定吗？"

姑娘眼睛盯着地板，答了一句："相信。"然后反问，"你相信吗？"他答："我听说，每个男孩出生前，上帝便告诉他将来会娶哪个女孩。我出生时，未来的新娘便已许配给我了，上帝告诉我，我的新娘是个驼子。我向上帝恳求：'上帝啊！一个驼背的妇女是个悲剧，求你把驼背赐给我，将美貌留给我的新娘。'"

瞬间，弗西看着墨西的眼睛，内心的某些记忆被搅乱了。她把手伸向他，成了他的妻子。

没有老门德尔松的勇气，世人皆无缘聆听《仲夏夜之梦》这般神曲。

没有老门德尔松堪称经典的对红色姑娘的表白，我们可能听到的就是"嫁给我，我会给你爹带来更多的生意"这般赤裸裸的话，然后，姑娘把你一脚踹出南天门。

表白是件奇妙的事，有时心里万语千言，到了实战时，你一句都说不出来；有时，没什么准备，但在合适的气氛下，情到浓处，你的催泪之言就那样脱口而出。

向老门德尔松致敬！向爱情致敬！向所有有爱之人的真心并且符合性格色彩的正确方法的表白致敬！

所以，我的朋友，如果你爱一个人，最重要的不是表白的技术，而是表白的勇气。

祝阁下，阅到此处，心有流淌，立即筹划一场久违的表白，并且一战功成。若有修成正果的那天，在婚礼上，回首恋爱往事前尘时，提及本书对你的帮助，就当作你对自己还愿了。

如何正确地
向不同性格表白

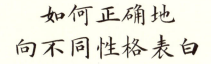 浪漫满屋情话真，与君相爱无绝衰。

🔵 爱字何须说出口，全程示爱不着痕。

🟠 一房两人三餐饭，来年咱家有百房。

🟢 劝君惜取争分秒，花开堪折直须折。

11 拒绝
——如何得体拒绝不同性格的追求者

人们羡慕两情相悦的爱情，可惜生活中的常态是"落花有意随流水，流水无心恋落花"，你爱的人不爱你，爱你的人你不爱。当你对那人无感时，那人却满怀激情面对着你，你怎么办？

如果向你表白之人，你不喜欢，而这人和你的关系八竿子远，你自然犯不着想那么多，直接拒绝拉倒。像著名网语"十动然拒"（十分感动然后拒绝）那样，这个词诞生的那天，是艳阳高照的光棍节，华科大的一位男生，把花费200天呕心沥血手写的16万字情书装订成册命名为《我不愿让你一个人》，毕恭毕敬送给心仪的女生。结果，女孩跟他不熟，白了一眼，直接秒杀出局。

如果向你表白之人，你不喜欢，但人家和你很熟，常常抬头不见低头见，你不想直接拒绝，让别人下不来台，这时就要掌握拒绝的艺术。拒绝得好，还能做朋友；拒绝不好，伤人不说，还结个仇，遇到心理极端变态的，也可能遭遇从天而降的无妄之灾。

不同性格到底应该怎么拒绝？拒绝别人时，怎么说才能不伤人、皆大欢喜呢？

>> 不同性格拒绝表白的常态

● **绿色性格拒绝表白——语焉不详**

绿色面对表白，没那么多花花肠子，对爱或不爱，内心清楚，但拙于言语。一个字"哦"，表示同意了；再一个字"哦"，表示知道了。绿色最大的麻烦是，明明自己回应了，但人家总觉得这人啥都没说。如果让绿色拒绝他人的表白，往往是一声"哦"，"哦"作为万金油，似乎任何问题都可用它抵挡。

一位绿色姑娘相亲时和对方吃过几次饭，男人喜欢她，买了束花，对她表白。她觉得双方并不合适，面对男人的热烈，"嗯"了半天，把花收下，话没说清。后来，男人再约姑娘，姑娘也不好意思说"我不喜欢你"，每次都只是说"忙"，没有赴约。

这男人，大红色，也是个二百五。姑娘又不是收了你的黄金彩礼，看到人家收了花，就笃定地认为两人确定了关系，所以，优哉游哉地，等着她不忙时约会。结果等来等去，几个月后，等到的，是从朋友那儿听说这姑娘另有新欢的消息。

这个红色男人，头皮发麻，觉得自己纯洁的感情被这个貌似人畜无害其实用心叵测脚踏两条船的女人给玩弄了，怒从胆中生，冲到姑娘公司楼下，欲寻她当面对质。正好遇到这姑娘的男友来接她，眼喷怒火，一场短兵相接，上演全武行。结果，这个男人脑袋缝了19针，那个绿色女孩正牌男友的一个眼球被指头戳到，眼膜受损，视力下降到0.02，几近独眼。

如果绿色姑娘当初拒绝人家时明确说清，不是似是而非让人家自己琢磨，这场决斗本可避免。

绿色姑娘以后如果觉得那个独眼男友跟她不合适，这辈子，想来也是无法离开了。你想想，人家一只眼睛因你而瞎，你好意思离开吗？而一切的一切，就是因为自己当初拒绝表白时，不把话说清，总想让别人自动离开，不想做拒绝别人的"坏人"，心里安慰自己："看，是他要离开我的，不是我提出的，我没伤害他。"这就是烂好人的结局。

▲ 黄色性格拒绝表白——口起刀落

黄色最恨模棱两可，干脆利落的方式对他们来讲，乃上佳之选。在黄色心中，是非曲直，必须分明，爱或不爱，喜或不喜，丁是丁，卯是卯，清清楚楚，明明白白。黄色并不在意别人的看法和感受，我不喜欢，就直接拒绝，你能不能接受，那是你的事情，与我无关。所以，除非你有后续价值，未来黄色可能还会和你有其他方面的联结，否则，黄色如果拒绝你的表白，字典里压根没有"委婉"二字。

好莱坞电影《保镖》，讲的是曾经做过总统保镖的弗兰克，黄色硬汉，受雇保护惠特妮·休斯敦扮演的歌星梅伦，因为弗兰克做事麻利周全，帮梅伦挡掉很多神经病粉丝的骚扰，所以，给梅伦很大的安全感，两人朝夕相处一段时间后，滚了床单。

醒来后，红色歌星已然把保镖当作自己的情人，还体贴地让他多睡会儿，但万万没想到，黄色保镖果断下床，冷冷地说：我身为保镖，混淆工作和感情，已经违背了职业操守，你雇我，是让我保护你，这是我的工作。你没做错任何事，但我要保持清醒，我要做好我的工作，不可以跟雇主发生关系，因为有这样的关系，我就不能保护你了。现在，要么就到此为止，要么你立即就解雇我吧！歌星听后，目瞪口呆，觉得自己受到莫大侮辱。

老娘我陪你睡了，人也是你的，钱也是你的，还要被你这样侮辱，我有那么不受待见吗？我好歹也是万人迷，无数人等着亲我的鞋底，想象我的味道，你怎么能这样心狠手辣，说分就分，说不喜欢就不喜欢呢？难道昨夜之缠绵全是假的？难道耳鬓厮磨时的那个人不是你？你的人心，还是肉长的吗？

当黄色听到你如此骂娘，既不生气，也不着急，等你说完，他会说："你说完了，那么，再见。"扬长而去，一骑绝尘。

■ 蓝色性格拒绝表白——千回百转

蓝色细腻而敏感，拒绝对方时，会给彼此留面子。

一位蓝色姑娘，在培训班认识了一个男人。男人很热情，一直微信和她讨论学习。开始，她礼貌性地有问必答。后来，男人开始撩她，发点暧昧的亲昵问候，但她并不喜欢对方，所以，就把这类问候屏蔽不答，只答对方的学习问题，但那个男人显然敏感度低，更加频繁地发送信息，譬如"今晚月亮百年一遇，要能和你一起手挽手看月亮多美呀"。后来，她索性不再回复，此男一厢情愿发了几天信息，没得到任何回应后，就人间蒸发了。

如果说红色的拒绝婉转是语言上的婉转，那么蓝色全部是通过行为上的婉转来表态。

一个秘书追求自己蓝色的老板。经人打听，老板喜欢喝美式咖啡，就每天给老板冲美式，蓝色老板很看重她的才华，工作上暂时也离不开她，为了拒绝她的求爱，开会时候告诉另外一个同事，帮他拿杯拿铁。

后来，女秘书开始疯狂地给蓝色老板买各种拿铁，蓝色老板又换成了喝茶，这个大大咧咧的女秘书，在坚持两个月以后，自己也觉得老板太难伺候，开始时的那种喜欢和崇拜，也随着老板对工作的严厉要求灰飞烟灭。没多久，蓝色老板将她换岗到销售部，天下太平。

159

♣ 红色性格拒绝表白——你是好人

红色虽然平日里行事大大咧咧，可唯独在情感之事上无比敏感，很在意别人的感受，他们觉得"汝非我菜，实难来电"这样的话，说出来好难，让人家下不了台。故此，红色拒绝表白时，常发好人卡，以期最大限度保护对方，减少伤害。

无论是拒绝还是缓冲，又或是以退为进，红色总想好处两边沾，既不伤对方，又让对方知难而退，两全其美，人生赢家。

《爱情公寓》中的曾小贤，在拒绝诺兰表白时，理由跟绝大多数红色一模一样，把优点留给别人，把缺点和问题留给自己："你很好，是我不好；你很优秀，我配不上你。"这话，听上去是不是很熟悉？

可惜，红色设想得很好，但收效甚微，难道一句"我配不上你"，就能轻易把对方撵跑吗？悲催的是，红色很快就发现，拒绝后，对方依旧死缠烂打，接下来，就只能用暗示这招。比如，搂着其他异性公然出现在对方面前，妄图让对方认为自己已经名花（草）有主，你、你、你，赶紧知难而退吧。

但其实人家也不傻，知道你只是找了个托儿来做挡箭牌，继续执着追求。红色一看，这招没用啊，立刻恼羞成怒，不再考虑对方感受，要么直接拉黑，让对方找不到自己；要么就崩溃地跟对方说："是你逼我说的，我不喜欢你，你快走！"

现在，当你了解不同性格怎样拒绝别人后，给你出道情感高考题：

A 说："我喜欢你。"

B 答："其实，我没你想象的那么好。"

请问 B 是什么意思？

正确答案，此话至少有三解：

第一，委婉拒绝。

我并非你想象中的那个样子，你只是喜欢你想象中的我，真实的我，你根本不了解，你也肯定不会喜欢。走吧，走吧。

第二，缓兵之计。

自己也不清楚自己到底想怎样，用此话来缓和一下被表白后不知如何回答的尴尬，以换取更多的时间和空间，为未来的进退做准备。想呀，想呀。

第三，欲迎还拒。

虽然我听清楚了你的表白，但你似乎表达得还不够强烈，我也不敢肯定你的喜欢是真心的还是客套的，我需要你继续毫不吝啬强烈表达你对我的爱。

如果你能三种全部答对，你就是骨灰级的恋爱高手，不需学习就可自动成为"性格色彩情感导师"啦，若是不能，说明你在理解复杂的人性上还有无数继续努力的空间，下面请继续。

>> 不同性格表白被拒后的反应

♣ 如果被拒者是红色性格

红色听到刚才这题的回应，三种可能都会一闪而过，也许是拒绝，也许是同意，也许是考虑。很多人回来后，跑到网上发帖，各位大神，快点出出主意，这到底什么意思啊。其实，这问题除了当事人，没人能给出准确答案。听到对方回应的那一刻，不少乐观的红色认为，对方是在矜持，给自己希望啊，所以，通常都会进一步地去追求。

■ 如果被拒者是蓝色性格

蓝色是悲观主义者，看事情倾向于看坏的地方。当听到模棱两可的回应时，会觉得这是对自己的拒绝，而不会考虑其他可能。在这道高考的假设命题中，蓝色不太会对心仪的人直接说出"我爱你"，这不仅极度肤浅，而且会让自己无路可退。当蓝色觉得自己被拒绝后，会什么都不说，默默走开，他们需要时间和空间来平缓自己的沮丧和痛苦。

▲ **如果被拒者是黄色性格**

黄色一定会打破砂锅问到底，这种不清不楚、模棱两可的回答，绝不接受。黄色不愿花更多时间去揣测对方心思，所以，会追问对方，你到底是什么意思呢？行还是不行，你给个痛快话吧！

● **如果被拒者是绿色性格**

绿色不太可能主动说"我爱你"，他们担心假如对方不喜欢自己，表白会让对方不好回应。除非是多年感情，一直在一起，绿色才有可能鼓起勇气来表白。如果是刚才那道高考题，对方说："我没你想象的那么好。"绿色通常会回应一声"哦"，意思是，我听到你说的话了。然后，该吃吃，该睡睡，该干什么干什么。

>> 拒绝不同性格表白的正确方法

本书看到此处，你该明白，四种性格中，拒绝一个绿色对你的表白，是不折不扣的假命题，因为现实生活中，并不存在。绿色本身无法主动表白，即便有所示意，也含糊其词，只要你不回应，也就不了了之。

念书时，和一个绿色朋友聊天，我问他有没有喜欢的人，他"嗯啊"了一下，我追问半天，他说"算是有吧"。我问下来才知道，女孩是他同班同学，两人走得很近，只是他不知道女孩心意，也没表白。我推动他赶紧去表白，他说："不知道她是不是已经有男朋友了。"我说："既然不知道，就可能没有啊，所以你才要赶紧去追啊。"他又说："我们都快毕业了，她好像要考外地的学校。"我继续推动："那你更应该抓紧机会表白啊，不然就晚了。"他说："好吧。"过了几个月，我们都毕业了，他还是没开口。

所以，在拒绝他人的问题上，你几乎没机会拒绝绿色，人家还等着你表白呢。接下来，详解拒绝另外三种性格的具体方法。

拒绝黄色性格的表白——明人明话

中国香港作家李碧华说："拒绝是世上三种最佳勾引方式之一。"这种说法，在黄色这里最成立。

如果是特别尊重、特别客气且留有余地的拒绝，比如"我希望和你做朋友"这种话，必定会让黄色想方设法再争取。

有些话，好比"我现在还不能完全确定自己的感觉，也不希望草率开始一段感情"，切记，千万莫对黄色说！当你这样说时，将是灾难。这种含蓄的话，表面得体有礼，暗含巨大风险。黄色会认为依然存有希望，且会视为你给他的挑战，他会告诉自己，要去征服，然后坚持不懈地追求，你依然无法躲开感情纷扰，越往后越麻烦。

一位黄色企业家告诉我，他这辈子最感谢的一个人，是大学刚毕业时追过的一个女孩。当时，他送花、送礼、美食、情书都用尽，对方还是不搭不理，一丁点儿机会都没给他。有一次，女孩找个安静的时候，和他单独谈了，平静果断地告诉他："我真的不喜欢你，我不能和你在一起，谢谢。"这种干净彻底的拒绝，让他痛定思痛，迅速把目标转向工作，比以往加倍努力，最终取得今日之成就。

记住，对黄色而言，如果你真想拒绝，绝不要接受他给予你的一切。表达拒绝，一定要直接告诉对方，越直接越好。

不要说"我不喜欢你"，因为黄色会立即接话："多喜欢一个，做个备选嘛。""再试试看喽，说不定以后就喜欢了。"他还有可能打破砂锅问到底："你不喜欢我什么？你说，你说出来我改，我会改成你喜欢的样子。"

你要直接告诉对方："谢谢你的喜欢，但是我对你没有丝毫动心！""我觉得我们不适合做恋人！"记住，对黄色，直接，不会伤他；不直接，才会伤他！

当你拒绝黄色时，切记不可不回信息，以为对方会知难而退。如果你认真看了《性格色彩读心之道》，当知，黄色遇到一切困难和阻碍，都会视为人生挑战，变得无比亢奋！所以，只要你不回信息，黄色的电话就来了："在家吗？""在。""我快到你楼下了……"你错愕之际，说出"我不喜欢你"，黄色那人，就像没听见，继续做他认为自己该做的事。

如果你真想拒绝他，只要对方发出约会邀请，你就永远一个答案"和老板在一起开会"，你要给对方一个感觉——你的人生中，除了你的老板，就是你的事业，此外你装不下任何东西。让他自己去联想，当黄色清晰地发现，其实你根本不是适合的人，会立即主动放手。你放心，黄色决定放弃你，再也不追你，就是那么一秒钟的事，瞬间，可当啥事都没发生（黄色内心剖析，详见《性格色彩读心之道》）。人家是真正拿得起放得下的人，你还没能力伤到人家。

> 知卿对我情意真
> 奈何无意来相慰

拒绝蓝色性格的表白——明人暗话

你不需刻意拒绝蓝色，因为蓝色示爱本就含蓄，并且敏感，即便你没明说，也会发现你对他没意思。拒绝蓝色，要特别注意自己的言行举止，否则，明明你是神女有心，襄王无梦，结果，还给人家留下暗自留情的揣测，误人误己。

当年《非诚勿扰》节目中有个女孩，上来的男嘉宾就是为她而来，可奇怪的是，他们二人认识多年，这男孩却从来没有正面表白过，只是默默地跟着这个女孩。尽管从男孩的行为举止以及其他人的议论中，女孩也猜到男孩应该是喜欢她，但她觉得这种长年累月一根筋地默默地迷恋着她的做法，让她很害怕，而且有种说不清道不明的惶恐感。

如果要拒绝这种蓝色，最好在他暗示表白时，就能及时察觉。当你发现他常为你做些事，对你的态度和对他人不一样，你就可以暗示。比如，你暗示自己根本就不想谈恋爱，所谓"前世不求美人伴，今生但求孤影单"；或者，你在这人在的饭局里，告诉另外一人，你刚分手，现在的你对任何人都没兴趣，已然断了念想；你还可以不经意地告诉别人，自己有爱的人了。蓝色很快就会明白你的意思，这样，可以避免直接拒绝带来的尴尬和伤害。

若你神经大条，后知后觉，总是不经意地传递给蓝色错误信号，让他误认为自己有希望，一直走到人家最终向你明确表白这步（蓝色少用说的方式，可能会写信），这时，你就绝无暗示的回转余地了。

如果不说清，蓝色可能会负面揣测，心底留下阴影。当你必须说清时，可采纳的做法是：给他回封信，原原本本地把两人相交的过程，你对两人关系的看法，解释清楚，不带任何情绪，只还原心理动作，也莫给任何压力，说清后，让蓝色自己选择，是否还和你做朋友。

> 昔日伊人为他妻
> 诸君止语莫再提

拒绝红色性格的表白——明人虚话 + 明人真话

拒绝黄色，要明人明话，直截了当；拒绝蓝色，要明人暗话，暗示含蓄；而拒绝红色，有两种方式，要么用虚话，要么用真话。

拒绝红色，没那么困难，因为他们没有持久战的耐心，容易受到打击。所以，当你不回电话不回短信不回礼物，反正"不反应不回馈不表达"，通常典型红色会因为你的冷淡，激情随风而去，成为你人生中的一个过客。

但是，如果对方是红 + 黄，上面的做法就没啥用了。这时更狠的招数，是让对方觉得你有个比他优秀百倍的男人或女人，你告诉对方，全思聪正在追你，柳小岩和你交好，如果他听了以后，冷冷地说："原来你是爱慕金钱的女人，原来你是好色的男人，哼。"这样，你就知道这人自尊太强，人家也没招他惹他，他自己因爱生恨，这场追求，很快就结束了。

所谓虚话，不是假话，而是夸大困难和负面，让对方惊恐后，知难而退。我们的一位性格色彩认证卡牌大师，春节期间，死命埋汰自己，成功劝退自己的烂桃花。

成为性格色彩卡牌大师以后，让我人生逆袭，单位里大家都称我为小诸葛，用卡牌咨询也赚了不少钱，因为每次都能瞬间卡到别人内心，说进心坎里，咨询者都觉得我是最能读懂他们的人。会了卡牌，多了很多不必要的桃花，有些人很麻烦。

春节期间，我在帮一个客户卡牌时，感觉他总想跟我套近乎。于是，我把自己随意、情绪化、批判性强、自我为中心，这四张牌都放在了牌面的第一排，然后告诉他："你别看我出来的样子整整齐齐，其实家里衣服都是堆在一起，也不去洗，而且经常丢三落四；你别看我现在心平气和跟你聊卡牌，其实，很多时候我对孩子经常大吼大叫。你现在正在和我卡牌，我当然要赞美你。你忘记我收你钱了。不要觉得是我最懂你，其实那是卡牌真的懂你。最重要的是，我和你前面描述的你的那个前女友一样自私。我也不是那么孝顺，我觉得没必要和老人在一起，过年我也不愿回老家。"

我这样说完，那个男生真的被我吓到了，他故作镇定地说："你应该没那么差吧？"我很坚定地答："我差吗？我专业还是非常强的，因为我知道怎么修炼控制自己。"

就这样，对方还没追，我就先把他扼杀在爱情的摇篮里了。

如果虚话没用，对方依旧非你不娶，非君不嫁，摆出鱼死网破同归于尽，一路跟你到底的架势，首先请你哀叹一下，你到底做了啥让对方对你如此痴迷，节哀后，唯有明人真话这一条路了。

所谓"明人真话"，说些真心真诚真肝真肺的话，设法把对方的沮丧和悲痛转为喜乐和接纳。你要充分认可红色这人的长处和优点，告诉人家，知道他对你很好，同时明确表示，你已经有了相好的，跟他只不过是错的时间相遇；或者你明确告诉他，你对他没意思，也不会和他有发展可能，别再幻想了。

在所有给出拒绝的理由中，人们最惯用但其实最无效的一种说辞，就是"不能做恋人，可以做好朋友啊"。这种话，表面化爱情为友情，夫妻不成做哥们儿，听上去特别豪爽，有侠义之风。但其实，追求者心中会觉得，难道你要践踏我的爱吗？你把我的爱情降维打击为友情，以后还要让我这样一个爱着你的人看着你对别人投怀送抱，你怎么说得出口呢?

做朋友这事,随缘随心,在拒绝表白时特意这样说,雪上加霜,伤口上撒盐,要不得。

一个姑娘在工作中认识了子平,对他一见钟情、死缠烂打,在无数次邮件和微信轮番进攻都没把他拿下后,竟千方百计打听到他家住址,跑到他家门口租个房子住下,每天掐着他上下班时间,守在楼下,期望能看他一眼。他想拒绝,但又怕刺激对方情绪,因爱生恨,所以一直躲避。

但越这样,姑娘越热烈,天天到楼下蹲点,坚持了一个月。性格色彩课程学完,子平决定主动给女生打电话,表明两点:

第一,他很认可姑娘在工作中的优点,很欣赏她的正能量、积极热情、乐于助人。

第二,他心有所属,不会再喜欢他人,所以,如果她继续坚持,会让自己为难和痛苦,希望姑娘能帮帮自己,也希望有机会和她做朋友。

把话说清后,姑娘表示,自己会高风亮节,舍身饲虎,甘愿割爱,退出战场,不再打扰他的生活,并且永远祝福他,然后就人间蒸发了。

再次强调,一旦无比执着的红色对你表白后,拒绝的基本原则:

第一,当你意识到这个红色可能会喜欢你,而你又不喜欢对方时,请减少在一起的时间,不要让对方有机会表白,这是减少伤害最重要的环节。

第二,确实不喜欢对方,不可心软,不可怜香惜玉,莫寄希望含糊其词,一定要强硬坚决!

第三,若对方已表白,须知:有拒绝,就有伤害;但拒绝是快刀斩乱麻的最佳方式。

第四,拒绝后,对方难过,需要自疗,此时你不能去安慰,否则会引发不必要的误会。如果这个红色持续痛苦，无法走出，请你莫要妄想维持现状。在这个红色彻底走出前，只能做陌生人！若你没有主见，就别拒绝，当一辈子好人，找个喜欢自己的混日子算了；若你想追求自己的真爱，务必果断强硬地拒绝，之后形同陌路。

知君用心如日月
可惜相逢不是时

年轻时，我做了三年《非诚勿扰》，耳闻目睹无数欢喜无数愁。拒绝时，有人轻描淡写，像捏死只蚂蚁一样容易；有人面红耳赤，像比自己被拒还要难受；有人就是不说，等着你主动离去。被拒后，有人黯然离场，有人强装笑颜，有人心碎欲绝，有人则愤愤不平，你瞎了眼，以后会后悔的。

拒绝，真是一门大大的学问。千万别说，我当初被拒都没那么难过，他为什么现在被拒就不行了呢。也许你俩性格不同，来自两个完全不同的世界，不可相提并论。

你须谨记，向你表白者，你可能不喜欢人家，但人家喜欢你，只要没有病态地纠缠你或干扰到你的生活，人家并没有错。你不喜欢人家，是你的权利；但是人家喜欢你，也是人家的权利。你要尊重你自己的内心，也要尊重别人爱你的权利。

如何拒绝不同性格的表白

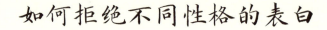 知君用心如日月，可惜相逢不是时。

昔日伊人为他妻，诸君止语莫再提。

知卿对我情意真，奈何无意来相慰。

12

异地
——不同性格的异地恋怎样修成正果

当一位富可敌国的巨商亲自向世界隆重宣布，要正式和比他小17 岁的女友分手，将两人长达三年的感情结束时，网友们敲锣打鼓，奔走相告。虽然这位富豪分不分，和广大吃瓜群众半毛不沾，可大家还是那么雀跃。

记者实地深入调查后，终于找到民众狂欢的真相。原来，富豪本人对分手的原因做了精准的说明："我们时时处于半分离状态，因为我的工作，要求我常住得克萨斯或频繁出差，而她主要在洛杉矶工作。"原来，富豪也如常人，依旧逃不过异地恋的折磨。你以为坐个私人飞船随时就能出现在爱人面前，应该没有异地恋的苦恼吧，但事实是，有钱不能解决一切，再大的富豪也可能会被异地恋打败。

觉得异地恋实属不易的，还有中华上下五千年青楼中最受欢迎的文人柳永。柳先生靠一手好词横行欢场，中国历史无人可出其右。柳永上任余杭时，青楼歌姬十里长亭送柳永，"哭声喊声柳郎声声声入耳"，这是事实。

但就是这位万花丛中过，片叶不沾身的柳词人，就是这位绝不为了一棵树放弃一片森林的柳词人，居然为了一场异地恋神魂颠倒。

柳永路过江州，访名妓谢玉英。柳永在她桌上看到一册《柳永新词》，故意装蒜问此书何来。等玉英将偶像夸得天花乱坠时，柳永贱兮兮地说，小生俺就是啊。玉英立即就范。

和玉英欢爱五天后，柳永急着上任告别。玉英甘愿为奴追随，柳永心中欢喜，但想着刚刚到任就带歌伎，怕政治影响不好。就说三年任期满，俺接你回京师，玉英发誓，从现在开始，我关门停业，就等你回来。

接下来的异地恋，玉英关门谢客一年，完全没有柳永消息。只能忘掉五日夫妻恩，重新开业。柳永得知玉英没兑现承诺，痛苦万分，写词哭诉"异地恋的苦"，翻译成白话文：看过去咱俩的聊天记录，我们间再没了亲切絮叨，只剩下客套的寒暄，心与心越来越远。你如同行云无定，辜负了誓言，投入了别人怀抱，我想问你，那些相爱相守时的朝朝暮暮，你都忘记了吗？后来，玉英看到婉约词，就哭着关门，和柳永回京城过日子去了。

这就是柳永这个天下第一穷光蛋超级花花公子最刻骨铭心的爱情，其实我也没整明白为啥他自己一年不联系人家，但史书记载，他肯定是真爱谢玉英。他这样一个什么姑娘都唾手可得的男人，居然会为了一场异地恋撕心裂肺，堪称后世值得钻研的唐宋名家恋爱奇迹。

你看，富豪和才子都被异地恋折磨得体无完肤，那为啥异地恋有这样巨大的魅力让人们惊慌失措呢？当然是因为距离感！

异地恋，让两人都看不见对方在压力或危机下的反应，疲惫或沮丧，生病或恐惧；异地恋，远水不救近火，我生病，送药的是朋友，你生病，我也不能在旁端茶送水；异地恋，不能长期生活在一起，看不出生活习惯是否合得来……

就算你能适应，可恋爱是两个人的事，即便你能进退自如、百毒不侵、全心全意，对方也未必能做到，而对方的态度，也会影响到你的感受，甚至，让你重新评估感情的投入产出比。

>> 怎样经营和不同性格的异地恋

先直接报告诸君，关于异地恋是否能够成功的一个斩钉截铁的结论：在四种不同性格的异地恋中，成功率最高的是绿色，成功率最低的是红色。

和绿色性格异地恋——给目标，带节奏

绿色恋人，情感需求最少，陪伴需求不高，所以，受到最大挑战的，其实是你，不是人家。那你应该怎么办？

游泳教练三凌来到课堂分享时说：

我男友是个绿色。当年两人异地，感情处理很好。可绿色男友最大的问题，就是没啥主见和想法。

三凌主动给两人关系定了第一个目标——每月见一次面，轮流，这月三凌去看男友，下月男友来看三凌，男友同意了。

但是，这对绿色来说，很不容易严格执行。因为到了约好看三凌的日子，男友会突然发现自己啥都没准备，假都没请，只好跟三凌道歉，推迟见面时间。当然，三凌可以每个月提前提醒男友，并告诉他要做哪些准备，把自己变成一个高级闹钟。但这不是三凌想要的，她希望男友学会主动安排约会。

于是，她在男友第一次失约后，跟男友说："上次你没按时来，我很难过，连续几晚睡不着，我觉得你把我忘啦。"男友说："没有啊。"她说："那你下次可以在 1 号就做个计划发我吗？哪天来，坐什么航班，提前订好。"绿色男友同意了。

次月，绿色男友准时来了，三凌又表达了感受，这回是正面的："你准时来，我很开心，要是下次你还准时来，我会更开心的。"男友受到鼓舞，之后就坚持每月 1 日把计划发给三凌，渐渐地，两人见面

有了节奏，关系推进很顺利。

第一目标实现，持续了一段时间，三凌又设定了第二目标——让男友每次见面给自己带件礼物；第三目标——每季度两人相约旅游一次……这种每次都主动给对方目标，再用自己的感受来带节奏的方法，最后，硬是把一个绿色男友活生生变成了能给她温馨浪漫的偶像剧男友。

天啊，母猪居然上树了，恭喜！

对绿色，主动给他目标，是第一要务。绿色虽然木讷，但会更多考虑他人感受，所以，你跟绿色提要求时，他都会满足，只不过你要给他足够时间去适应和学习，千万别急于求成。这方法，听上去是不是像教小孩？如果你觉得匪夷所思，那说明你完全不了解绿色，他们的生命节奏犹如树懒，但一旦上轨，就习惯于此，终生难变。

> 同心离居需目标
> 方可相拥共终老

和黄色性格异地恋——要关注，有方法

黄色在情感需求上和绿色一样，没那么强烈，所以，异地恋当中一切叽叽歪歪的问题，同样不会出现在黄色身上。

黄色认为，只有努力给你更好的生活，才是对你的爱，故此，非常容易忽略他人感受。如果你的恋人是黄色，当你需要他关心时，不能作，不能吐槽，不能情绪化，否则，必然会对你有意见，而且更不会给你想要的关注，你准备自己吐血吧。

红色学员小七，男友是黄色，开始恋爱时，在一个城市，男生对她很好，处处考虑周到，但后来，男生工作去外地，两人异地了。开

始时，联络频繁，他们商量好每晚睡觉前十五分钟聊天，后来，男生投入事业，晚上应酬很晚，有时就发个短信给小七，有时就忘了没发。红色的小七开始在电话里跟男生吵架，男生到最后，受不了了，就说，我觉得你需要冷静下，等你冷静了，再打电话给我。

小七受挫，找到性格色彩卡牌师咨询。卡牌师通过了解，知道小七通话时，有表达不满意，但她的表达方式太情绪化，而黄色根本不会去关注情绪，也不会哄。

所以，当需要黄色关怀自己时，一定要学会示弱或撒娇，不要打扰到他的工作。女生回去后，冷静了几天，给男生打了个电话，没通。最后，发了个短信："达令，最近工作忙，别太累了，身体累坏，我会担心的，想你。"没过多久，男生主动打回电话，两人心结瞬间解开。

黄色不是不能给你关注，即使异地恋，多在电话里聊些对彼此有价值的事，也是一种关注。但前提是，不能情绪化，不能任性索取。如果你要索取关注，感情不错，撒娇示弱均可；关系出问题时，切勿索要。如果你觉得自己做不到，被关注和被呵护是你最重要的需求，而恋人完全不懂性格色彩，也拒绝看本书和你彼此相互理解，那么，你现在就可以考虑立即和他分手了。反正，残酷的真相是早分晚分，都是分。

终日奋斗只为家
凡此过程不叨扰

和蓝色性格异地恋——稳推进，慢慢来

蓝色深沉内敛，情感细腻，不爱表达。即使是异地恋，也会对恋人体贴入微，敏感体察你的情绪和感受，在你需要关怀和安慰时及时送上。

但是，你可能会觉得他太慢热，爱的表达不够直接，甚至，你可能觉得他对你没那么爱，要怪，就怪都是内敛惹的祸。说不定人家蓝色早有计划，已经在安排你们的将来，只是还没十足把握前，不想说，省得做不到难堪。所以，你切勿急躁，切勿因不懂他的表达方式而产生怀疑。

正确做法是，和蓝色一起规划未来，并为之付出你能力所及的努力。蓝色看上去慢，其实，稳步推进，你们说不定比那些分分合合的红色情侣更快有结果呢。

红色张咪的初恋男友是典型的蓝色，两人高中同学，大学后异地恋。恋爱的任何一个纪念日，男生都记得非常清楚，到了那天，不用说，肯定会来到她所在的城市。大大咧咧的张咪给男生带来很多欢乐，但有时，男生莫名地心情不好，连续几天打电话，张咪感觉到男生不开心，说了很多悲观的话，却不知原因。张咪也没能力读懂蓝色的心思。

她学了性格色彩以后，恍然大悟。课堂上，解决问题时，我让她回忆，蓝色心情不好前，你们聊了什么。她想起来，蓝色男友问，她将来想住什么样的房子（这简直是明确释放核信号啊），张咪不过脑子地回答："没想过啊，我觉得现在住的单身公寓就挺好，朋友住得近，随时来串门，多热闹。"

换到蓝色的角度思考，这个不动脑子的女人瞬间顿悟，原来自己的答案，根本没把人家考虑在内啊，人家接收到的就是一个"拒绝"信号，难怪心情不好。

如果被蓝色问到这一题，正确做法是，莫急于回答，认真思考后，说出你对未来居所乃至未来生活的具象描绘。千万别虚无缥缈不切实际，最好是彼此可以共同努力达成的，且一定要把他考虑在你的未来框架内，之后，慢慢努力呗。

> 入骨相思汝不知
> 证爱愿待七年期

和红色性格异地恋——常甜蜜，勿断联

在所有性格中，异地恋最难成功的就是红色。

是的，让我再强调一遍，对所有性格而言，异地恋都不容易。但是最艰难的，当数红色。红色依赖性最强，思念指数最高，陪伴需求最盛，当思念一个人时，寂寞感最深。

两人在一起，话题会不断更新，但两人异地恋时，对彼此环境都陌生，两人约好定期电话，没过多久，就变成干巴巴的例行公事，除了空洞无力地重复"我想你"以外，两人都要绞尽脑汁异常辛苦地寻找话题。

对极度缺乏情感安全感的红色来说，异地恋，更是一种恐慌。

看了五次手机还没回信，他在哪儿？他和谁？他在干什么？可能你在上海刚刚拒绝了一个帅哥或美女的求爱，立即就会联想，在广州的他身边的花花草草也像我身边的一样多吗？他的意志力能像我这样坚定吗？我在做江姐的时候，他会不会此刻正做着那甫志高？你看他平时笑嘻嘻的桃花眼，一看就不知道拒绝，那怎么办，那怎么办，啊啊啊，我要疯了，那怎么办？

当红色看到身边人都是成双入对地出现，马上就想起李白大师吐的那句名槽——"但见悲鸟号古木，雄飞雌从绕林间"，不禁悲从心

中起：我就是那只悲哀的小小鸟啊，一个人孤苦伶仃地哀号啊，看着他们搂搂抱抱，我就心酸啊，忍不住就赶紧对自己异地的恋人诉诉衷肠，发发牢骚。

其实，红色那一刻只想听到异地恋人的鼓励和安慰，可能一个暖心的电话，就能安心。不巧的是，就在五分钟前，那个异地恋人刚听他的一个朋友诉完异地恋分手之苦，你的电话，好巧，让他一秒钟，就把自己带入戏。你无心的抱怨，更让他雪上加霜，成功转化为你们相互指责和不满的催化剂。

对红色恋人来说，其实自己有时的小折腾，只是为了证明自己在对方心中的重要性，谁知高楼地基不稳，就一根头发，哐当，塌了。

一位离婚没多久的红色学员，说起异地恋，在"性格色彩婚恋课"中不禁感慨为什么爱情总是悲剧的。

多年前，我有一场痛苦的异地恋，因为那次感情失败，冲动之下我选了前夫，在经历了十一年寡淡无味的婚姻，付出巨大代价后，现在，我终于解脱了。

那时，我刚大学毕业，在广州一家央企公关部做媒体沟通，因为工作认识了他。他曾是广东某台的一个新闻主播，他之前的女友是我很欣赏的演员，他所在的圈子和他身上的光环，对初出茅庐的我来说，既遥远，又没安全感。认识一年后，我俩确立了恋爱关系。他的性格应该就是你讲的那种压抑红，外表看上去忧郁，但其实骨子里火热，我想这大概与他从小受蓝色父母的约束和他严谨的职业有关。

由于工作原因，他经常不能准时回复信息，有时，下午2点发过去的消息，凌晨3点才回。渐渐地，我的恐惧战胜了感情，经常如此，我心里发誓要离开他，一定要找个能及时回复信息的男友。现在想想，如果我当时懂性格色彩，至少可以理解，人和人的生活习惯不同，沟通方式也不同，我应该主动去和他沟通的。

有一天，我遇到了我的前夫，他的出现，极大满足了我的安全需求，而那时我也跟那个异地恋男友差不多有一个月没联系了。于是，我一秒钟就决定，嫁给这个能给我绝对安全感的人。当我离开广州，去了北京，前男友突然打电话给我，飞到北京来找我，他听说我已经嫁人了，就蒙了。他祈求我去深圳一次，因为那一个月他没跟我联系，是因为他在深圳为我买了个房子在装修，他想把我接过去，有个温馨的地方住，一整个月他都在没日没夜地装修，就是想给我一个惊喜……但是，一切都改变不了了，红色的我，为自己的冲动付出了惨痛的代价，冲动真是魔鬼啊。

如果我们都早点学性格色彩，如果我早点和他主动沟通，那该多好，如果他早点主动告诉我，帮我建立自信，那该多好。

和红色异地恋，第一前提就是经常沟通，定期见面，而非不管不顾，让感情冷却。须知，距离容易产生误会。

你发短信想跟他分享刚发生的趣事，你连发了八条短信，打了两个电话，他都没回，你胸闷得抓心挠肝，结果他回复"手机刚才没听见"。如果在一个城市，你就会觉得人家说的是真的，可惜远隔两地，你会划过一丝念头他是不是故意的。随后，立即联想"我伤心时，你不在；我快乐时，也不能第一时间跟你分享"，想用却用不到，你说，要你又有何用呢？

看到了吧，上面这种心理转变，超级普遍，所以在定期见面这事上，两人一定要达成绝对共识！是绝对共识！否则必然死翘翘。两人没交流，见面又少，越来越远，最后，两个相爱的人分开，可惜，天下没有后悔药吃。

有什么比较好的做法吗？有个电视镜头，可供天下红色恋人参考。

真人秀《同床异梦》，拍摄了韩国明星小秋和中国演员晓光的夫妻生活。节目里有一段，男人在四川拍戏，女人准备探班，那天，突降暴雨。结果，女人的飞机从傍晚6点延到凌晨1点才飞。女人在飞机场等候，男人就一直打视频电话陪她聊天，让她漫长的等候不那么无聊。而女人心疼男人拍了一天戏，让男人赶紧睡。男人挂了电话后，在宾馆里煲着暖心粥，希望老婆下飞机后，能喝上热乎乎的粥，而非冷冰冰的速食。

我也不知道这两人的表现，是现实中的事实，还是节目里塑造出来的，还有可能他们分离的时间没那么长，所以关系不错。你试试，夫妻俩一年不见面，是不是还会关系很好？不管怎样，从这对红色夫妻的表现来看，他们都在为对方考虑，从专业性格角度分析，他俩都用了性格色彩中与红色相处的钻石法则，把别人需要的给别人，用适合对方的方式沟通。做到这点，幸福自然来。

> 终日相思憔悴尽
>
> 此爱绵绵无断期

>> 异地恋的难点

关于不同性格异地恋难易程度的结论，现在，你已经明白了。

此结论，无关乎财富，无关乎颜值，无关乎诱惑，无关乎恋爱时长。此结论，就是不同性格所面临的挑战，在天性中的难度完全不可同日而语。

有的恋人喜欢柏拉图式恋爱，长时间不见面，觉得很美好；有的恋人喜欢天天黏一起，见不到就全身难受。那你说说，这两种性格，哪种容易熬过异地恋，哪种不容易，这不是乐嘉头上的虱子，明摆着的吗？

但是，请所有看官，此处务必注意两点。

第一，一定论

我并没有说红色一定谈不成异地恋，绿色一定能谈成异地恋。天下万物都有变数，本书研究的是性格规律。

总有人拿着我的书，鸡毛当令箭，断章取义，以偏概全，就像我在《超级演说家》节目上为万志喝酒打抱不平，被工于心计之人移花接木，颠倒黑白，被网上活生生黑成了醉酒发疯，闹事之徒一样（详见《本色》）。

记住，世上没什么百分之百一定的事，男足输给越南，女足亚洲杯夺冠，你能想到这样惊天反转震撼的结局同时出现在 2022 年春节前后脚吗？不同的性格和性格搭配碰撞，哪种容易成，哪种看上去就悬，难易度在天性中当然有差别。

但一切困难，在真正有理解的爱情面前都是纸老虎，如果困难变成真老虎，只能说明要么你们的爱情没那么强烈，要么你俩都不懂性格色彩，都在错误地爱对方。

第二，作用论

两人能否谈成，取决于双方的性格，双方的相互作用，比单方的力量更强。

譬如，两个黄色其实很容易谈成异地恋。因为两人都以事业和目标为导向，对儿女情长，没那么感冒。对黄色而言，再没有任何事，是比事业成功和工作进步更好的兴奋剂了。

但同样的事，放在红色身上，完全不成立。时光荏苒，白驹过隙，及时行乐，不负韶华，这才是红色生命的意义。我每天做牛做马，累死累活，给我升了一个级别的职位，和我一年见不到你没得到任何爱的雨露滋润相比，我干涸了我枯萎了我凋零了，这个职位我不要，这才是红色内心的声音。

所以，黄色和红色的异地恋，成功率远不及黄色和黄色的异地恋，道理就是如此。

须知，天下所有情感关系的核心，就是相互满足彼此的需求。永远只是单方面的满足，关系不可能平衡，不可能长存。

>> 异地恋的关键

当然，对所有异地恋的情侣而言，要想保持异地恋的热度和浓度，以下注意事项都须牢记。

第一，定期安排时间和对方视频聊天，让对方听到你的催情声线，看到你的不老容颜，加深你俩的热度和记忆。但如果有一天，你感觉到你们的聊天是为了聊天而聊天，这就是危机，要赶紧进入第二条。

第二，相见时间别隔太久，宁愿多花些路费，也要维持爱情热度。多了差旅费，少了日常开销，基本收支不会大亏。当然，你如果说没钱，呃，请继续你的柏拉图，你的恋人被人抢走的那天，就是你成长的那天，请再去翻看本书的"失恋"一章。

第三，制造浪漫。浪漫方式因人而异，比如对蓝色，千万别给突如其来的惊喜，蓝色不喜欢一切毫无计划突如其来的事。对黄色，就不能要求他虚头巴脑地"浪漫"，他会觉得无法理解，你还不如直接跟他说"我要一束玫瑰，最贵的"。如果你怀疑你的恋人可能做不到守身如玉、视死如归，那就算了，别搞惊喜了，万一搞成惊吓，大家都尴尬。如果你自己也做不到守身如玉、视死如归，那为何要求别人？如果你自己能做到，但是别人做不到，可你完全接受不了，那就分手算了。我说得如此直白、如此坦荡，你是不是一下子接受不了？

坚持一下，我的朋友，请把结尾看完。

人们一直问苍天问大地，异地恋到底有没有成功的关键？

当然有。本篇临近结束，现在就要分享最大的异地恋奥秘，那就是"罗密欧与朱丽叶效应"。

如果你俩的感情都无比坚定，那么，遭受苦难时，你俩一定会互帮互助，最后的结果，一定是为了两人在一起。也就是说，当你俩投入情感相等时，你们都会更为对方着想。阻力越多，你们会越爱；阻碍越多，你们感情会越重。但前提条件是，你们双方的感情投入等同，如果你们俩不对等，一个投入多，一个投入少，会更加容易破裂。

如果没有共同的方向和未来的归属感，异地恋，很难最终修成正果。请记住，真正奔向结果的异地恋，两人都是为了更好地在一起，而非你俩从一开始就打算分隔两地，只有你们俩想法一样，才可能结果"圆满"。否则，见得着就相互取暖，见不到就相互作揖，不妨彼此做个相互感激的人生过客。

怎样经营
和不同性格的异地恋

🧗 终日相思憔悴尽，此爱绵绵无断期。

🏊 入骨相思汝不知，证爱愿待七年期。

🧍 终日奋斗只为家，凡此过程不叨扰。

🛕 同心离居需目标，方可相拥共终老。

13 怀旧
——不同性格恋人想前任时你该做啥

电影《前任3：再见前任》上映时，网上有个笑话：

女孩给男友发微信，说："我想去看前任。"男友说："怎么去？要不要我送你去？"女孩说："不用，我自己去就行。"男友说："好！你去吧！"女孩还想说话，发现男友已把自己拉黑。这下，现任真变前任了。

电影讲的是情侣孟云和林佳相恋五年，爱情进入倦怠，因一点小事分手。分手后，两人各自生活，心里都想对方，都没主动和好。后来，孟云工作中认识了一个喜欢他的女孩——王梓，林佳同学聚会中遇到了老同学王鑫。当孟云去找林佳，想挽回这段感情时，发现一切都已回不去了。最终林佳嫁给了王鑫，而孟云也接受了王梓。

据说，许多人在电影院哭成狗，被错过的爱情激发起自己的回忆，也想到了自己和前任。但你是否想过，作为现任，假如你发现情侣对前任念念不忘，怎样的做法才正确？

首先，你要知道，当你的伴侣是四种不同性格时，有的性格可能会因为怀念前任，而影响现在的感情，有的性格则不会。

♣ 红色性格——看心情定

如果现在的关系中，他获得了很多的情绪价值，好开心好快乐好幸福，那前任算个什么鬼，一边待着去。可是，如果现在的关系不顺，没得到自己想要的关心、爱护和甜蜜，就会情不自禁地怀念前任："还是他对我最好啊。""唉，孤独常伴的夜啊，有他多好啊。"就让这思念随风飘去，也只能想想了。

■ 蓝色性格——深藏于心

对蓝色而言，曾经的刻骨铭心，永不会忘，想的时候，一直在想："他有没有在想呢，会不会像我一样也在思念呢？"可即便在想，也断然让你看不出痕迹，因为深藏心底的东西，不可展示于人。

▲ 黄色性格——活在当下

黄色绝不会花时间去惦记前任，因为他聚焦在当下的目标，缅怀过去，对他而言毫无意义。何况，黄色十分自信，假如是前任甩了他，他会觉得前任"有眼不识金镶玉"；假如是他甩了前任，那么更加是"昨日之日不可留"，没理由去想。

● 绿色性格——随遇而安

绿色也不会去惦记前任，因为随波逐流的人生态度，前任对他再好，也已经过去了，现任即便有不是，既来之则安之；前任对他再不好，他也不会记在心上，心底放宽，没有过不去的坎儿。

既然我们知道，黄色和绿色压根就不去想前任，那么，如果你的伴侣是这两种性格，就完全无须大惊小怪、没事找事；如果你的伴侣是红色或蓝色，有可能想前任，那么，你就要用正确方法应对，而非越搞越糟。

事实上，你可能根本分不清，哪些时候是对方想前任，哪些时候对方没想，只是正常地提及，却被你放大为"对爱不忠"，醋海兴波，天翻地覆。

如何能更好地应对？最重要的原则，一句话，就是——"尊重历史，加强连接"。

电影《前任》，最终成为林佳丈夫的那位老同学——王鑫，看似低调，其实很好地做到了这点。此男性格是红＋绿，既有红色的主动，又有绿色的平和，很好地陪女孩度过了痛苦期。

当他遇到女孩时，女孩还沉浸在分手的痛苦中，他没去触及痛苦，而是不断加强与女孩的连接。比方说，大学时一起吃过一家饭馆，虽然那饭馆早搬了，但他花费心思找到新地址，把林佳带去，两人在饭馆里共同回忆大学的美好。

当女孩和闺蜜去卡拉OK和其他男人唱歌时，他开车送她去，对她没任何干涉，默默注视女孩的背影和其他男人远去，自己在卡拉OK门口静待。当女孩出来，坐在门口心情难过时，他及时发现，送女孩回家，正因为他的用心守护，才为自己创造了更多机会。

当女孩看到把前男友勾走的那个姑娘时，心情非常痛苦，这时，她叫王鑫到自己家来，对他倾诉，他乐得用心倾听，这一切，都在不断为两人情感升温，直到最后，女孩嫁给了他。

总而言之，以积极乐观的心态，尊重对方的过去，尊重对方的自由，加强彼此的情感连接，用时间来逐步影响对方，走出阴霾，走向美妙。

当然，如果你们之间的情感，还不足以让你有动力修炼自己，或者，你已失去了和对方在一起的信心，那么请及时止损。

影片中，喜欢孟云的那个女孩——红色的王梓，当她发现，这个男人和她一起，为她付出，其实都是在以这种方式补偿对前任的亏欠，只是把自己当成一个爱情的替代品时，她感到这不是她要的爱情，于是她很真诚地告诉对方，如果你说不出"我爱你"，那就到此为止吧。两人分开一年后，孟云彻底结束了和林佳的关系，王梓重新出现在孟云面前。当然，这是剧本，现实生活中，也许分开后，两人都发生了其他变数。但即便如此，及时分开和止损，让自己有机会去寻找更适合的人，对彼此都好。

>> 恋人想前任时不同性格该怎么做

红色性格错误做法——至尊"三傻"

红色最易情绪化。发现对方还想前任，立刻施展天荒地狂功，指责抱怨，把小搞大，把大搞炸，此恨绵绵无绝期。

《甄嬛传》中，皇帝宠幸甄嬛，甄嬛开始无比幸福，后来发现，原来皇帝爱她，只是因为她长得像皇帝的前任——纯元皇后，顿时爆发了强烈情绪，言语间忤逆了皇帝。皇帝一气之下冷落了她。经过无数波折，她重新回到皇帝身边，收拾起真心，以皇帝喜欢的方式伺候他，但是，这段爱情也从此终结了。

对红色来说，对方精神出轨有时比肉体出轨还可怕，即便精神出轨的对象是个已经死掉的前任，也会激起红色的情绪。因为红色骨子里想要的，是对方对自己独一无二的认可。

性格色彩情感课上来自宝鸡的同学，提了一个困惑。

她和男友在一条街上开店，她开糖果店，男友开巧克力店。男友的店比她的店大，开店经验更足，而她不善管理，总因为员工闹心，影响情绪，回家便向男友求助。男友给她做分析、提建议，但她总觉得男友的建议很难落地，不想做。而男友发现她没按自己的建议做，就不想听她倾诉了，两人为此经常吵架。

情景演练中，几位男同学轮流扮演"男友"，反馈了与她对话时的内心感受："太累""很想为你好，但你不理解""感觉你在让我做无价值的事""感觉不到你对我的尊重和认同"……当她听到这些，泪流满面。她告诉大家，其实她和男友已经分手了，男友和前女友复合了。

她一直觉得，男友欺骗了她的感情，和她在一起，还想着前任，所以，才跟她分手后无缝衔接与前任复合，现在才知道，原来在相处中，自己伤害了对方的感受。而且，她之所以来学性格色彩，是男友替她报的名，作为给她的分手礼物，希望她学了之后有所成长，变得更好。

课程结束，她用性格色彩解决了自己糖果店管理的问题，变得更独立、更自信。偶然的机会，她和前男友联系上，才知道前男友和他的前女友又分手了，而这时，前男友发现她变得更有魅力了，于是，重新走到一起。两人一年后结婚，生了双胞胎，两人一起来复训了性格色彩，将性格色彩运用到连锁店经营中，一起把男友的巧克力店打造成全国连锁品牌（关于如何运用性格色彩创业的故事，详见《性格色彩360行》）。

典型红色，经常会乐此不疲地问情侣至尊"三傻"：

至尊"一傻"：以前你和他在一起时，也会对他这么好吗？

对方可能早就把前任忘了，结果你还催着让人家把他的昔日神兽呼唤出来。

至尊"二傻"：你是不是还想和他一起？

即便原来是心存幻想，那也只是个幻想，你还帮着强化人家往远离你的方向去思考。

至尊"三傻"：你更爱他还是更爱我？

人家根本没想拿你和前任比，你反而贱兮兮地让人家拿过去式和现在式对比，这等于你在提醒对方重新评估选择对不对。

红色常问的蠢题还有很多，不一一列举。究其根源，无非是希望情侣再三承诺："我不变心，我最爱你，我海枯石烂，我终生不渝……你别再问了，甭管你问什么，是你是你都是你……""三傻"问题，偶尔问及，聊作调情撒娇无妨，问多了，弄巧成拙，惹上一摊烂糊泥。

每当红色问"三傻"，伴侣给了他们想要的回答后，红色就会得到片刻喜悦。没多久，又惴惴不安："他说的是不是真的？在他心目中我真的最重要吗？会不会还在想前任？"

当红色再次折腾，不但会再次提起前任话题，再问对方是否更爱自己，甚至变本加厉，连环追问："你说我比他好，到底好在哪？""不行，你今天必须交代清楚，你过去和他怎么做的！""如果他此刻就在你面前，当着他的面，你还会这么说吗？"

万一这个不幸的恋人和前任还没恩断义绝，保留着昔日的微信记录未删，那更精彩了。情绪化严重的红色，会去拿恋人的手机，翻开朋友圈，逼着解释，"天气真好，想起那年的夏天"是否在回忆和他的旧情。

明明相处不错，却越来越沉重，直至疲惫不堪，对方只能逃走——明着逃走，就是分手；暗着逃走，就是出轨。

红色啊红色，你自己说说，怪谁呢？

红色性格正确做法——调侃鼓励

红色在情感关系中付出多、投入大，不是在卿卿我我，就是在思考如何卿卿我我的路上。对恋人而言，你的存在感已经够强了，你要担心，你的存在会不会已经弥漫了他生活的每一口呼吸，再胡思乱想、没事找事，人家会窒息的。

等到你越来越成熟，不再以耍小性子为撒娇的唯一途径和手段时，如果你的伴侣在想前任，你要鼓励他去想。最高级的做法就是："没事，你放心大胆地想，想得越多，越有对比，只有对比，才知道我的好。"你要离开房间，给他足够的时间、空间慢慢想，这种事情，越禁越禁不住，你有啥权利不让别人想，你有啥办法不让别人想？即便你能阉割男友，你也不能够阉割他的思念（关于不同性格，在遭受人生沉重打击之后的心路历程，详见我那悲壮的男性之源破灭史诗——《淡淡》）。

最高级的做法，就是让他想，你如果足够自信，还可以陪他一起想。你越在意，证明你越胆怯；你越介怀，证明你越没自信。一个真正对自己魅力信任的人，真正对你俩感情有信心的人，是不会去做围追堵截这样小儿科的事的。

想想吧，如果人家真的要走，迟早要走；如果人家不想走，撵也不走。

你越看重这个事，证明你越心虚；你越看轻这个事，代表你越淡然。你的态度，将会直接影响对方的心情。所以，放松，撒手，调侃，你的美好才会到来。

> 只做轻松调侃事
> 莫做至尊三傻题

蓝色性格错误做法——狐埋狐搰

蓝色最易犯的错误是心存疑虑，无法释怀，容易把小事放在心里，虽然嘴上不说不问，心里却一直想着。过了很久，对方已走出，而蓝色还记着"当初你刚和我交往时，还想着前任"。如果说红色的"作"，会在当下破坏掉彼此关系，蓝色的"怀疑"，则会在更长时间内，让关系严重受损。

红色的章芳刚谈恋爱时，男友不知她之前的恋爱情况，出于尊重，双方都没问对方情史。两人的相恋，很像老电影。两人在图书馆看书，她看到男生拿着的那本书恰好是她想看的，就攀谈起来。男生礼貌的寥寥数语，透露出对此书研读很深，吸引了她的兴趣。两人交往，直至恋爱，无比美好。

一次她和男友上街，碰到一个很久没见面的不动脑子大嘴巴的红色闺蜜（不同性格的详细特点，参考《性格色彩原理》和《性格色彩读心之道》），一见她，就说："哎，我跟你说，上次我见到张五光了，他现在好像还单身呢！"（张五光就是她的前男友。）她当时特别尴尬，红色闺蜜也意识到了，马上转移了话题。

但这次后，蓝色男友的眼神就怪怪的，经常若有所思的样子。她知道男友怀疑，苦于无法说明。过了段时间，感觉男友恢复正常了，这时偏巧又接到一个消息，张五光身患重疾，不久于人世，出于人情，她跟其他朋友一起去看望了。因为担心男友怀疑，就没告诉。过了很久后，男友问她："张五光好点了吗？"她大吃一惊，原来自己去看前男友的事，男友都知道，而她完全不知男友是如何得知的。

又有一次，两人买灯。蓝色男友要买性价比高的，她想买价格略贵造型好看的，争起来，她说："我一直都喜欢这种款式。"男友幽幽叹了一声："你还是忘不了他啊。"她被这话气到了："能不能不要总是夹枪带棒的？"她一怒，男友便不吱声了。于是，她更加生气。这次吵架，连同之后的冷战，伤筋动骨，没过多久就分手了。

蓝色的怀疑，不像红色那样剧烈发作，但会更加绵延，很多急性子的，在蓝色的漫漫怀疑路上，走不了多远，就气急败坏，关系破裂。

蓝色的林黛玉跟红色的贾宝玉彼此有情，但史湘云一来，林黛玉就发现湘云和宝玉从小一块儿长大，举手投足都透着亲昵。刚开始，黛玉还压抑着醋意，到后来，一起看戏时，湘云开玩笑说，戏子龄官像黛玉，宝玉给湘云使眼色让她不要说，黛玉恼了，宝玉去哄她，她更难受，回房自己哭，不让宝玉进门。其实黛玉的心思，哪里是恼湘云，分明是恼宝玉！恼宝玉给湘云使眼色，感觉像是把湘云当自己人，把她当外人一样。可怜宝玉这个呆瓜红色，完全不懂蓝色的细腻心思。但宝玉的优点在于真诚和耐心，一直没离开，一直赔不是，终于让黛玉从负面情绪中慢慢走了出来。

宝黛奇缘，举世无双，也幸好贾宝玉是从小女孩堆里长大的，懂得体贴林黛玉的细腻心思。否则，林黛玉"心思莫测"的"作"真没人受得了。

蓝色性格正确做法——用人不疑

因为蓝色记忆力好，对自己过往的情感虽绝口不提，却很难忘怀，所以推己及人，总觉得对方是不是也难忘旧情。其实，蓝色最需要做的是克服自己的敏感多疑，时刻提醒自己，目标是什么，既然选择了这人，也能从日常生活的点滴感受到对方对自己的好，就不要再钻牛角尖，纠结对方心里到底某个角落是否住着别人。

蓝色要警惕"自我实现的预言"，不要让自己的疑心把原本美好的关系变得千疮百孔。

> 狐埋狐揎久神疲
> 一步一鬼必完蛋

黄色性格错误做法——一刀两断

黄色最易犯的错误，是简单粗暴地制止。面对这类问题，思维逻辑简单，只考虑两点：第一，"对方还想不想和我过下去"，一旦判断出来对方只是念旧，并没分手企图，就会迅速跳转到第二点——"我希望对方怎么做"。

举个例子，一位黄色女人发现男友和前女友藕断丝连，命令："把她的东西都扔了吧。又不能用，留着干吗？"内心敏感的男友清楚知道"违逆"女友的下场，只得掉着眼泪，把前女友的来信付之一炬，把痛苦埋在了心里。

一位红色朋友告诉我，他的黄色女友在搬到他家住之后，把自己东西理好，放到他家的衣橱及抽屉里，把他的前女友遗留的牙刷、牙杯、洗脸毛巾等全部扔掉。发现衣柜里有一盒用了两只的避孕套，还剩一只，一看盒子上的说明，还没过保质期，于是当晚就给他用了这只避孕套。当他享受完了发现用的是前女友留下的避孕套时，有一种无法言喻的感觉。但黄色女友开心地说："没想到她用的款式跟我喜欢的一样，挺好，没浪费。"

对黄色而言，世上一切事，无非"发现问题"和"解决问题"两步骤。当黄色搬到男友家，发现前女友东西还有遗留，迅速做出判断：为什么这些东西还留着？要么，男友是大条的人，没想着去清理；要么，他还顾念旧情。我该怎么做？

不管是哪种情况，总之这些东西必须清理掉，先清掉再说。黄色务实，对前女友的个人用品，当然直接扔，但是避孕套是独立的物品，剩下的那只，还能用，既然能用，就别浪费，刚好省得去买。黄色，佩服啊佩服。

《何以笙箫默》中，黄色的何以琛与赵默笙相爱，而赵默笙的前夫应晖却一直想把赵默笙拉回自己身边。一次何以琛与赵默笙去酒店没有订到房间，偶遇应晖，应晖看见赵默笙，便热情地要帮她安排最好的房间。赵默笙知道应晖误会她是一个人入住，但又不好意思说，只吞吞吐吐地说："不用了，我们……"然后紧张地看着何以琛。何以琛反而很淡定，笑着说："那就谢谢了，这次来得匆忙，我们恰好没订上房间，那就不客气了。"应晖这下明白了，自己送的房间成了前妻和情敌的爱巢。

是不是感觉很相似？黄色的思维就这么简单直接，动用一切打击情敌的手段，情敌送来的礼，没用的扔，有用的用！

黄色性格正确做法——重视感受

在伴侣想前任这个问题上，黄色心态最值得学习：理性、务实，不会庸人自扰，而且很自信。唯独需要调整的是，在具体做法上，要用更柔和的方式，不可简单粗暴。

否则，虽然看似将前任痕迹清除得一干二净，却可能用力过猛，在伴侣心中留下伤痕，得不偿失。最好的做法是，既坚定信心，又重视呵护伴侣的感受，让伴侣感受到，跟你在一起既安全又轻松，既有力量又快乐。

> 人人自有史前情
> 放置角落妥善存

绿色性格错误做法——东郭养狼

绿色最易犯的错误，是任何情况都完全忽视，危机意识很弱。假如，绿色发现情侣还保有前任物件，或还对前任怀有情感，会当作没发生。这样做，固然不会伤害对方，但也可能任由对方壮大对前任的情感，万一自己伴侣的前任就像电影《前任》那样，确实还想复合，绿色的放任，就会大开方便之门。

一对情侣同居七年，关系稳定。男方有才华，但情感漂浮，女方绿色，无限包容。男方的前女友重新出现在他生活中，经常来家里看他，来了后，两人眉来眼去，绿色在一边端茶倒水，毫无芥蒂。当中，偶有一天不来，男友心气不顺，在家里摔东西，摔完后，叫绿色女友打电话给前女友，问她为什么不过来。女友很神奇，居然按照男友的意思打了电话。

绿色性格正确做法——孰不可忍

这点上，绿色一定要学黄色，小事儿可佛系，大事儿要面对。

比方说，伴侣接前任电话，聊天谈事，很正常。但如果伴侣跟前任煲电话粥，一聊两三小时，鬼鬼祟祟，偷偷摸摸，关门关窗，试图颠覆你们的关系，你还视而不见，除非你打算好随时跟他分开，否则主动权不在自己手中啊。

不如这样，下次你的伴侣再聊得那么欢，你直接出面邀请："要么我们请她一起来过节吧，三个人其乐融融啊。"你看看他什么反应。

你要改变长期以来你的伴侣认为你软弱可欺的印象，尝试反客为主，你来做局，安排一切。我保你这句话说了以后，对方会大惊失色，突然觉得，你变了一个人。

如果对方胆敢尝试性地追问你："你说的可是真的？"

"区区小事，岂敢有假？"

"当真？"

"电话拿来！"你直接接过电话，出面邀请。

"哈喽，小幺，我家大柱很是想念你呢，后天周末清明节，不如来我家一起庆祝啊。"

这招用了，只有两种结局：

其一，他看到你的转变，草容失色，你居然变了一个人，他赶忙说："别别别，这不合适。"从此以后，见你如见鬼。

其二，清明节若前任真的来到你的家中，刚好，摆下鸿门宴，喝下二两酒，大吉的节日啊。若人家两位，真当着你的面卿卿我我，并且力邀你加入，你只需说："两位好兴致，小女子就不入局了，帮你们合影留念无妨。"直接架起事先准备好的装备，且待观摩他们怎生收场。

其实，结果已经不重要了，重要的是你的态度。

说白了，只有一句话告诉绿色：你不喜欢这人，就早点离开；你还喜欢这人，就硬气点，别搞得像个武大郎，别扮得像个童养媳，这样永远得不到对方的尊重和认可。

总而言之，小事儿就是伴侣和前任维持着彼此默契同时你又接纳的尺度；大事儿就是超过了你对情感关系界定的尺度。当然，过问也需有技巧，此事需要好好研习钻石法则，轻忽不得。

眼皮底下勾人郎
真当我是眼瞎人

恋人想前任时
不同性格正确的做法

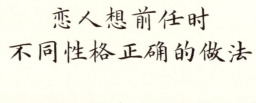

🔴 只做轻松调侃事，莫做至尊三傻题。

🔵 狐埋狐搰久神疲，一步一鬼必完蛋。

🟠 人人自有史前情，放置角落妥善存。

🟢 眼皮底下勾人郎，真当我是眼瞎人。

14 单亲
——如何让不同性格孩子接纳新恋情

一位单身母亲，离婚多年，好不容易找到自己所爱，想让儿子接受自己的男友，但儿子死活不愿，让她每天落三千青丝，问我怎么办。听到这个问题，我很感慨，因为不管是当年在《非诚勿扰》，还是在性格色彩的课堂，的确遇到无数同样问题。

一个单亲爸爸或单亲妈妈，独自带娃，压力巨大，想有新的感情，但孩子若是不接纳这个所谓的陌生人，而家长又不知怎样跟孩子讲理，只好就这么搁置，把自己大好年华都耽误。等父母年华老去，孩子长大悔之晚矣，自己也觉得自己很过分，耽误了自己那个单亲爸妈的幸福。

北京卫视第一季《我是演说家》里，我有个学员，名章早儿，当时这个与癌症斗争的单亲妈妈，在她的自传《你是我生命永远的主角》中提到，不光她自己是单亲妈妈，其实她妈也是单亲妈妈，而她小时候就是那个打死不同意自己妈再谈恋爱的小浑蛋。

印象最深刻的有两个叔叔，第一个叔叔坐长途车，大老远跑来找她妈，知道早儿喜欢洋娃娃，给她买了很多洋娃娃，可惜什么作用也没有；另一个叔叔，会主动帮她补功课，但在她看来，这种行为无异于讨好，我学习这么好，为什么要你来帮我辅导？久而久之，她家里就再也没有"叔叔"这个物种了。

她的这种表现，让她妈很寒心，所以，她妈就一直单身，直至离开这个世界。这件事，是她此生最懊悔的，觉得最对不起她妈。

我曾问她："早儿啊，为什么你那时要拒绝'叔叔'这样一个响亮的名字啊？"早儿说："我觉得自己的爸妈是全世界最好的爸妈，你们都没资格取代我爸，你们也没资格娶我这么好的妈。"就这么一个想法，坚决反对，誓死不从，把自己妈下半辈子的幸福就耽误了。

要命的是，老人家有老人家自己的生活，你不让他有个伴，老了后，他就要天天和你做伴，可是，你还有自己的生活呀。所以，中国有好多脑子糊涂的年轻人，天天反对自己的爸妈寻找新的幸福。最后，不仅赔了爸妈的幸福，把自己的幸福也赔了进去，因为长大后，他会这样暗示自己："我妈为了我终生未嫁，我爸为了我终生未娶，那我就要陪他们到终老。"结果老人家还没走，自己就慢慢变老啦。

以上这些是题外话，我就是想表达一下，作为子女，我们应该鼓励单亲的父母找到新的幸福，至少你无权阻止。

可是现在，如果你是一个单亲父亲或单亲母亲，还领着孩子，你想谈新恋爱，假设你已经解决了你伴侣对孩子好的问题，可你害怕自己的孩子拒绝，当你把你现在的对象介绍给孩子时，该怎么说呢？

你必须首先搞清你自己的孩子是啥性格，根据你孩子的性格采取不同对策（更多教育孩子的方法，详见《性格色彩亲子宝典》）。

>> 不同性格的孩子听说父母恋爱时的反应

四种不同性格的孩子，听说自己相依为命的父母有了新恋情，其反应和感受截然不同。

♣ 红色性格孩子——不爽和难受

像前面早儿小时候的反应一样，单亲家庭中，孩子对父亲或母亲的依赖，比一般家庭要强，而红色依赖性最强。他觉得一旦有人进入这个家庭，自己和亲爸或亲妈的情感就会被破坏，会不会以后有了新人忘旧人，就会冷落了自己。万一以后再生下一个弟弟妹妹，自己的地位就更加岌岌可危，可有可无。而且，红色内心总在幻想美好的事物，也许爸妈离婚多年后，说不定会有复合的一天。新恋情的出现，无疑是对美梦的一场颠覆。

■ 蓝色性格孩子——不安和怀疑

蓝色规则感强，会在已经建立的习惯中循规蹈矩地生活，任何新变化的产生，开始都会带来不安，何况是家庭关系的重大变化。对新出现的这人，蓝色孩子会有强烈的陌生感、距离感、排斥感，非常不愿靠近。

▲ 黄色性格孩子——反弹和质疑

黄色天性中目标感强，感受他人感受的能力超弱，对他来说，这个新叔叔或者新阿姨的进入，让他会有领地被侵犯的感觉，并且内心质疑，这个新来的人会对我们好吗？能给我们家带来什么？

● 绿色性格孩子——接受和观望

绿色是四种性格孩子中，最容易接受大人安排的。新人来了，"哦，好吧，那就这样吧"，但这并不表示他会和新来的叔叔或者阿姨很快熟络，或处得特别好。他只是听天由命，不多说什么，继续自己原有的生活轨迹。

>> 如何让不同性格的孩子接受自己的新恋情

红色性格孩子——给予快乐

前文所提早儿，因她自己当年拒绝了妈妈的男友，所以，当她摇身一变做了单亲母亲时，也怕孩子拒绝自己的男友，不同的是，她的小男友进过性格色彩课堂，知道怎样搞定早儿红色的孩子。

他知道红色孩子喜欢快乐好玩的事，喜欢互动和赞美，所以，他就主动陪早儿的孩子聊天，并且只聊孩子感兴趣的话题，对他做出来的成绩，不管大小，时不时赞美和认可，这比你送他几个超大的变形金刚要有用得多。久而久之，早儿就发现，男友居然和她儿子睡在一间房，亲如兄弟。如今她已经结婚，并且有了第二个孩子，非常幸福。

《我的前半生》里，女主角子君离婚，带着儿子平儿，男主角贺涵因为同情而帮助她，关系渐近。因为贺涵一直非常关心平儿，给他买礼物，过生日，不断把快乐带给这个孩子，所以，红色的平儿很快就接受了贺涵，和他关系变得非常亲近。贺涵在赢得平儿的心的同时，也打动了子君的心。

> 陪你吃喝拉撒睡
> 只为快乐嘉年华

蓝色性格孩子——默默付出

如果你家孩子是蓝色，你要有持久战的心理准备。在四种性格里，蓝色很难快速接受新人新事，并且对过往属于自己但已失去的会念念不忘，他自己长大后，选一个对象都要深思熟虑花好长时间，更何况你现在要介绍给他一个人作为新家庭成员，难度可想而知。千万别指望，之前对红色孩子的方法对他同样有效，因为那些所谓的认可啊，赞美啊，互动啊，聊天啊，送好吃好喝的，在蓝色孩子眼中，是很低级的讨好行为。他会认为，你这是耍手段，不真诚，你对我都不真，对我妈肯定也好不到哪儿去！

到底应该怎样搞定蓝色孩子呢？

性格色彩传播大使单亲爸爸祥子，在参加复训时在课堂上分享，他带着自己女友一起学过性格色彩后，女友知道他孩子是蓝色，几乎很少在孩子面前出现。但是，一直暗中给孩子照顾。比如，趁孩子不在家，帮着把家里所有的衣服熨平，给家里布置些小巧的植物，买些孩子感兴趣的课外读物放在书柜，经常做点好吃的，不声不响地送到学校当午饭。

蓝色孩子完全能察觉出这人的存在，而且很清楚，这根本不是老爸这种粗线条的人会做的事，老爸也没能力做出这种菜。时间长了，这个神秘女人在孩子心中的印象分一点点增长。两年后，祥子在家里做完饭，跟孩子一起吃饭，孩子突然对他说："爸爸，你炒的这几道菜，不如我上次在学校吃的那几道好吃，要不以后你别做饭了，换个人帮咱们做吧。"

他瞬间泪崩，蓝色孩子说话都委婉，这看似平淡的一句话，其实就证明，这个孩子早就默默地观察，只是需要时间的考证，知道你为此一直在默默付出。现在，已经打开心门，准备正式接纳父亲的新感情。

化作春泥更护花
视如己出暗香来

黄色性格孩子——说明利害

黄色孩子很有主见，他认为正确的事，即便你当爹当妈的反对，也要去做。他不喜欢的事，你要是不掌握正确的交流方法，苦口婆心，说上半年都没用。但是，黄色天性中目标感很强，能清楚地知道做什么有好处，做什么根本没好处。

如果你想要你的黄色孩子接纳你的新恋人，你需要特别强调，这人能给你俩现在的家里带来啥好处。通常黄色孩子比较早熟懂事，你要明确告诉孩子，找这个叔叔或阿姨是对我们这个家负责任，你可以用示弱的方式告诉孩子，你也需要有一个人来共同承担这些责任，这个叔叔或阿姨在哪些方面是非常优秀的，要具体强调这个人有什么优点，接下来会对孩子造成怎样的影响。

你可以告诉他，这叔叔人很好，很愿意为妈妈付出，如果他来家里，可以天天接送你上学；这叔叔是大学毕业，数学特好，来了以后，可以辅导你的数学，可以让你数学成绩考第一；这叔叔来了后，妈妈和叔叔两人一起努力，我们家可以早早住上大房子，里面可以有你的儿童专属房间……

面对黄色孩子，要给他拿出实际行动证明，只要他看到确实因为叔叔的到来，家里越来越好，他自己就会改变对这个叔叔的态度。

与此同时，须知，黄色孩子的占有欲很强。你不能让他感受到自己的妈妈被霸占了。无论何时何地，他，这个孩子，仍然在这个家庭中有举足轻重的作用，万事要和他商量，让孩子觉得自己被尊重。

> 家有新人做苦工
> 学习生活都轻松

绿色性格孩子——制造机会

在四种性格里，最没主见，也最不会反对别人的，就是绿色。

你可以想象，阻止爸妈找对象这事，不会出现在绿色身上。如果你想把对象引荐给他，希望孩子接纳，你无须像对黄色孩子一样，去分析好处。只需要多制造机会，让新恋人和孩子多多相处。

在恋人这边，你可以事先和他招呼，咱家孩子比较被动，其实性格温顺，不要因为他不出声不行动，就误以为他不接纳你。其实，你可以主动多带他出去玩，蛟龙得水需有水，这"水"就是你要主动，你不可能指望孩子主动。在孩子这边，你可以告诉孩子，妈妈真的希望你和叔叔尽快熟悉，你遇到什么问题，都可以请叔叔帮忙。一定要通过你的牵线搭桥，想法创造机会，让绿色孩子和你恋人之间的依存感越来越强，一旦他俩的这种依存感建立，你就可以高枕无忧了。

> 水舟双方皆就位
> 顺水推舟只需风

许多人会抱怨自己的孩子不懂事，不让自己迎接新的生活，于是在无奈和愤慨中，让自己孤独终老。但其实，问题并不在于孩子，而是你没有采取主动策略，学会用正确的方法，让孩子接纳这位全新的家人。

每个人不管年龄大小，都需要爱，孩子需要有很多可靠的亲人，来帮助自己在不同年龄阶段的成长，不要因为孩子一时的阻拦，而轻易放弃争取的机会，不然等孩子长大了懂事了，你和他，两个人都会悔之晚矣。

如何让不同性格孩子
接受你的新恋情

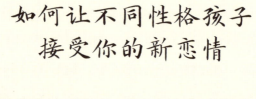

🏃 陪你吃喝拉撒睡，只为快乐嘉年华。

💐 化作春泥更护花，视如己出暗香来。

🧍 家有新人做苦工，学习生活都轻松。

🛕 水舟双方皆就位，顺水推舟只需风。

恋前

恋中

恋后

15
分手
——如何顺利地和不同性格友好分手

　　但凡谈过恋爱的人，少有人不分手。要么你分别人，要么别人分你，出来爱，总要还的。

　　作为一种令人伤心的经历，被分手，对强大者，可以重塑价值，会激发奋进的动力；对脆弱者，可能重创自我，在漫长岁月中，都无法相信爱情。一段感情能不能成为美好回忆，分手，作为情感链条的最尾端，能起到一锤定音的效果。分得好，相互作揖，各回各家，各寻新欢，各走各路；分得不好，刀剑相向，反目为仇，鱼死网破，同归于尽。

　　分手时，你要考虑的因素之广，远超恋爱时的无脑。由此可见，天下男女，放情容易收情难啊。

　　你要认真考虑分手的地点。选不好，你会疯。比如，一个小哥选择在餐厅分手，女友当场号啕大哭，结果，餐厅众人都以为女友被小哥求婚后幸福得大哭，然后，集体用微笑赞许的眼神，开始情不自禁地鼓掌，向这对即将奔入殿堂的新人表达内心祝福。

　　你要认真考虑分手的时间。选不好，你会上吊。比如，"嘿，我有件事想和你说。""哦，我也有事和你说。""不如我们同时说？""1，2，3。"结果，悲催了，两人同一刻，分别说出了下面的话——"我们分手吧。""我怀孕了。"

　　正常情况下，不选择两人的纪念日（初见日、定情日……），不选择两人的纪念地（邂逅地、许愿地……），这应该是分手者对被分手者保持最起码人道主义精神的一个底线。当然，不排除你俩都是网红，想借分手赚一波观众的眼球，发愿要将这场分手搞得轰轰烈烈，终生难忘，你特别精选了纪念日和纪念地，这是你钟情于宏大意义叙事风格的体现，我就不阻拦了。

如果你不具备张弛有度的把控能力，在提出分手的时机选择上，一定要认真思量，至少要事先予以铺垫，莫搞突然袭击。人家姑娘昨天准备了今夜跟你恩爱的鸳鸯被单，你突然说出一骑绝尘的话，万一姑娘心脏不好，谁来担责；小伙为了给你生日惊喜，耗上两年的积蓄特意用你的名字打造一把专属吉他，准备今晚在床头弹唱给你，结果，你突然带着新人出现在他面前，介绍给小伙，让他死心，这些操作，小伙会很生气，后果会很严重。

在影视剧中，"分手"也是恋爱的催泪必杀。

有些是幸福的分手。影片《分手合约》里，何俏俏得了白血病，男友求婚，她不忍让男友孤独终老，跟男友说了狠话，主动分手。她痛心疾首的那一刻，灵魂是升华的，为了爱人牺牲自己，无比高尚。这种牺牲者的自我感动，即便到了天堂，也会幸福相伴。

有些是柔软的被分。影片《奔爱》里，苏乐琪和男友长期异地，男友提出分手。为了忘掉男友，她远赴日本，到男友生活过的城市，走过男友提的地方，用这种方式，在心里将他远送。

天下的分手，若都像这两部影片是如此温馨，就好了。若双方爱意消退，都有离别意，两人都拿得起放得下，分手当然没啥难度。可惜，现实的分手，往往是一方要分，一方不放。所以，分手难就难在既要明确结束，又要避免伤害自尊。毕竟，彼此曾爱过。可惜，很多人在分手处理上，由于不懂人性，做出很多错误行为。

>> 不同性格说分手的方式

♣ 红色性格分手——生气就分

红色最易冲动。吵着架，一气之下就说"分手吧"，对方说"分就分"，说完，扭头就走。过了两天，红色后悔了，哭喊着要复合，结果，人家可是当真的，傻眼了吧。

有些红色，本想用"假分手"来求关注。没想到一旦拉黑对方，对方也把红色给拉黑，过了几天，发现人家不接招，充满焦虑，像无头苍蝇一样，到处去找双方的共同朋友，寻求对方的消息。所以，如果你是红色，要告诉自己，分手的事上，人家未必拿你当孩子，凡事三思而后行，天天喊"狼来了"，狼是一定会来的。

最重要的诀窍是，红色务必注意，绝不要在情绪激动时做决定，尤其吵架时大脑一热，最易做让自己后悔的决定，还容易伤对方的心。真有问题，冷静下来，好好聊。能解决，就解决；不能解决，好聚好散。

在这方面，有"控制情绪五步诀"可为红色安身立命保不死。所谓"生气不见人，见人不说话，说话不议论，议论不决定，决定不行动"。啥意思呢？

第一步：激动的时候，就一个人待着静一静。

第二步：实在不得不见人，就闭嘴，做一天哑巴，尽量别说话。

第三步：不得不说话，就说些可有可无的"天气真晴朗，麻雀西北飞"这样有气无力的废话，别一开口，就唠叨碎嘴骂人宣泄。

第四步：实在忍不住骂了娘，那别做决定，"我要跟你分手"，这种气头上的决定一说，气氛就尴尬了，逼得对方不得不做回应，而你开了口，不做，你也不好下台，进退两难。

第五步：如果你真开了口，还有最后一招能保你不死。破了这招，你就完犊子，自作孽不可活。这招就是，你可以真说，但千万别去做，你说"搬出去"，就真收拾铺盖搬出去，还咋回来呢？

所以，大多数红色，都是被自己的情绪活活作死，怨不得人。

当被分手时，红色会呈现以上的恣意性情；但分手时，红色有时会选择拖延逃避。

因为红色害怕自己说出"分手"二字，让对方受伤，尤其害怕对方的哭泣和无辜的眼神。当红色不爱一个人时，内心总等着别人主动开口说分手。这样的话，一来自己内心没啥罪责，二来免去主动开口的尴尬和痛苦。事实上，这是一个极大的错误，因为拖延和逃避，可能带来更严重的后果。

譬如，早想分手，一直拖着不说，人家以为感情没问题，还认真规划了彼此的未来，结果，一旦发现原来红色的魂早就没了，会强烈感觉被欺骗，对红色深恶痛绝。影视剧里，你常看到，女子不爱男子，心中早爱上别人，但她不敢跟男友说，怕伤害太重，于是，两人在煎熬中浑浑噩噩，而她心里真爱的那人，也擦肩而过。看似用情至深，其实对双方都不负责任，对谁都不好，还不如第一时间把话说清。

■ 蓝色性格分手——冷战缓分

蓝色，就算感情真出问题，也不轻易说"分手"。就算分手，也要分得完美。

蓝色一般先用冷战做缓冲，直到真的想清楚。可惜，等到蓝色想好，人家可能早有了新欢。

红色男生张云，学性格色彩前，不知女友小宁是蓝色，只觉得小宁有话老憋着。

恋爱时，两人逛街，张云一个人开心地走在前，走着走着，小宁不见了，远远落在后面，他就放慢速度等着。

小宁过来，他就问："怎么走这么慢？"

小宁答："我怕我走太快，你赶不上。"

人家姑娘不直接骂他："你怎么不顾别人！你自己走这么快！"而是反着说话，把他活生生噎在那里，让他不知怎么接话。

有一次，两人吵了一架，大概有一个月女生没跟他联系。红色的张云以为这肯定是分手了呗。没过多久，张云有了新欢。半年后，他工作调动，换了手机，常会接到一个号码打来的电话，但对方就是拿起话筒不说话，特别诡异。他就从朋友中打听这个电话是谁打的，结果发现，居然是小宁！

小宁再打电话，他就直接问："你怎么总打电话过来不说话啊，我们不是已经分手了吗？"

小宁说："我们分手了吗？"

张云疑惑："我们没分手吗？"

小宁说："我们什么时候分手了？我们说过分手吗？"

张云振振有词："你当时一个月都没联系我，这还不算是分手吗？"

小宁一句话不说，挂掉电话，从此，再也没打电话来。

如果还没想好要不要分，蓝色最好能第一时间告诉对方："我感觉我们的感情出了问题，但我还没想好要不要跟你继续，我希望我们可以冷静一个月，重新考虑这段感情。"这样说，对方起码知道你在想什么，也会认真考虑是否要证明或为你做什么。但当蓝色心里想着却不说，也不联系对方时，可能这个信号的释放，对方会有不同理解，认为"联系都不联系，完全没机会了"。此后，只能造成千古憾事。

▲ 黄色性格分手——想好就分

黄色，最不相信眼泪，即便分手难过，也会把自己的情绪隐藏，不让别人发现，但多数时候，会忽略对方，让恋人觉得冷酷无情。

一个学员，前男友是黄色。每次她闹分手，男友都直接说，你先冷静下，等你冷静了，我们再说，从不哄她。闹了几次，男友直接跟她说："别闹了，分手吧，既然你跟我在一起这么不愉快，还不如分手。"说完电话就挂了。

等女生反应过来，给男生打电话，男生已经关机。再打，始终不在服务区。她顿悟，男生已把她的电话加入了黑名单。她不死心，换了手机再打，接通后，一听她的声音，就挂断。她托闺蜜替她打电话约，希望最后见一次面，即便不能在一起，也好好谈一次，没想到黄色男友跟她闺蜜说："你朋友是神经病，最好送她看医生。"

为此，女生难过了一个月，后面再恋爱，一直有心理阴影，尤其打电话时，如果信号不好被对方挂断，她都特别敏感，感觉是不是自己做错了什么。

黄色这么做的内心想法是：其一，觉得跟红色谈不出名堂，必定会像过去一样重复剧情，不愿陷入反复纠缠，不想再做无用功；其二，既然已分手，就莫再有任何藕断丝连，说清楚就好，不存在留恋，当然，无须联系。

可惜，生活中，不是所有人都像黄色一样，能快速从痛苦中拔出。尤其面对最难从情绪里走出的蓝色，面对必须通过反复发泄才能从情绪里走出的红色，黄色一定要有极大的耐性去沟通，不过可惜的是，生活中的黄色几乎都做不到这点。

● **绿色性格分手——忍着不分**

绿色几乎从不主动跟别人分手，不到万不得已，不会走到分手那步。原因有二：

其一，绿色最核心的动机是稳定，能不变就不变，绿色认为，过得好好的，干吗分手。对方再暴的脾气，到绿色这里也会化为乌有。所以，跟绿色相处，感情最稳定，最不易说分手。

其二，绿色一生中，说"不"是最大的挑战。作为不会拒绝的人，宁可自己忍受，也不愿发出"不"这个音节。好比，出租车司机播放了无聊嘈杂的音乐，绿色早就头大，但也不会要求关闭，甚至不好意思要求降低音量，担心自己说出来，会让对方不爽。为了不让司机不爽，干脆自己不爽吧，反正自己在车上时间也不算太长，最多也就一小时，忍忍呗。

当两人关系出现问题，绿色无法提出时，只好无声无息地断了联系，过了一阵，人家发现不对，主动来问，绿色还支支吾吾，语焉不详。如此下去，要么对方觉得没劲，不再找他，无疾而终；要么拖到家人介绍新对象，被恋人发现，一通发泄，无奈分手。

>> 如何和不同性格谈分手

说分手，最难的就是，你已经不爱了，但人家还爱着你。"分手"二字，说，怕伤对方；不说，自己难受，话在嘴边，又咽下去，左右为难。

有时，拖到最后，就像《失恋33天》里黄小仙的被分手，在平常普通的一个晴天，突然发现，男友跟闺蜜在商场互试香水，就这样，她反而神奇地变成了男友和闺蜜间的那个第三者。而这一切，就是因为前男友和闺蜜两人相爱后，怕她受伤，一直不说，拖到最后，被她活捉现行。这种精彩的画面，伤人更狠，戳人更痛。

那么，到底如何说分手，才有可能做到一别两宽，各自欢喜呢？或者，至少让彼此可以冷静对待呢？

和绿色性格说分手

绿色可能是所有性格里，最容易接受你提出分手的。

绿色情绪平稳，凡事考虑对方感受，即使内心波澜，也只会多问几句："你真的想好了吗？"如果你跟他说明白，让他知道你这个决定是认真的，想清楚的，那么他也会忍痛割爱。

对绿色提出分手时，不需长篇大论，不需刻意施压，只需说明自己的决定，做出妥善安置即可，并且给绿色提供些必要的建议。总之，恋爱不成仁义在，勿要让别人以为你狼心狗肺，因为绿色人畜无害的外表，实在太容易得到不明真相的外人的同情。

> 直言不讳道来意
> 身后安排已妥当

和黄色性格说分手

黄色较易反弹，你跟他说分手，第一反应是"凭什么你跟我说分，要说也是我说啊"。所以，跟黄色说分手，要给足对方面子，最好能让对方主动提分手。

有很多做法，可以让黄色和你主动提分手，但前提是，你真的想分手。

最直接有效的方法，就是让这个黄色讨厌你。黄色越不喜欢的事，你做得越起劲，这是破坏你在黄色心中美好形象的最佳方法。譬如，黄色非常讨厌自己的恋人手无缚鸡之力，什么事都依赖自己，那你就要充分展现自己在生活上的不独立。保姆回老家三天，你可以从酱油放在哪里到烤箱该怎么用，不厌其烦地问上十次；黄色非常讨厌自己在工作时被人干扰，那么，你就可以选择在他工作时，不停地夺命连环call，成为一个有情感依赖症的擅长折腾的作男作女；你越严重干扰对方工作，黄色越会快速定论——你不合适！当你拉低了黄色对你的期望值，黄色会主动和你开口的。总结起来，就是自毁形象，抛弃"女神"包袱，忘记"男神"二字，努力让自己成为一只讨厌烦人的小蜜蜂。

一个学员，男友是黄色，长期工作在外，非常忙。时间久了，她觉得恋爱没什么意思，想分手。当她每次想沟通时，男友就说自己很忙。女生打电话的频率，从每天一次变成三次……直到最后，吵得不可开交，半个月无联系。男友有一天突然打电话说："我们分手算了，经常不在一起，也没什么意思。"女生说"OK"，一切结束。

只要能让黄色保有面子，直接说分手，可能是最快的方法，虽然当下那个瞬间，他可能会反弹，但冷静下来，黄色会衡量坚持两人在一起是否对自己有意义。如果你的放弃很坚决，并且他认为无法拿捏你，坚持的意义不大。罢了，与其拽着不放，不如把时间改投他处。

那么，怎样跟黄色说分手，能给足对方面子呢？

小丽跟黄色男友谈了段时间，认为两人感情不和，决定分手。刚好课堂上，其他同学分享了钻石法则，小丽回去，就照猫画虎用了一下。

她跟黄色男友说："水哥，我知道你正积极忙事业，打算积累两年经验后，开始创业，这个目标挺适合你的，你需要有人帮你把家里料理好，做你的贤内助，最好能分担些事务性工作，帮助你的事业。但是我呢，只想过小资生活，每天逛逛街，买买东西，我不擅长做家务，也不喜欢学，对公司里面的财务行政一看就头疼，真的是完全学不进。我已经没办法在你未来生活中帮到你了，而且跟着你这样过，你没时间陪我，我也过得不开心，不如我们各自去过自己想要的生活吧。你觉得呢？"

那个黄色，考虑了一支烟的工夫，同意了。

须知，当你在跟黄色谈分手时，有时更像在跟合作伙伴谈散伙。因为黄色确定恋爱关系时，不仅考虑情感，也考虑利益绑定，相互支持协作。所以，谈分手时，如果让黄色觉得恋人对未来已没有任何长远意义了，不能共同成长，不能共同进步，那么，合则两败，分则两利，他们就会理性考虑分手。

在这个钻石法则的使用中，最困难的，其实是当你的性格中同样有黄色。

如果你的性格是黄色，或者红＋黄，你会非常艰难地面对以上这段文字。最大的难点是，你会觉得由对方来提出分手，对你是屈辱，明明是你想跟他分，为何要变成他跟你分呢？你觉得面子上挂不住，你觉得尊严受不了。可是，当你这样想的时候，你是否想过，其实黄色的对方，也是这么想的。

假设对方是个在乎面子和尊严的红＋黄，就应该把分手的主动权让给对方。

假设对方是个在乎输赢的黄色，更应该把分手的主动权让给对方。

假设对方是个不注重表面，只看重里子的黄色，对情感关系看上去也没那么在意，那么，你可直接提出分手，并且明确告知分手后还可继续有哪些事业配合。

是的，你没看错，我说的就是这个意思。分手后能不能做朋友的关键，就是——性格！红色分手后，短期内无法成为朋友；蓝色分手后，一生都无法成为朋友；只有黄色和绿色，分手后，还有可能成为朋友；而"感情不在买卖在"这句话，就是专为黄色准备的。

如果你不懂性格，你是个非常注重感情和情绪的红色或蓝色，有两种情况都会让你非常痛苦。

其一，为何黄色分手后能那么绝情？为何他的心肠能那么硬？你分手后对他无比思念，你发信息给他，人家从不回复，似乎人家生命中从没有过你这样一个痕迹，果真是"天亮之前漫旖旎，天亮之后说分手"。你会不会觉得自己瞎了眼？我的朋友，请不要这么想，那只不过是黄色的天性，他们有能力把情感和现实，瞬间完全切割。

其二，为何黄色分手后能那么若无其事？因为昨天你是恋人，今天你是客户，既然恋人已无法挽留，那为何要让已经发生的失恋损失牵连到工作损失呢？对黄色来说，真正的成熟者，随时可以剥离情丝；一个因情绪而干扰事业的人，是不负责任的人。故此，在黄色看来，昨夜你我春风消愁，春风去，情义散，今日你我携手并肩，踏山河，赢斗金，这才是大大的仁义，这才是大大的正确，若是因为分手，连朋友都没得做了，岂非是天大的亏本买卖，不干。

所以，我亲爱的朋友，切记，分手前，你对性格的洞察和精准判断很重要！

这就是我为何一直苦口婆心地强调如果你没有在课堂上认真学习，你没有让自己掌握真正的洞察，你对性格的判断万一失误，会让你付出无数血泪的代价。对不起，我说错了，这不是最关键的。生气的是，会让你付出无数金钱代价，会亏很多钱，会浪费很多时间，到时候你会肉痛的。

> 给人台阶颜面下
> 任你开口被你踢

和蓝色性格说分手

跟蓝色分手，最忌讳的是不告知原因。当你不告诉原因时，蓝色会无穷无尽地猜测，痛苦不堪，当实在无法凭借自己的思考得到答案时，必会打破砂锅问到底。到了这一步，你在追问下，被动说出答案，人家会怀疑，为何你开始不说明，这时，你会陷于被动，很难自圆其说。最终，这次分手，会成为你们彼此噩梦般的回忆。

如果你真想跟蓝色说分手，可以直接告诉他原因。

如果想要他心里好受，可以说明分开的原因，不要让对方整日沉浸在无尽的思考中。但是，如果蓝色真的爱你，即使你们分手，你也阻挡不了他持续的感情，为此，你无须太过愧疚。如果你对这人已经没有爱，你的留下，是一种施舍和怜悯；你的离开，是一种尊重。

告诉蓝色分手理由和结果，通常，会有两种情况：

第一，无法跟你继续讨论的理由，立即分

常用台词：<u>"我妈不同意我们一起，对不起，她独自一人把我拉扯大，我不能让她伤心。"</u>

当你说出这句话，蓝色的想法是：你都这么说了，我还能说什么呢？你不能让你妈伤心，可你，却能让我伤心。真好啊，相恋一场，如此结局，既然如此，你就去做你的孝子吧。如果你心里还有爱，你是不是至少应该跟我说"妈妈反对我们在一起，我们讨论下应该怎么努力"，但你现在这样跟我说，我觉得我也完全没有任何努力的必要。罢了，就这样，散了吧。

所谓无法继续讨论的理由，意思是，你这个理由一旦说出，让蓝色无法接话。试想一下，难道你说了这话后，蓝色回复你："为什么你妈不同意，你要试图说服她啊！"这样的话，打死他们也说不出。一旦说出，会让他们觉得自己特没尊严，舔狗式的爱情让他们无法接受，这逾越了蓝色做人的原则和底线。

第二，可以跟你继续讨论的理由，延长分

常用台词：<u>"我太穷了，配不上你，分了吧，不想拖累你。"</u>

这种分手的说法，不但无法让蓝色信服，反而会引起他各种猜测不满。正常情况下，你俩的关系只要不是露水情缘，当蓝色听到这话，心里的想法就是：你这不是在侮辱我吗？我有介意过你穷吗？如果我过去流露过对你的嫌弃，你这样说，我情有可原，关键是，我从来没有介意过，并且我也愿意和你一起努力，你这样说，

是什么意思呢？

这种说法，对蓝色而言，完全不能接受，认为这是你的欺瞒，不是你要分手的真正原因，蓝色会继续追问。记住，蓝色需要的是一个真相，需要给这段情感一个交代，一个说法，否则很难面对自己。

常用台词："我现在没空谈恋爱，我要努力赚钱，先攒面包，爱情以后再谈。"

当你这么说的时候，蓝色最有可能的回答就是："没事，我等你，我有打扰过你赚钱吗？我会陪着你一起赚钱的。"请问这时，要分手的你，该怎么办？你这样的说法不仅不会达到分手的目的，反而会坚定蓝色和你在一起的意愿。

蓝色会判断你的理由是真的为他好，还是为你自己好，还是你找出来这个理由只不过是为了搪塞和欺骗。

所以，现在你明白了吗？蓝色的想法是：

你为了我好，而要跟我分，我会一直和你在一起。

你为了你好，而要跟我分，给我一个真理由，我会理解，我会如你所愿，分。比如，你跟我说"我已经不爱你了"，一旦我知道是真的，我难过，我痛苦，但是，我能接受，天下爱情，本就分分合合，你能说出来，我谢谢你。

你为了你好，而要跟我分，给我一个莫须有的假理由，这不仅侮辱我的智商，也玷污我对你投入的情感，我知道迟早要分，但我绝不接受。蓝色很清楚，分，只是迟早的事，但分手周期会被大大延长。

> 百般借口皆不需
> 真心面对推诚见

220

和红色性格说分手

红色，最容易在分手中出现情绪，刚开始你说分手，以为你是闹别扭，最后才反应过来："难道是真的要分手了？"

和红色分手，有两个忌讳：

忌讳一：争论

当你分手时，不要以任何方式去责怪对方。如果你估计他会反应过激，切莫喋喋不休地争论。即使对方真的是你在这段关系中痛苦的罪魁祸首，分手时，也不要因此再发牢骚。

有的时候，发泄本身，对有些情感不成熟的红色而言，是缓解自己痛苦的必经途径，否则被分手时，会疯的。在本书"失恋"一章中，我阐述了，如果你被分手，应该以怎样的心态面对，才能不伤自己也不做傻事。但是，作为分手者，在本文中，我需要向你强调，如果被分手者对你没有直接伤害或具有潜在可能的伤害（互联网时代，人心叵测，分手者也需要学会自我保护），首先得理解红色需要情绪发泄，当你真正掌握性格色彩后，你会发现，很多人做出的匪夷所思的行为，只不过是性格使然。

有一个男人，人间蒸发了，红色姑娘觉得自己莫名地被分手，非常生气，一气，就钻进牛角尖，一定要找到他，当面质问他到底是什么意思。然后，通过各种渠道掘地三尺，辗转折腾，飞了好几个城市，人生第一次坐了凌晨2点人山人海拥挤着全是返乡男人的绿皮火车，还有不知趣的男人不时过来搭讪，要不是列车员好心陪着，也会惊恐于自己会不会被卖到哪个犄角旮旯。最后，的确在五星级酒店找到这个男人，男人见面第一句话，就凶狠地说："你为什么把包放在我凳子上？没看到我在工作吗？"一瞬间，红色女孩释然了。

这个场景，表面看上去什么都没发生，但从红色女孩开始寻找男人到他说完那句话，每分每秒，这个女孩都在心里歇斯底里地发泄着。这个过程，在外人看起来，红色女孩是不是有毛病啊，是不是傻啊，啥都不说，折腾半天，就是为了这样一个结局吗？又没有复合，也没有得到一个说法，干吗呢？脑子被枪打了吗？

如果你真正能读懂人心，真正进入一个红＋黄的内心，就会明白，所有的红＋黄内心都有"证明"的需求，证明我是对的，你是错的。不是我配不上你，而是你瞎了眼，没有看到我的价值，不是我错过了你，而是你错过了我。这番折腾，对姑娘来说，她足以对自己的内心有个合理的交代，我努力过了，我对得起自己的爱情，既然他不珍惜，算了，我也没必要自我作践。

《世说新语》中，王子猷雪夜访戴的故事也是同理。大雪天半夜兴起，费尽周折走了一天去看朋友，到了朋友家门口，也没进门，扭头就回家了。人家说，大兄弟，你傻啊，都到了门口，咋不进去呢？人家魏晋名士耸耸肩，兴致来了，想去就去，兴致消了，就不进去，这不是很高级吗？王子猷心里想的是，和你们这种没文化的人无话可说。其实，在刚才的故事里，姑娘的想法有异曲同工的味道，我要对得起我自己，我就是要个说法，说法我拿到了，结果有什么重要的呢？

所以，切记，红＋黄在被分手后，需要找到自己情绪的发泄点，作为分手者，你要理解人家的心情。毕竟，你已经从爱情中先走了出来，人家暂时还没走出来，你一个先出来的人要照顾一下掉队人的心情（性格组合，对刚学性格色彩的朋友来说内容太深，详见《性格色彩原理》和《性格色彩卡牌指南》）。

可惜，现实生活中，人们和红色分手的时候，多数做法是：

只见宾主双方举行了剑拔弩张的会谈，互相致以了非常恶毒的问候。会谈在热烈但极不友好的气氛中举行，双方回顾了多年来的恩恩怨怨，并就共同感兴趣的对错问题充分交换了意见。甲方重申了在分手问题上自己是正义的一方，并且表示一定会坚定不移地主张这一原则；乙方则高度批判了甲方在分手问题上欲盖弥彰、指鹿为马的邪恶行径。之后，宾主双方还继续就谁在分手中该承担主要责任，谁在分手中是最大伤害者，以及其他共同关心的重大问题深入交换了意见。双方就谁对谁错的终极决议，自始至终，都未达成共识，最终双方一致决定，应以更大的决心和勇气，更多的投入，不换时间，不换地点，继续深聊，坚持下去，不谈个水落石出，不谈个昏天黑地，绝不偃旗息鼓。为了给自我内心一个交代，为了给美好未来一个说法，为了给崇高爱情一个结尾，而誓死谈判到底。

似曾相识吗？你做过这样的事吗？各位男女施主，回头是岸吧。

忌讳二：急刹车

和红色分手后，要避免瞬间成路人。很多人知道红色是无法控制情绪的牛皮糖，为避免正面面对，采取短信不理、电话不回，千年无音，从此与君绝，但遗憾的是，这只会让被分手的红色更加狂躁。

因为红色情感依赖强，脱离情感后，精神虚脱，会无力支撑自己最难熬的情感虚空岁月，所以在红色找不到足够寄托或宣泄时，依旧视分手者为自己的全部，竭力挽救，号啕大哭，以情感人，希望分手者有一丝回心转意，好歹也是救命稻草。

如你稍有回应，稍有心软，稍有同情，红色一定会借坡下驴，挖心肝地告诉你没你会如何活不下去云云，然后你俩云雨一番，恩爱如初，可问题没解决。很快，便再次回到分久必合、合久必分的循环。当然，如果你喜欢这样的游戏，就不必再看本文。

如果你还希望跳出一个你始终无法逃脱的怪圈，希望获得内心的自由和力量，那就要明白以下两点：

1.时间是最好的解决问题的良药

红色的狂躁，会随着时间的延展和新恋人的出现，逐渐减少，但是，你们毕竟在一起亲密生活过一段时间，让红色觉得能够逐步退出你的生命，比一刀切更有人情味。对你来讲，最重要的是平衡，怎样让对方真的明白你内心对分手一事的坚定，同时，你要避免人家把你当成生命中的假想敌，这一切，都需要你有运用性格色彩的平衡力。

黄色的性格色彩传播大使菲姐，遇到一个红色男生，知识文化层次高，家境好，阳光帅气，后来发现小男生不成熟就直接分手。菲姐分手后的做法，就是万事不回应，结果导致受伤的小男生在圈子里开始传菲姐这人"自命清高、冷漠无情"，越到后来越不堪，私生活混乱等流言蜚语漫天遍野，给菲姐的工作带来很多不必要的麻烦。

被分手后的红色，最需要的就是感情寄托，需要有知心朋友在身边陪伴并且安慰，直到走出这个情绪。好在红色情绪来得快去得也快，等到情绪释放完，明白再挽留也于事无补时，渐渐就好了。你实在不知自己如何安抚，可参考下小罗的做法。小罗的前女友是红色，分手多次未果，朋友尽人皆知，最后，忍无可忍，下定决心，分了。小罗担心女孩情绪不稳定，就跟女孩的朋友们认真说了两人分手的事实和自己的苦恼，并请她们以后多照看这个女生，女孩的朋友们表示理解。当然，小罗还委托了自己的死党没事去关心下自己的前女友，当然，这种做法需要承担你的朋友和你的前女友相好的结果，一切皆有可能。假设你做好了心理准备，未尝不可。

总之，刹车要慢，留好足够的制动距离，和红色分手，软着陆比硬着陆更合适。

2. 尽力维护被分手者的尊严

分手有时难免情绪激动，须提前预防自己口出怨言——维护恋人尊严，也就是维护你的尊严。"我不再爱你了。"——这样说，没问题，但可以更婉转，未必此时要毫无保留。

如果你觉得他床上功夫太差，而你欲求又很强，那就没必要直戳痛处，也不要在提分手时，把一切责任全揽在自己身上，因为这种泛泛的解释，一听就不真诚，流露出不尊重。你有义务维护对方的自尊，不要伤害对方，以免对方日后很难开展新的关系。

你可以给恋人一个坦诚的解释，哪怕是很短的一句话，告诉对方，为何不能继续下去。可以重温共同度过的美好时光，表达你对未来无法实现而失望。这样，可以表达你对对方内在价值的肯定。分手时，譬如"你不是我要找的人"，类似这样的话，既清楚，又不会暗示对方有错。

红色最在意他人认可，当分手已无法挽回，给他留有颜面最重要。否则，一个完全没有自信的红色，一个认为自己没你就没未来的红色，一个需要别人不断肯定才能找到自我价值的红色，一个觉得自己已投入很多可现在血本无归的红色，一个嘴上说爱你会为你付出一切但其实是爱自己的红色，一个人生观扭曲不顾家人只管自己而心理极端的红色，由于情绪发作，可能会不惜一切，与你鱼死网破。

> **毋庸争辩孰是非**
> **少许缓冲软着陆**

世上太多的朋友，不懂得如何给恋爱一个善终。在本节结束前，我想对天下不敢提分手的朋友再说几句。

如果你对当面提出分手有恐惧，最大的担心，通常就是害怕对方死缠烂打，担心对方哭天喊地，于是，倾向于用日渐冷落和无须见面的信息，来宣告爱情终结，因为这样和当面提分手相比，会更婉转。但可惜，若被分手者得不到解释，就会拼命思考自己做错了什么。

面对面的交流，能让人们知道自己还是值得爱的。记住，如果你想分手，最好的办法，就是根据对方的性格，选择最恰当的方式。这并不是一门无师自通的学问，需要你对人性有充分的理解，需要你对自己性格弱点的深刻洞见和及时修炼。

愿此后，天下有情人分手时，不再为仇；愿天下恋人，相爱真心投入，不爱体面离开，相逢无悔，过往无憾，彼此都留下一个好的念想。让你们的这段感情，由盛到衰，由始到终，完美落幕。

怎样和不同性格谈分手

- 🔴 毋庸争辩孰是非，少许缓冲软着陆。
- 🔵 百般借口皆不需，真心面对推诚见。
- 🟠 给人台阶颜面下，任你开口被你踢。
- 🟢 直言不讳道来意，身后安排已妥当。

16
复合
——被分手后如何挽回不同性格恋人

别人提出分手的那一刻，你会不会五雷轰顶，取决于两点：其一，你对你们的关系走向有没有预感；其二，对方提出时，你是否同时愿意放手。

假如你视感情如鸡肋，早就想分，苦于不知怎样开口，突然听到对方主动说要跟你分，那可是偷乐的好事。当然，如果你要面子，觉得被别人提出太丢脸，或对方找了更帅更美的另一半，伤了你可怜的自尊，你也可能被反向激发。

多数情况，生活的残酷在于，人家要分手时，你还沉浸在未来的想象和现实的依恋，要么对他情意深重，恋恋不舍，要么无法接受一旦没有他的生活习惯，要么他的身子你还没馋够，要么眷恋他能带给你的虚荣和实惠……以上种种，一句话，人家要分，你不想分，你就悲痛，做梦都期待对方赶紧回心转意。

过去二十年，在我的培训课堂和参与的电视节目中，我所见情感丰富的朋友挽回分手的手法，异曲同工。无论男女，通常分三步。

第一步：期待（三个月）。

平均一天一封信，厉害的，能一天数封。期待靠信海战术，以情动人，每天拿出孟姜女哭长城的架势，等着对方回心转意。

第二步：决心（两个月）。

信如雪片，一封封过去，未见回音。想不到，居然如此薄情，故而，因爱生恨，幡然悔悟，痛下决心，然后写了最后一封告别信。通常，写信开篇，会详细描述内心的痛苦郁闷，批判对方的不近人情，是多么不人道，是多么冷酷无情，对以上行径，做有理有利有节的批判，最后，信誓旦旦，"这是我给你的最后一封信，吻你，要你，最后一次说'我爱你'！"等等。

第三步：击垮（一瞬间）。

在说了百次"最后一次爱你"后，耐心和自信，彻底磨光光，终于，精神彻底被摧毁，对回信也不再抱希望，终于承认自己从前的想法是多么幼稚，心灰意冷，算了，还是散了吧。然后，把对方的邮箱，当成自己情感的坟地，痛苦时来祭拜一番。

不过，这些朋友中运气好的，可能在第一步结束时，对方就突然回心转意了。而这当中，决定你运气好坏的关键，没有之一，就是——对方的性格！

>> 自残在复合时对不同性格的效果

如果你想知道你求复合时，你的运气好还是坏，请思考下题：

恋人分手，被分手方，撕心裂肺，死死纠缠；分手方，铁石心肠、冷酷无情，求复合的那人拼命砸脑袋，神情激动，打死也不分，用这样的手法来表达对爱的执着。请问，此手法对哪种性格有用，对哪种性格没用？

● **用自残挽回绿色性格——用不着砸**

绿色的恋爱，无论如何，都不会发展到让你以死明志挽回的地步。绿色主动和你分手，铁定背后有高参推动。通常，只要你说说好话，或为他做些事，足以让他不好意思再提分手，暂时无须你动手砸自己那金贵的脑袋。

♣ 用自残挽回红色性格——你砸他疼

砸脑袋的人，最有可能是红色。与此同时，看到对方砸脑袋花容失色，从而心软，立即复合的人，也是红色。

有很多恋人的悲催是，分分合合了无数次也分不开，在所有这类情侣中，几乎全是典型的红男和典型的红女。其实，只要这两人中有一个是蓝色或者黄色，断然不会如此。所以，砸桌子啊，文身啊，当街下跪啊，这种行为，只可能对红色有用。唯需注意，如果你俩经历这种阵仗太多次，彼此已麻木了，有一天，只要有一人被外力拖走，再砸也没用了。

■ 用自残挽回蓝色性格——初砸管用

蓝色低调，考虑周全，当蓝色下定决心跟你分手，你想挽回的余地就很小了。

如果被分手者极端情绪真的发生，蓝色有可能在第一次受触动，会原谅你，但是，蓝色很难给你第二次机会。不像红色，看到你自我伤害，流了血，依旧会心软。

▲ 用自残挽回黄色性格——砸也白砸

一个无比悲催但残酷的现实是：即便你受伤流血，对黄色也没用。

黄色见你自己砸脑袋，第一反应就是："这人是个疯子，情绪失控，我早就该跟他分了，这种人，绝不能在一起！"所以，自己砸脑袋对黄色来讲，不仅不会让他心软，更会加剧鄙视和嫌弃。

黄色认为，人生中有太多比爱情更大的事儿，你完全没必要因为分手要死要活。你不好好地把时间和精力花在事业上，就因为分手，你去砸脑袋？抗压力一点都没有，没用的东西！以后也做不成什么事，我鄙视你。所以，红色如果不学性格色彩，脑袋瓜子就算砸得全飞起来，人家还当他是个傻蛋，白砸。

>> 如何挽回不同性格的分手

分手后如何挽回黄色性格——变得更好

当黄色提出分手时，通常很难复合，除非你变。

黄色追你时，尽显浪漫，一旦关系确定，快速收起甜蜜，花更多时间在事业上，因为爱情的阶段性目标已经达成，大盘已稳，必须转投事业目标。

假设黄色被出轨，黄色不会像红色那样一哭二闹三上吊，不会轻易冲动分开（详见《性格色彩婚姻宝典》），而是问自己："我到底要不要这段关系？"不要，就考虑善后；要，就考虑怎样稳固。

如果黄色主动提出跟你分手，因为黄色相信自己判断正确，同时不会被感情牌打动，所以，哀求或说服的挽回动作，都徒劳无益。唯独有一种可能，就是他提出分手后，有一天，忽然发现，你又是他想要的，这时，不需你去找，他会想方设法主动找你复合。

《乱世佳人》的女主角斯嘉丽，典型的红＋黄性格（关于性格组合，详见《性格色彩原理》），其中黄色特质非常明显。斯嘉丽经历过三次婚姻，心里始终爱的是别人家的老公卫希礼，而对为她遮风挡雨的白瑞德，一直排斥和抗拒。虽然她嫁给了白瑞德，白瑞德也一直包容自己老婆喜欢另一个男人，但两人情感不断出现裂痕，终于，分手了。

当卫希礼的妻子死后，她不顾一切扑向卫希礼，紧紧抱住他，站在一旁的白瑞德，再也无法忍受绿帽，转身离去。面对伤心欲绝毫无反应的卫希礼，斯嘉丽终于明白，她爱的卫希礼，其实根本不存在，她真正需要的是白瑞德。

当斯嘉丽赶回家告诉白瑞德，她是真正爱他的时候，白瑞德早就不再相信。他决心离开，去寻找自己的生活。这时，斯嘉丽决定，无论如何，都要设法挽回白瑞德，和他复合。

斯嘉丽冷酷、聪明、不择手段、坚强，但不乏善良、美丽、脆弱，当黄色的她意识到自己犯错时，没有任何迟疑，立即转向，去找她错过的爱复合。

总之，多数情况下，要直接挽回黄色非常难，只能等他自己发现、自己决定回头。那么，如何触发你希望的效果呢？

首先，黄色不喜欢别人逼他，当他有了决定"我要跟你分开"，你说："不！你不能跟我分开！不行，不许你离开！"无论你说哪句，只会激发反弹："我现在不是跟你商量，我是在通知你！我觉得我俩不合适，这样下去，对你对我都不好，好聚好散吧！"

因此第一件事情就是，当他决定和你分手时，你要跟他说："你想好了吗？""是，我已经想了很久。""好，我尊重你的决定。""你能告诉我原因吗？""好，我认为你……反正我觉得我们两个不合适。""好，明白了。谢谢你曾经给我的爱，谢谢。祝你幸福。"然后一杯酒下肚，潇洒离去。你的这个动作，会让黄色大惊失色，他心里会打鼓动摇，他想："他今天很反常啊，为什么这么镇定？到底发生了什么？难道我这个决策是错的吗？是不是他在外面有了其他人，一直瞒着我，他早就想跟我分开？"你要让黄色原来对你会发神经病情绪波动的预测，通通落空，让他对自己的决定自我怀疑。

接下来，永远不要心软，永远不要主动回去找他。你要做的事，只有一件——让你自己变得越来越好。

当你变好了，黄色说不定会回头找你，而且会给自己找个台阶："其实我跟你提出分手，是想用一个方法刺激你，让你变得更好。我觉得我们还是可以在一起的。"

232　　　总结，挽回黄色的三大法则：

1. 尊重决定，了解清楚原因后，放手，不解释，不挽留；

2. 默默改正自己身上黄色在意的那些缺点，让自己变得更好；

3. 当黄色回来联系你时，告诉他，你是因他变得更好。

> 大鹏一日同风起
>
> 待汝回头惊天变

分手后如何挽回蓝色性格——守在门外

蓝色进入感情很慢，考虑各种可能后才会进入。一旦踏入，会全身心，想从这段情感中出来也慢，属于"慢进慢出"型。如果你跟蓝色分手，再复合，微乎其微，因为对蓝色来讲，分手不易，分手时，已心如死灰。

小说《神雕侠侣》中，蓝色的小龙女，准备和杨过在一起长期过日子，杨过说："我一直把您当姑姑看呀！我对您完全没有任何非分之想啊！"

因小龙女被尹志平玷污，当时蒙着面纱，以为是杨过所为。现在，小龙女又被杨过断然拒绝，立刻口吐鲜血，伤心而去。后来，被黄蓉说得心如死灰，不再与杨过来往，即便后来在绝情谷，明知杨过在现场，也不相认。直到杨过真情流露，破了误会，才冰释前嫌。

小说中，蓝色的小龙女之所以能跟杨过复合，是因为两人找到了一个机会消除误解。如果误解始终无法消除，杨过又逮不到机会解释，小龙女可能这辈子就老死在绝情谷，因为分手的那一刻，蓝色内心的火焰，已然黯淡无光。现实生活中，蓝色一旦跟你说了分手，往往是深思熟虑的结果，后路自己早就砍断，要想复合，难于上青天。

红色模特 Sasa 和蓝色词曲创作人 Peter 在朋友聚会中认识，Sasa 的主动热情吸引了 Peter。在 Sasa 的攻势下，Peter 沦陷，两人开始长达五年的恋情。

五年中，Sasa 的情绪化让两人关系多次陷入低谷，但每次 Peter 都包容原谅了她。最后一次，Sasa 跟同事吵架，回家后找 Peter 倾诉。Peter 认真听完，说了句："其实，这事不全是你同事的错……"Sasa 极为愤怒，冲 Peter 大喊大叫，Peter 不说话转身离开。Sasa 情急之下，抓起手机，冲 Peter 扔了过去，Peter 避开，盯着地上的手机看了会儿，默默地走进自己的书房，关上房门。

两人冷战了一周，Sasa 忍不住找 Peter 道歉，Peter 说，已经决定了分手。无论 Sasa 怎么放低身段，说软话，Peter 都没松口，这无疑又激起了 Sasa 的情绪化。一气之下，Sasa 说："分就分，离了你，还有更好的。"说完，就收拾自己的东西搬走了。又过了一周，Sasa 又想念 Peter 了，打电话人家没接，发信息人家没回，她忍不住跑到原来的住处，Peter 已经搬走了，一问，已经退租了。这下，她才知道 Peter 这次有多么决绝。

之后，Sasa 打了无数电话，写了无数情意绵绵的长文发给 Peter，均未获回复。再之后，Sasa 威胁说自杀，去楼顶徘徊，发小视频给 Peter，Peter 均未回复，也未现身，只是告知了他们共同的朋友，请朋友去看她。

三个月后，Sasa 心灰意冷，放弃无谓的挣扎，换了工作，离开她和 Peter 共同生活过的城市。

三年后，Sasa 无意中听到一首 Peter 创作的歌曲，从中读到了 Peter 对于分手的无奈和心痛，一看创作时间，恰好是他们当年分手后不久，她这才明白，原来 Peter 对她一往情深，只是实在无法继续了。当年 Peter 冷面孔背后有着太多她所不理解的复杂情绪，可惜，这时 Sasa 孩子都已经半岁，一切都回不去了。

和黄色不同的是，分手时，黄色会判你死刑，但是，蓝色不会判你死刑，自己会来回挣扎，深陷其中。

黄色分手后，就断了念想，雷厉风行，奔向下个目标。但是，蓝色却陷入泥沼，还在死水周围加盖城墙，把自己围在小世界。如果你再次来到小世界门前祈求，里面的蓝色只会一声不吭，装作不在，默默流泪。蓝色可以清楚感受到你的真情实意，但因为给自己造的墙太厚，自己也无法逃离，只能哽咽着听着你放弃远去的脚步。

所以，要想挽回蓝色，莫等到两人关系极恶劣时才想起行动。如果 Sasa 在两人冷战之初，就思考问题在哪儿，并做出调整，让蓝色看到希望，而非永远痛苦地循环，根本不至于分手。

一旦蓝色真提出分手，保持冷静，先争取对话机会，如果对方拒绝对话，就给他时间和空间，再寻找契机。

请不要强力试图打开蓝色的心门，也不要真的放弃走远，而是守在门外，让蓝色感知到你还在等他，你愿意真心反省，等到足够时间后，蓝色会给你对话机会，再慢慢进入。切记，最难的，是多数人根本熬不过等待时间，还没等蓝色从冰封中苏醒，自己就先撤了。

总结一下，挽回蓝色的三大法则：

1. 保持冷静，争取对话，坦诚交流；

2. 如蓝色坚持分手，你不远离，陪伴蓝色度过情绪低潮；

3. 当蓝色愿意对话时，勿操之过急，慢慢交流，缓缓推进。

> 深知身在情长在
> 怅望门内呼吸声

分手后如何挽回绿色性格——直接上门

如果你的前任是绿色，恭喜你，复合无难度。

绿色没啥主见和原则，你来找他，他开门迎客；你撒手而去，他为你收拾行囊，目送你的背影远去。绿色很在意别人感受，你离开了，他会想，可能你有什么无奈的理由吧，那就这样吧；如果你又回来，他会想，大概遇到什么难处，回来就好，起码说明还在乎我。

一个绿色女孩谈了一个男友，作天作地的大红色。

大红色男生主动追绿色，十分殷勤，两人顺利在一起了。因为工作都忙，约定每周见一次，但平时，大红色男生需要情感抚慰，没事就给绿色打电话："哎，我跟你说，我刚才看到一颗流星！就在南边的方位，你打开窗子看看，看能不能看到？咦，你睡了啊，你不知道今晚有流星雨吗？你们女孩子不是最喜欢这个吗？""哎哎，我今天接了个大单，破了我们组的纪录了，你知道吗，这个客户可难搞啦……"

但绿色总是"嗯""啊"，最多说个"不错啊""挺好的"，无法让大红色男生得到情绪满足。有一天，他忍无可忍，跟女孩提出分手："我觉得你根本就不在乎我，既然这样，我们分手好了！"

其实他本意是想提醒绿色，要对他好些，可惜他没学过性格色彩，这招对绿色而言，就是提出分手，绿色回应："好的。"

大红色男生一气之下，真的不再联系绿色女孩。三周过去了，绿色还是没动静，好像真把大红色男生忘了。大红色男生实在熬不住，主动约绿色出来，说："我们还是在一起吧。"

绿色："好的。"

所以，如果你的前任是绿色，而他目前还没步入新感情，你们两人复合的可能性极高，只要你主动去找他。

总结一下，挽回绿色的方法：

1. 无须方法，直接找他；

2. 明确表达你想复合；

3. 如果有其他因素阻碍绿色和你复合，帮他摆平。

> 仰天大笑找上门
>
> 我辈岂是等待人

分手后如何挽回红色性格——哄抱亲求

和红色前任复合容易吗？

红色恋人只要生气，就嚷嚷着分，然后，把联系方式统统删掉！可之后立即后悔，主动跑来加回微信，拼命道歉，事后也容易忘记愤怒，最终，原谅对方。

这点，琼瑶阿姨深得精髓，每部剧都能塑造得淋漓尽致。因为琼瑶剧主角基本都是红色，整天把爱挂嘴边，"没有你，我就会死"一天跑个几百回。你看着他俩因为一件事分手，但只要搞点小名堂，马上就抱成一团。

《还珠格格》晴儿出现后，紫薇闹分手了吗？尔康一个紧抱，跟着一个拥吻，就搞定了紫薇。相比之下，令人印象深刻的，绝对是《情深深雨蒙蒙》。何书桓和陆依萍分手，还要和她的妹妹陆如萍订婚，然后，陆依萍跑到大桥上，唱了首歌，就跳下黄浦江，被救下来之后，躺在医院，说了几句梦话："书桓，我好爱你！书桓，你不要走！书桓，是我错了！"何书桓在旁，心一软，两人就复合了。不得不感叹，琼瑶阿姨是卓越的性格色彩传播大使。

一对情侣，结婚三次，离婚两次，现在还在一起，他们之间没第三者，每次都因为小事吵到离婚，每次离婚后，都因为想念彼此的好而复合。

所以，很多红色情侣一分手，过段时间，一人用手写信札，回忆两人在一起的种种幸福，收到信的人，一激动一流泪，两人约在昔日约会的郊外小树林见面，抱头痛哭，恩爱天地间，又复合了。

但是，不要以为任何情况下红色前任都吃这套，须知，红色天性中还有个特点——逃避痛苦。如果两人分手，你第一次跪，对方可能原谅你。但是，倘若你三番五次都是下跪，总在搞这招，红色怕再次受伤，就直接消失，可能你找都找不到。

妞妞说了让她惊魂未定的一段情感。妞妞和男方由朋友介绍相识，男人貌似文弱，不到一年，因为妞妞受不了24小时监控，提出分手。男人情绪激动，拿把刀，冲到她家复合，不同意就拿刀割自己，吓得妞妞报了警，连累家人和邻居不得安生。其实，妞妞和割脉男都是红色，割脉男做出过激举动，本意想表示"你看我多爱你，为了你，身体发肤都可不要"，而实际效果是，妞妞感到强烈恐惧，想彻底割断，从而让复合变得没有一丝可能。

如惊弓之鸟的妞妞，心有余悸。为何原本美好的男欢女爱，会落得如此结局？

一对情侣，小强和小红，两人都是红色，分三次，合三次，最后结婚。第一次分手，在相恋一年后。小强喝醉与他人发生了关系，小红得知痛不欲生，借酒消愁，提出分手。分手后，小强舍不得，就去找小红。而小红还没从痛苦中走出，见小强想复合，就提了很多苛刻条件折磨他。比如，每晚不睡觉，陪她看星星，每天做早餐，要和五星级酒店自助餐一样丰盛……小强一一照做，两人成功复合。之后，因为难以忘记小强出轨，小红又翻旧账，和小强分手了两次，两次都是小强负荆请罪，追回小红。最后两人结婚。

反正，你有时听红色分分合合的故事，就感觉两人像玩过家家，折腾来折腾去，还乐此不疲，行，那就让红色自己去慢慢耍吧。对红色来讲，折腾，就是爱情中最有魅力的地方，不折腾，毋宁死。

总结一下，挽回红色的三大法则：

1.打感情牌，永远最有效；

2.如果之前分手是你的错，挽回时，要加上十二万分的诚意；

3.不停地感动他、感动他、感动他。如果还没成功，继续重复之前的动作。

> 乞哀告怜求回头
> 只为重续鸳鸯情

虽说本文是教你怎样破镜重圆，但我还是要说，爱的最高级的形态，就是——我们必须去祝福我们所爱的人。

如果你真的非常爱他，如果人家不愿回来，不管他最终和谁在一起，你都要祝他永远幸福。如果可以挽回，那样最好，但如果无法挽回，请选择放手，然后，踏踏实实去寻找属于你自己的幸福。

分手后怎样挽回不同性格

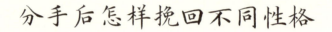

乞哀告怜求回头，只为重续鸳鸯情。

深知身在情长在，怅望门内呼吸声。

大鹏一日同风起，待汝回头惊天变。

仰天大笑找上门，我辈岂是等待人。

17

失恋
——不同性格失恋后该如何走出痛苦

男女相爱，场景无外乎五种：青梅竹马，一见钟情，志同道合，干柴烈火，媒妁之言。无论哪种，只要能从相遇、相识、相知走到相爱，就会付出。

有的付出金钱，有的付出青春，有的付出信任，有的付出真情，甭管付出什么，只要付出，人们心里或多或少就想得到。然而，还没等到得到自己想要的，一方正在如痴如醉，那一方却偃旗息鼓了。这时，失恋者的众生相：或羞辱，或失落，或挫败，或疯狂，或愤怒，或不甘……有多少智者因此苦中发愤，有多少蠢蛋从此一蹶不振。

可惜，世人中的绝大多数只知获得被爱的快乐，不知给予爱的幸福。有时，爱明明早就已经不在，只是人们的执念在作怪。

可惜，余生明明很长，大家都很慌张，就是不愿留点力气，重新等等后来的那个人。

作为一个人生中体验过无数蠢蛋心情，走过无数蠢蛋之路的过来人，我耳闻目睹无数朋友前赴后继在失恋的这条道路上步步迈入深渊。我们应该怎样自救，才能打破黑暗呢？如果你的朋友此刻正在失恋的海底，你该用什么方法，帮他走出阴霾呢？

>> 四种性格失恋的反应

并非所有的人面对失恋时，都痛不欲生。在学习怎样可以抚平内伤走出痛苦前，我们需要知道，不同性格分手后，会出现怎样不同的反应。须知，对方如果突然提出分手，确定无法挽回后，四种性格走出痛苦的时间长短和方式，完全不同。

● 绿色性格失恋后——得之我幸，失之我命

绿色恋爱时就没那么狂喜和激情，失去对方后，也没那么强烈。虽然已经习惯的东西突然没有，会很不适应，很不舒服，但这个世界上，没谁，都一样可以活啊。唉，得之，我幸；失之，我命。

▲ 黄色性格失恋后——君子报仇，一天都晚

黄色失恋后，瞬间想反击，凭什么是你主动离开我？老娘要把你追回来，然后再甩了你，让你也尝尝被抛弃的滋味儿！

可话这么说，事实上，黄色被分手时，首先会做个利弊权衡，那就是，这人到底值不值得我挽回？如果那人重要，不惜任何代价，也要留下来；如果没那么重要，就不费力了，散了也好，留下精力做更重要的事，总有一天，那家伙会后悔。

黄色的丘吉尔深爱的漂亮女友名叫帕米拉·普罗登，两年后，帕米拉抛弃了他，嫁给了当时印度总督的儿子——家财万贯的利顿伯爵维克多。丘吉尔历史情书的信件披露，丘吉尔被分手的原因正是因为他是个"穷光蛋"。被抛弃的那天，丘吉尔发誓他要做一个了不起的人，后来的成就大家都知道了。

贝多芬31岁时，境况艰难，被朱丽叶女伯爵迷住。被分手两年后，对方嫁给了别人，贝多芬写了遗嘱准备自杀，最终从音乐中寻到安慰，

创作了著名的《升 c 小调钢琴奏鸣曲》。36 岁之后，他与丹兰士的爱情又被毁了，然后就创作了《第七交响曲》和《第八交响曲》。

■ 蓝色性格失恋后——凄入肝脾，独自咀嚼

蓝色高度细腻，即便内心翻江倒海，也不愿外部表露，一旦受到感情伤害，深陷痛苦的时间最长。在四种性格中，蓝色最容易活在过去，心里装着一面放大镜，把过去的美好放大，也会把失恋的痛苦放大。若是红色，痛苦不堪时会大哭大叫，寻求外力帮助，让自己解脱；而蓝色则会让自己隐形，不让任何人知道自己陷在这摊水里，那该如何自救呢？

电影《剪刀手爱德华》中，当约翰尼·德普饰演的爱德华不被镇上居民认可，被迫要跟自己心爱的人分手后，只好一个人逃到古堡，藏在不为人知的角落，默默回味过去这段日子跟女主角在一起的甜蜜时光。然后，在古堡里雕刻爱人的冰雕，剪下的冰花，飘在空中变成雪，洒在整个小镇，陪着他的爱人从一个年轻的小姑娘，变成一个老太太……

♣ 红色性格失恋后——破罐破摔，斗转星移

红色一旦恋爱，就会以爱情为中心，一旦失恋，就会憔悴痛苦。被分手后，陷入低谷，此时，爆发力处于顶点，他们具有一种强大的能力，那就是，让全世界都知道"我失恋了"。

通常，红色失恋后常见反应种类繁多，但一切方式，无外乎发泄和转移两大类。

第一类：发泄

暴饮暴食，借酒浇愁

心灵刺痛，破罐破摔，无所顾忌，暴饮暴食。连原本那些把减肥

当作人生目标的姑娘，心里想着我还健什么身，有什么意义，也借烧烤来麻痹痛苦，可惜，越伤害身体，越记起点滴，貌似释然，实则折磨。或者在酒精的麻醉中，让大脑暂时短路。但是，自斟自饮，更是寂寞，怅然若失，于是，呼狐朋狗友，痛饮大醉，倾倒垃圾。

拼死痛哭，自残自虐

相比男人哭的时候可能被人耻笑，女子的哭，完全毫无顾忌，光明正大。所以，红色女子用号哭来释放忧愁和创伤者比比皆是；而可怜的红色男人，不敢哭得那么放肆，只能压抑在喉管里。那种像野狼般的嘶吼呜咽，抽泣到一半，猛不丁地站起来，握紧拳头，死死地砸墙，任凭鲜血从骨节和指缝中缓缓滑落。

第二类：转移

以新换旧

对红色而言，忘掉一个人的最快方法，就是立马爱上另一个人。但是，如果你仅仅是为了给自己一个出口，就迫不及待地抓住一根救命稻草，投入另一场错误的情感，万一遇人不淑，刚出狼窟，又入虎穴，得不偿失。

还有一种情况，其实你并不爱人家，但万一那人对你百分之百的全情，你又没跟人家开始就说清楚"你就是个临时替代"，这对人家也不公平。当然，如果你对新人心无旁骛，真心喜欢，那自然是好，用新人的喜悦逐渐挤占旧人的悲痛，以新换旧，是红色常用的上策。

疯狂工作

失恋后，用疯狂工作麻醉失恋的痛苦，让自己的大脑停止情感运转，这听上去很上进，很奋发图强，尤其是弥补那些过去被爱情荒废的事或一直想做却没做的事情，很容易事半功倍。但是，最大的副作用，就是拒绝爱情，错过了很多好姻缘（详见《性格色彩单身宝典》）。

当别人这么劝红色时，他会说，你知道为什么大年初五发朋友圈拜财神的人，远远多过情人节那天吗？说明世人皆知"缺爱无妨，缺钱不行"。我为爱情已经浪费了太多时间，是时候清醒了。像互联网圈内人人都知道的，就是哈佛大学二年级学生扎克伯格和女友莫妮卡分手后，哀毁骨立，准备用从早到晚的工作尽快忘掉莫妮卡，让所做的事情占据自己思念的心。就这样，Facebook 诞生了。一次失恋经历，赚了一千亿美元。

意大利电影《卡比利亚之夜》，把红色失恋后的反应表现得淋漓尽致。

女主卡比利亚是个红色，活泼开朗又单纯，爱上了一个男人，但这个男人是个骗子，把卡比利亚的钱骗光后，知道卡比利亚不会游泳，约她去河边玩，趁她不注意，一脚把她踹飞，然后，带着钱跑掉了。

卡比利亚被好心路人救起后，开启了红色被分手后的经典模式。

第一步，自我否定。

不可能！把我踹到河里的肯定不是他！我这么深爱他，他肯定也这样深爱我！他再狠心，也不会踹我下去的！他肯定是去叫警察了，或者他已经在家里等着我了！他绝不是个负心薄幸骗我钱的人！即便全世界都不相信他，我也会相信他的！当她湿漉漉地跑到家里，发现家里被翻得乱七八糟，钱也不见了的时候，她就开始了第二步。

第二步，怀疑担心。

难道他真的只是为了钱，才跟我在一起的吗？难道我的真心没换回他的真心吗？难道真是他踹我到河里的？难道之前对我说的那些话，要跟我一辈子，都是假的吗？这怎么可能！这怎么可能！隔壁邻居看到她这样，就对她说，我早就看出那个男的不是什么好东西了，之前劝你，你也不听，这下好啦，人跑了，你钱也没了。卡比利亚一听很崩溃，立刻就进入了第三步。

第三步，愤怒发泄。

在屋里大喊大叫："枉我全心全意对你，把工资都花在你身上，你就这么对老娘！你个大骗子！"然后，在屋里一顿乱砸，反正都被那个男人翻乱了，开始把桌椅窗帘能毁的全毁，再把他俩的照片一张张剪烂撕碎，跑到门外，一把火全部烧掉，嘴里还高喊着："死吧，你，你，你去死吧！再也不要回来找我！你跪在我面前，我都不会原谅你的！"当她看到熊熊烈火中的照片，逐渐化为灰烬，看看身后那个破屋子，再看看身上脏乎乎的裙子，她就进入了第四步。

第四步，崩溃大哭。

"为什么我这么薄命啊，老天爷为什么你要这么对我啊！我对他这么好，为什么他还要这样骗我啊，我这辈子都得不到真爱啦，啊！啊！呜！哇！呜哇！"谁劝，都劝不动。

如果你是个典型红色，曾被爱人背叛，被分手，是否觉得卡比利亚似曾相识。如果你去观察各大琼瑶剧，青春爱情剧，就会发现，红色的男女主角在被分手遭背叛时，都是如此。高强度的破坏力，尽人皆知，谁劝，跟谁急，啥事儿都不想干，有的马上飞到天涯海角凤凰西藏，美其名曰"告别过去"。

对红色而言，爱就是毒品，要而不得时，就会疯狂窒息，之后，开干傻事。你平时看着报上那些伤害自己或他人的痴男怨女，觉得匪夷所思，其实这些行为稀松平常，"悲恸欲绝"这种词，在红色这里，只能勉强算是痛苦的入门级。

如果此刻你被红色这种失恋后的样子吓到了，完全不必担心，有时，突然来个什么好事，或你介绍一个新对象给他，说不定立刻就满血复活了。

就像亲爱的卡比利亚小姐当晚散步，偶遇一个影星，立刻就把踹她下水的那个男人忘了，开启了全新爱情，但后来，发现这个演员有家室，再次失恋崩溃；没多久，又遇到一个小鲜肉，开始全新爱情，结果，小鲜肉也是个大骗子，她又崩溃，好悲催的姑娘啊。

可是，电影结尾，她看到大街上一群人搞游行庆祝节日，她行走在队伍里，满脸露出的是标志性的灿烂笑容。不懂性格色彩的人，看这个结尾觉得好讽刺，可懂性格色彩的，一看就明白，这丫头就是个超级大红色。

你看，红色的感情线几乎就是波浪式前进。失恋后，陷入十八层地狱，一旦出现新目标或令她开心的事，很快从低谷中一跃而起，重现光明。

>> 失恋后最不可取的反应

除了以上四种典型性格的反应外，失恋后还有一种最恐怖的反应，那就是——报复！

通常情况，报复行为，高发性出现在红＋黄性格（性格组合，详见《性格色彩原理》和《跟乐嘉学性格色彩》）。

当觉得失恋给自己带来巨大的心理不平衡时，有些人本能地会想用极端的方式去报复那个他认为给自己伤害的人。

不平衡有很多种可能，譬如，你觉得自己付出了很多，他一直是受益者，最终你什么都没捞到，你亏大了；你觉得恋爱了这么久，你越来越差，对方越来越好，你亏大了；你觉得自己一直守身如玉，他一直花头不断，你被骗了；你觉得离开这个人，依你目前的情况你再也找不到比他更好的人，怎么可以你还没找到先脱身，他就先离开脱身了呢；你觉得你的爱还在并且依旧执着坚贞，而他却已经背叛了当初的誓言，做了爱情的逃兵，你要让背叛者付出代价……

《神雕侠侣》中李莫愁终生都在痴恋陆展元。然而，落花有意流水无情，陆展元与何沅君成婚了。这在李莫愁心头，刻上了终生不去的伤痕，由此，她恨尽世间人，在江湖上作恶无数，成了魔头。失恋，能使人伤痛之余，产生某种程度的"恨"。这"恨"，能恨到什么程度，李莫愁把两人的骨灰，一个撒在西岳，一个撒在东海，连做鬼，也不让他们下辈子见到，可见恨之切。然而，李莫愁越发泄，越作恶，越苦痛，不但得不到爱人的青睐，也丧尽天下人对自己的同情。最后，身中情花毒，纵身火海里，活活烧死在熊熊欲火的炼狱中。

现实社会虽然没有小说里的武功，却难免有丧心病狂者，喊打喊杀，同归于尽。现实中，更多见的，男性常用"色情报复"，为了报复前女友，失恋后将两人的性爱视频公之于众；女性常用"金钱要挟"，你想分，我不想分，没谈拢分手条件，我就让你身败名裂。

从性格角度分析，报复者性格中的红色让自己情绪爆发，而性格中的黄色又会催化这种情绪走向极端，两相结合，如果没有得到很好的心理疏导，只会让仇恨蒙蔽双眼，让仇恨刀光剑影，让仇恨不管不顾，让仇恨同归于尽。可惜，仇恨是地狱里最美味的佳肴，虽然看起来诱人，但终将使人坠入深渊。

失恋以后，痛苦之下，红＋黄最容易去做两败俱伤之事，以此证明自己荒谬的爱！如果你真想报复，你要做的不是在脑海中复仇一万遍或真的去实施复仇，而是找到一种能让自己变得更好的方法，让那个离开你的人一辈子后悔，这才是最高级的报复方法。

毕竟是自己爱过的一个人，你口口声声说爱他，如果这么对他，那只能说明，你没有真心爱过，你爱的不过是你自己。

看看日本电影《情书》对爱的理解吧：爱一个人的意义，是在他爱着另一个人的时候，能有放他走的勇气，那才是爱。

>> 不同性格应该如何在失恋后自救

前文已经详细分析过了四种性格被宣判结束时，必有心悸，只是不同性格对痛苦的忍耐程度不同、走出痛苦的时间长短不同，而且表达方式不一。

绿色，天雷过后，选择闭眼，默默接受，自行消化。

> 缘来不过梦一场
> 缘去梦醒了无痕

黄色，痛苦如天雷，一闪而过，立刻思考怎样解决问题。人家心里想的是，不谈恋爱死不了，脱贫比脱单更重要。任何时候，都是自己最重要。我要把所有的失恋，都当成是给我的真爱让路。爱情根本不是生活的全部。工作、健身、学习，关注当下的事业和让自己变得更好，才是人生最重要的事。

> 一拍两散岂暇愁
> 且怀壮志登高楼

红色和蓝色，会在晴天霹雳后，陷入巨大痛苦。尤其是夸张的红色，必须用行为艺术释放，昭告天下，跪地哀叹，顺势滑入失恋泥沼，无法自拔。

如果红色和蓝色这两种性格，都能学会像黄色那样的想法，天下哪有那么多痛苦。那么，这两种性格，失恋后到底应该怎么自救呢？

蓝色性格的自我救赎

《性格色彩单身宝典》里，我专门写给蓝色一篇《活在旧爱》。有句话，是这样说的：那个和你提出分手的人，已经明明白白地告诉你"我已经和另一个人走了"，这时就理当让自己向前看。可偏偏你要选择自我伤害的方式，这种做法，不但会让你失去自己的恋人，同时也会失去你自己，这是双倍赔本的愚蠢买卖。

现在，有两个问题，我要向你请教。

问题一：如果你家附近有个餐厅，又贵又难吃，到处是苍蝇，你会不会因为那里方便，就常常去光顾？

如果你觉得这是个"狗脑"问题，那么请问：为什么你总在反复唠叨我对他那么好，为什么他要离开我？为什么他不忠诚于感情？那个人是渣男是渣女，那个人辜负了你，明明自己的恨比爱多，明明知道没有好结局，但就是因为自己心有不甘，就是因为自己已经成为习惯，却依旧执着地痛苦，这和总去光顾烂餐厅有什么不同吗？难道你不觉得自己是"狗脑"吗？

问题二：你丢了 100 元，你只知道它丢在某个你曾经走过的地方，你会为了去找回那 100 元再花 1000 元车费吗？

如果你觉得这是个"狗脑"问题，那么请问：你做错了一件事，你会不会花双倍的时间去为自己找借口？你被无聊的人骂了一句，你会不会花无数时间难过？道理是相同的。你失去了一段恋情，你明明知道已经无法挽回，可你还是那么伤心，而且一伤心就伤心上好几年，你不觉得你正在让自己损失更多吗？难道你不觉得自己是"狗脑"吗？

不，不能说"狗脑"，我们家小刀生气了，小刀说，它才没那么笨，人类有什么资格称呼笨的人是"狗脑"。小刀让我转达：你损失了一个不爱你的人，他损失的是一个爱他的人，他损失比你大，别恨啦。别忘了，这句话换一袋骨头，不给它，小刀说：你这辈子一定还会继续失同样的恋的。

OK，让我们换个思路。那个人主动向你提出分手，应该算是对你们感情的最大忠诚。为什么？他没有忠诚于自己的承诺，但他忠诚于自己的感觉。当他爱你时，他和你在一起，现在他不爱你，他就离去，这就是忠诚于自己的感觉，难道你希望他已经不爱你了，还要继续装作情谊深重，跟你结婚生子吗？所以，你要学会感谢那个主动和你说分手的人，因为他给了你一份内心的忠诚，同时也给了你寻找你自己幸福的新机会。

如果有一天，你能够相信一件事，那就是：我们每个人来到这个世界上，都是独自的旅行，即使有人相伴，终究会各奔东西。当你怀揣这样的心态去恋爱，无论将来有一天发生什么，你都能接纳。

> 情伤勿行牛角路
> 赔完夫人不折兵

红色性格的自我救赎

红色容易受外界影响，而且享受别人对自己的关注和安慰。如果你红色的朋友正失恋，请你主动将他从一摊烂泥中拽出来，带他去做些他平时很喜欢的事，在没人的地方听他倾诉，和他一起抱头痛哭。当然，最好的方法，是再给他介绍一个对象。只要让你红色的朋友开心起来，注意力分散，时间一长，红色自然会从失恋的折磨中走出。

如果你自己是红色，正陷入低谷，马上做三件事来自救。

1. 别自暴自弃

假设你丢了一副有线耳机，朋友很快送了你一副蓝牙耳机，你会很高兴；如果你对象跟你分手后，你暗恋多年的师哥却跟你表白了，你还是会心情不错。所以，你不是害怕失去，而是害怕失去以后，没有好的代替。

失恋后对自己最大的伤害，就是——自暴自弃。每天以泪洗面，对别人诉说自己痛苦，自己难受，自己多想他，然后不理会周围的关心，颓废面对自己的生活。这样，只会让那个离开你的人更看不起你。

电影《失恋33天》中说，故事刚开始的时候，人们往往都以为对方是自己人生里最不能错失的那个唯一，但到最后，才沮丧地发现，你非非我不娶，我非非你不嫁，一切只是个伤人的误会罢了。当年陪在你身边的那个人，人家选择了中途离席。

想想看，在枯萎的鲜花上，蜜蜂永远只能吮吸到毒汁。如果你想重新吸到新鲜的蜜汁，就要再次飞起。现在，你可以给自己来碗鸡汤：世上没有谁是谁的谁，离开你，我也能过得很好。

2. 复盘

人们痛的时候，通常不敢碰伤口，因为会疼上加疼，痛上加痛。可如果你不知道这次为什么会失恋，下次依旧有可能摔同样的跟头，因为你并不知道上次的你，是怎么死的。

用性格色彩的专业方法分析，为什么这段感情会失败，这对红色来说太难，因为红色一直在追求快乐，逃避痛苦。可是，你不正视不复盘，你不从中吸取教训，你注定会下回再遭遇一次。

什么叫作复盘？就是此刻我问你，为什么人家跟你分手？如果你的回答是："渣男，渣女，运气不好，遇人不淑……"你得出的所有结论，全都是别人的错，自己一点问题都没有，那就证明，你到现在为止，还是没找到问题真正的根源。

真正的复盘，能客观公正不带情绪不主观地看待事情的经过和事物的本质，可以跳脱出自己，站在外面，点评自己身上发生的一切。

当你复盘后，找到了分手的原因，然后，你才能光明正大对自己说，没有遇见错的，怎么能遇见对的。

就像影片《和莎莫的500天》一样，男主最后觉得自己快要死了，错过了一生中最爱的莎莫（Summer，意为"夏天"），可别离后，才发现奥特姆（Autumn，意为"秋天"）是自己的真爱，原来那个只是他的一厢情愿。

你要相信，你的下一个人会更好，当然此刻你疯魔时，很可能完全听不进我这话。

记住，复盘的目的，不是为了温习痛苦，是为了找到根源，避免再出现同样的问题；复盘的目的，不是为了活在过去，是为了更好地活在将来。

顺便说一句，最好的复盘工具就是性格色彩。如果你实在没勇气对自己下手，也不愿找性格色彩卡牌师帮助你寻找真相，那就只有第三招暂时保你不死了。

3. 动起来

你要给自己布置些简单易做的任务，比如扫扫自己的茅屋啊，拼幅拼图啊，看看乐嘉先生讲的视频啊，看部跟失恋有关的电影，让自己的眼泪充分释放。你要给自己找事做，让你的充实感，弥补你失恋后的空虚。

就像《重庆森林》里说的，每次我失恋的时候，我都会去跑步，因为跑步能够把我体内多余的水分蒸发掉，那样比较不容易流泪。

全真派创始人王重阳和古墓派创始人林朝英分手后，林朝英死活忘不了王重阳，痛苦之下，把自己关在古墓中与世隔绝，精心研制出绝世剑法《玉女心经》，为人类留下了不朽的武学瑰宝。你看，同样是失恋，李莫愁，选择血洗江湖来解恨，让一群无辜之人跟着陪葬；

253

而林朝英，选择了钻研武学这样有意义的事，让原来的情郎受折磨。两者相比，哪个更高级，一目了然。

很多红色的歌手，在这事上做得很好。失恋了，赶紧狠抓机遇，开始创作，把自己撕心裂肺的细腻感受拆解后，写到歌曲里，以歌传唱，以曲抒怀，结果，作品被举世传唱，大火特火。于是，这些失恋者就变得特别开心，拼命感谢那个向自己提出分手的人。啊，失恋真好！这就是阿黛尔内心情感的真实流露，这正是她响当当的分手感言。

想想这位阿黛尔同学，英国有史以来最富有的女歌手，人生之所以开挂，就是因为每次失恋，都会唱首好歌。歌迷最关心的就是："小阿，什么时候失恋啊，最近的歌不怎么好听啊，快去失恋，赶紧来点灵感啊，你不失恋我们不答应，要不，我们给你介绍男朋友，你谈一谈，就赶紧让人家甩了你，为了歌曲，为了艺术，一切都是值得的……"

实在啥都不想做，千万别宅在家里，你出去玩一圈吧，有钱没钱各有各的玩法，那是解脱的好途径。别去凤凰、大理、丽江、桂林这种小资艳遇胜地，现在的好艳遇都在城里；别去故地重游，还特地重温一下从前和恋人发生故事的地方，告诉自己我要和过去告别，其实你是去又舔了一遍伤口，徒增伤悲；要去，咱就玩些大的，看看山、转转海、绕绕川，借高山苍穹之辽阔，江河湖海之浩瀚，苍茫草原之无际，最终发现，自己的人生是那么渺小，自己的经历是那么贫瘠，自己的哀痛是那么可笑，自己的悲鸣是那么无聊。好了，成了。

> 世间自有人等我
> 爱情散尽还复来

借用《天堂电影院》的台词做本节的结尾，那就是：如果你不出去走走，你就会以为，这就是全世界。如果那个人就是你可以厮守一生的人，就是那个给你幸福的人，他是不会离开你的，但如果他选择离去，那就让他去。你们彼此去寻找那个能给自己带来幸福的人，那才是最应该做的事情。

不同性格
如何顺利走出失恋

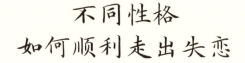

世间自有人等我，爱情散尽还复来。

情伤勿行牛角路，赔完夫人不折兵。

一拍两散岂暇愁，且怀壮志登高楼。

缘来不过梦一场，缘去梦醒了无痕。

第四篇

不同性格的
相处之道

"钻石法则"这个词，是性格色彩学的一大发明。这个词的意思，说出来也并非惊世骇俗，按照老百姓的话，就是"见人说人话，见鬼说鬼话"。学术一些的说法，就是与人沟通相处时，不可以"己所欲，施于人"，而应该"人所欲，施于人"。简单来讲，不要把你自己觉得好的东西强加给别人，而是把别人需要的东西给别人。

譬如，男人哄老婆开心，是种心态；怎么哄老婆开心，是门技术。只有红心，没有手段，此路不通；手段高超但心猿意马，也会被老婆觉察。只有一颗红心，技术过关，又红又专，才能完成这个任重道远的千古难题。

你到网上找答案，遍布鸡汤，到处是"不了解这十二种浪漫方式，你就等着……""一生须知的八句情话"之类的金科玉律，这些标题党，让你一看，就心惊肉跳，感觉你要是不知道，已经死了八百次了。可你真的奉若至宝，生搬硬套，很多时候，只会碰得鼻青脸肿。皆因你老婆和他老婆完全不同，适用于你家小凤仙的，到咱家孙二娘这儿，没戏。

哄老婆这事，法无定法，需要因地制宜、因人而异，必须见风使舵、随机应变。按照岳武穆的说法，就是"运用之妙，存乎一心"。

有个段子很逗。某老婆看到网上的八卦情感测试，就照猫画虎地问老公："我在时装店里拿起一件衣服说，你觉得我穿这件好看吗，你怎么回答？"

老公试探着回答："好看。"老婆说，太敷衍，60分。

老公说："真好看。"老婆说，65分。

老公说："你穿啥都好。"老婆说，虚伪。

老公说："不好看。"老婆当场打了0分。

老公走投无路，求满分答案。

老婆宣布正确流程：你应该先若有所思，对她说"你先穿上让我看看"。等老婆穿好后，倒退三步，细细打量，然后，冲过去抱住她，深情地说："哎呀，你穿这件可真漂亮。"

过了几天，媳妇逛超市，说咱家得买把新拖布，问哪把比较好，老公若有所思地回答："你先拿着拖下地让我看看？""滚！"

血淋淋的事实告诉我们，按照心灵鸡汤的方法哄老婆开心，按照一套死公式讨好老婆，你就准备打一辈子光棍吧。这个故事，同时也告诉天下所有的女性，类似像"抓住男人的胃就等于抓住男人的心""只要活儿好，男人铁定跑不了"这样的话，以后，你只要见到，快跑，能跑多远就多远。

在你没看本书之前，当你不懂性格色彩时，你看到这个故事，最多感慨一句"作女"，发几句牢骚，"唯女子与小人难养也"。可现在，你懂了性格色彩，火眼金睛，一眼就可看出，这位老婆是典型红色，看似反复多变，其实背后，就是一个极简单的对"被赞美"的强烈需求。只有洞穿外相，看透本质，才能针对不同性格的伴侣，给予对方真正所需要的，达到水乳交融。

本书第三篇"性格色彩恋爱实战指南"里，我从十七个不同的恋爱时间节点进行性格分析，随之提供给你了些零散的钻石法则，本篇将系统地提供给你一整套的思维方式，帮助你理解不同性格在情感中最核心的需求，如何对症下药，给予自己所爱的人真正的爱，而非你以为的爱。

无论你此刻正在恋爱中，还是婚姻中，都适用于本章的钻石法则。当你最后看完本章，心里激荡起一阵阵涟漪之时，记住，接下来你马上就要进入的，是不同性格该怎样修炼。在《性格色彩婚姻宝典》的最后一章，有写给天下所有正在情爱中的男女的一套修炼须知。

从打开本篇开始，细品每段后面的那句诗，莫贪快，搞到通透为止。愿这八条和每种性格相处的钻石法则，能助你在情路上，终成正果。

01　和红色性格伴侣的相处之道

　　红色的人生充满变数，如果你与红色伴侣同行，你的人生，也势必经历很多意想不到的波澜，开心与伤心并存。如果你追求的是挑战，那你必须知道如何抓住红色这匹野马的缰绳，让红色与你一起驰骋；如果你追求的是安稳，那你必须懂得怎样才能让红色心甘情愿返璞归真。

第一招　真诚表达

　　很多人恋爱初始，为给对方留下美好印象，生怕哪个细节做得不好，让对方心里扣分，所以总会刻意约束，避免流露自己的真实想法。直到双方确定关系，尘埃落定，才敢放松下来当面放屁，流着哈喇子睡觉。殊不知，红色看重人与人的真诚，世人所说的"挖心挖肺"，几乎都出在红色。

　　有一次在性格色彩卡牌师课上，我特别对红色强调，谨记"逢人只说三分话，不可全抛一片心"，意思是，红色的人啊，你老人家不要一上来遇见谁，都不设防，掏心挖肺，搞得自己毫无退路，有可能，你的结局最终会被你自己搞得很悲惨啊。但这只是对红色的劝诫，现实生活中，遇见一个以诚相待的人，红色本能地觉得，这人貌似同路人，赤胆忠心的好儿郎，真是知音啊。

浪漫喜剧片《我最好朋友的婚礼》中，朱莉娅·罗伯茨饰演的茱莉安，面临一段三角关系。她和认识了九年的同学兼同事麦克一直保持忽近忽远的暧昧。有一天，麦克告诉她，自己有了未婚妻，要结婚了。茱莉安一下子觉得，麦克在自己心中无比重要，不行，一定要把他从未婚妻身边抢回来。

麦克是红色，麦克的未婚妻金米也是红色。当茱莉安故意设计，让不会唱歌的金米在酒吧里被哄上台唱歌，原本以为金米会当场出丑，没想到，金米完全不顾自己丢脸，用五音不全的歌喉对着麦克表白了自己的真心。虽然歌唱跑调了，但她流着眼泪的真诚，深深打动了红色的麦克。茱莉安的苦心设计，反而成全了金米和麦克的当众示爱，让两人更进一步。

麦克看到金米出丑的那一瞬间，心里想的是："这女人为我付出了这么多，这不就是我自己的影子吗，哇呀呀。"

红色的潇潇回忆怎么被她老公拿下的时候，是这么说的：

我老公跟我谈恋爱刚开始，就跟我坦白，说他与高中和大学两任前女友相处的过程。

对高中女友那时他不懂爱，没有负责任，他心中那种愧疚，会让我觉得他会反思自己的过错，对我很坦诚。后来，跟大学前女友恋爱时，女友先一步去韩国，他半年后追去，却等来被劈腿的结局。当时，一个人沿着首尔南大门的马路牙子边哭边走……让我觉得他是个很专一，对待感情很认真的男人，我当时觉得这男人是个好男人，内心柔软。所以我心里就有种想"守护他"，不再让我受伤害的欲望。然后，两个人就在一起了。

红色骨子里向往那种可以和人不用设防的坦诚交流，他们心里最真实的想法是："我已经把老底都掏出来给你了，对你的真心苍天可鉴，难道你还不理解我对你的用心吗？难道你要伤害我这样一个赤诚之子吗？如果都这样了，你还要继续伤害我，那只能怪我自己瞎了眼睛，我认了。"

不过，有些时候，红色还是会在同样的坑里反复摔跟头。对红色来讲，最难的地方是在"对人真诚"和"对人有防备"之间找到平衡点，尤其商场上兵不厌诈，更是如此。但奇怪的是，恋爱时，红色的确愿意向爱人坦诚，那是通往自己所向往的美好和真挚爱情的必经之路。

如果你和红色交往时，总把自己的想法藏着掖着，这会让红色觉得和你有距离感，感觉并不好。常有红色跟我说，相亲认识后，约会好长时间，就是无法走近，总差了那么一些感觉，最后不了了之。其实，就是这个原因。

> 真心一片赤条条
> 全然坦荡任君评

第二招　用心认可

人人喜欢听好话，只是喜欢的好话品种不同、程度不同（详见《性格色彩原理》红色优势中的"赞美论"）。红色对"被认可"的需求像鸦片，远超另外三种性格，所以，从早到晚，每时每刻，随时随地，发自内心地真诚地赞美红色，将会让你和他的好日子随时到来。

我听过的一对恩爱情侣常年互相吹捧最变态的故事，来自豆豆。

当她的红色男友在马桶上面红耳赤，憋足力气，例行公事时，亲爱的豆小姐会两只小手托着腮帮子，蹲在男友前，非常花痴地端详，然后，深吸一口气，轻启朱唇，嗲嗲地说："老公，你怎么连拉屎的样子都这么立体、这么唯美。"红色男友皱了皱眉，故作镇定地问她："你不嫌臭吗？"豆小姐继续笑眯眯地说："此屁只应天上有，人间哪得几回闻。"

这男友享受过了豆小姐每天各种花样翻新的表扬，离开她，跟谁谈，都觉得少了快乐。

我听到这话的瞬间，鸡皮疙瘩乱起。但转念一想，如果我谈恋爱那会儿，有人这么对我，说不定我也被彻底拿下了。须知，"俗到极致便是雅"。赞美的尺度是一方面，赞美的发自内心和真诚才是关键。

在面对红色时，如果你的赞美是信口开河，胡说一气，那也未免太不尊重人；真正高级的是，发自内心的、不厌其烦的、真诚的、能够点中要害的赞美，那才是门学问。

假如你的伴侣是红色，钢琴弹得非常好，平时被众人吹捧够了，可你依旧拾人牙慧，"你的琴声余音袅袅绕梁不绝，实乃天籁之音"，这对他而言，不过是老调重弹，完全带不来丝毫惊喜。因为那些明显的优点在他自己看来早已司空见惯，根本不足称赞。但是，如果你能认可他从没被别人注意到的地方，发现他最不起眼，甚至连他自己也没发现的优点，就会使他产生一种久违的兴奋感，让其心弦拨动。

这理解起来再简单不过。如果你想赞美一个帅哥，千万别说他帅，要赞美他的才华，震惊于他的内涵；如果你想赞美一个靓女，别说她漂亮，因为从小到大，说她漂亮者不知凡几，她早对此免疫无感，但如果你赞美她有爱心，且有具体细为证，而非一味地胡拍马屁，她会更有被认可的感受。

小伙子阿光总是被女孩甩，一直找不到原因是啥，朋友跟他说，他批判性太强，从不会夸人，跟他在一起压力太大，他不以为然。朋友建议他去学学性格色彩，他觉得不过是类似星座的娱乐八卦的很扯

263

的谈资罢了，在他的前女友转发了一段我的线上视频课程《性格色彩读心之道》的片段后，决定来性格色彩课堂找找原因。来时也没抱啥特别大的期待，没想到，他回家后一经实践，立即取得奇效：

2019年春节，我那时学完性格色彩课程才一周，有一次，通过朋友认识了一个漂亮女孩，看她朋友圈，经常分享自拍和美食，但是有条内容是去孤儿院捐赠，然后，我就翻了她将近一年的朋友圈，把她每次去孤儿院的朋友圈单独点赞。故意不点那些美丽自拍。然后，给她留言："做一件好事容易，坚持做善事不易。长得漂亮是优势，但是心灵美丽是难能可贵的品质。很开心认识你，宝藏女孩。"于是她就邀请我下次一起去孤儿院了。后来两人就在一起了。

如果你总是一味地赞美伴侣的某个优点，红色会觉得你不够重视：难道你只发现我这一个优点吗？你要做的，是让自己能随时发现他人身上值得被关注的地方，让对方知道自己身上的闪光之处被你看见了。

> 众人皆捧佳人色
> 我却独赞罗扇香

第三招 做垃圾桶

红色喜欢分享喜怒哀乐，渴望从伴侣那里得到情感慰藉。当红色痛苦时，会向身边人倾诉大量垃圾，无比负面。这时，能陪在身边不离不弃温柔包容的人，会赢得红色深深的感激。当这个红色从负面情绪走出后，必将回报更多的爱。

异地恋对红色的挑战，最为艰巨。能同时扛得住相思之苦和无人陪伴之苦的红色，实在太少，如果双方都不了解正确的方法，在异地恋的问题上，坚持不了多久，便会率先"阵亡"（详见《性格色彩单身宝典》）。

性格色彩传播大使小马能和自己超级红色的女友，把异地恋恋得那么持久，堪称奇迹，而他用的方法就是四个字——做"垃圾桶"：

我女友分享欲很强，她原生家庭并不好，加上自己创业，因为疫情影响太大，所以总会有很多负面情绪。在她过往的情感中，她总是报喜不报忧，因为曾经有一个她很爱的男生跟她说："你怎么永远都那么多的负能量，把我也搞得负能量了。"从那之后，她就不会再跟任何一个男友说内心真实的想法，这也导致了她情感一直不幸福。

我俩一开始，她只跟我说好的事，但我感觉到她很压抑，而她又啥都不肯说，我觉得我们之间有很强的距离感，加上异地的原因，我觉得必须解决这个问题。

有一次，我去了她的城市找她。那晚几杯酒下肚，我先分享我内心一些负面的东西，我小时候的经历，原生家庭，工作压力，讲了一小时，因为我先打开了，她就打开了。她第一次跟我说了很多从没说过的事情，说了三个多小时，那晚过后，我们的感情升温了。

我以前总是喜欢打断别人的说话和时不时地点评，而性格色彩的学习，让我知道这些都是大错特错的做法。所以，当她说的时候，我不会去评论，我只会说："太不容易了，你是怎么坚持下来的？你真是太厉害了，如果换成别人，早就崩溃了。"我只会去安慰和认可，当我这么说了之后，她也愿意跟我分享，情绪得到了释放，我们的感情越发牢固。

有时我会早睡，在睡前我还会跟她说："老婆我要睡啦，你要是有想说的话，就留言给我，我明天醒了看到你很多的信息，一天的心情都会好起来。"

学会正确地扮演垃圾桶之后，垃圾只会越来越少，感情也会越来越积极和幸福。现在我们在一起已经四年了，最近她跟我说："我觉

265

得我永远都离不开你了，只有你能接受我的坏情绪，还能让我的坏情绪都变成好情绪！"

小马的表现，让世人得知一个优质垃圾桶必须具备的最重要的素质，就是三个字——"不评论"。痛苦中的红色，需要的不是你指点江山，需要的不是你的批判，需要的不是你的分析，需要的只是有人可以理解，需要的只是一个陪他哭陪他笑的树洞。你啥都不需要说，就负责倾听，是带着耳朵的那种听，不是行尸走肉的听，是真的听，一边听，一边认可；一边听，一边安慰，足矣。

《性格色彩婚姻宝典》中有分析："红色追求激情与快乐，痛恨重复平淡的生活，但当红色在感情中伤痕累累之后，往往会选择一个绿色伴侣，阅尽千帆，洗尽铅华，方知平淡是真。"为何久经情场的红色，有时会情归绿色？其实，就是因为绿色擅长当别人的"垃圾桶"，在这样一个争相抢着说话，生怕自己的声音不大，焦虑自己的表达不被重视的自媒体时代，居然有人喜欢听自己说，my god！这对红色来说真是无价之宝。

蘑菇丸，典型绿色的小家碧玉，从外到内，平平无奇，无甚特长，经历平淡，没啥恋爱经验。来到性格色彩课堂，成为卡牌大师后，开始放光。

原来，她平时毫不起眼，常像路人甲一样被忽略，但绿色善于倾听的特质，在做卡牌咨询时，居然得天独厚地发挥奇效。蘑菇丸从不主动收费，可每做完一次咨询，客户就主动发红包，所有人对她的评价就是超级耐心，很能解读人心。实话说，她那点水平和其他卡牌师相比，完全排不上号，但人家就是喜欢跟她讲心里话。随着她帮别人解决问题的能力日益增长，红包渐长。

有一天，蘑菇丸报喜，她要结婚了。在她咨询过的卡牌客户中，有位设计圈才华横溢事业有成的澳大利亚海归单身离异大叔。大叔墙内熄火多年，墙外一直彩旗飘飘，对情感一事心门紧锁，游戏人间，人生哲学是"走肾不走心，走心会要命"，是圈内远近闻名的江湖浪子。因为自己的朋友去找蘑菇丸做卡牌咨询，自己作陪，看到朋友做的一个"亲子关系"牌阵后，拍案叫绝，震惊于卡牌的神奇，自告奋勇也被"卡"了一次，居然对蘑菇丸这样一个陌生人，莫名其妙地倾诉了五小时。

此后，在解决跟前妻和儿子关系问题的过程中，他跟蘑菇丸止不住地每次越说越多，对蘑菇丸小姐心生奇异电流。而蘑菇丸永远都是静静地坐在那里倾听。在大叔去课堂学习的过程中，女生发现两人互生情愫，最终修成正果。当任何人对蘑菇丸表示羡慕抱得金龟时，她永远是淡淡地说："没有性格色彩卡牌，我们不会走到一起，你也可以的。"

做垃圾桶看似很吃亏，聪明人不愿做，但老实人也有好的回报。当遇上受伤的红色时，一个"超级免洗垃圾桶"往往能获得充足的情绪价值，也有可能让对方由感激而生情感。

> 哀愁不必付瑶琴
> 无论何时我来听

第四招　制造新鲜

红色容易被新鲜有趣的事吸引，长期面对同一件事时，容易兴致索然。相比较另外三种性格，显然，红色在这方面的需求会更高，这是红色的本性，不可逆转。然而，婚姻的本质，要求彼此忠贞于婚姻，维持婚姻的长久和不变。显然，这两者是完全矛盾的，故此，怎样在古井无波中寻求到古井重波，对红色来说，是非常重要的婚姻艺术。

通常情况，红色在婚姻中的新鲜感有两类：一种是身体上的，一种是心理上的。

一位在马来西亚从事性学研究二十多年的华人老教授，因为经常需要在各大论坛发表演讲，几年前，看了《超级演说家》节目，被我为残疾人学生崔万志打抱不平愤而饮酒的画面打动，年轻时他也曾好心不得好报，觉得我是被人陷害的一条汉子。老先生专程到国内跟我来学习演讲。因为性在中华传统文化中是个禁忌，怎样科学地传播普及健康的性文化，是他的使命。在了解了性格色彩后，他对"不同性格在性上的差别"产生了浓厚兴趣，认为完全可以专门做个课题深入研究，造福人类。

在学员汇报演讲时，他非常认真地提到，漫长的两性生活中，伴侣间怎样可以让彼此性生活更和谐，是大家都应该关注和思考的。

红色喜欢刺激和新鲜，不断打破彼此过去的性认知和性习惯，会给性爱带来源源不断的激情和生命力。

再有，就是两性关系中，越高文化层次的人，越会讲一些平时不敢讲的幻想与粗口。这其实，都能够让红色完成从害羞到接纳到刺激的过程。

最重要的，红色需要心理刺激，当你给对方戴上眼罩，然后假装拉开窗帘，告诉对方可能对面大楼里的人是可以看到这里的，其实，并不用真的拉开窗帘，他心里面觉得这是不对的，但这的确可以带来强烈的心理刺激。

以上讲的是身体新鲜感。按照性心理学研究，天下所有伴侣在性上的新鲜感和亢奋度，最多只有半年。这些方式，都是为了帮助伴侣延续彼此的性和谐，增强性上的幸福指数。

但更重要的是心理上的新鲜感，毕竟，对于漫漫人生的婚姻而言，心理吸引才是婚姻的基石。

作为伴侣，如果你不时有新优点让红色发现，他对你的热情就会越来越强。所以，不断学习成长，让自己不断拥有新的闪光点，这是与红色伴侣情感保鲜的秘籍。

小倪没参加学习前，和老公的关系濒临冰点。红＋黄的老公多年来在外创业，眼界和审美，与婚前判若云泥，而她结婚十年，终日居家，相夫教子，圈子和资讯早就被老公甩到南天门。因为缺少共同话题，每次老公一身疲惫回到家，她只能聊孩子，翻来覆去，鸡杂琐碎，老公一听就不耐烦，两人常莫名其妙拌嘴，最后，索性分房，成为同一屋檐下的完美陌生人。

学完性格色彩课程后，她认识了一帮天南海北的同学，有白手起家的上市公司老板，也有独自打拼创业、风度优雅的女强人，有自媒体达人、达人秀的小提琴冠军，也有跆拳道九段高手……三教九流五湖四海的同学，丰富了她的眼界，极大拓宽了她的人脉。

课后，她偷瞒老公，暗练演讲，等着一鸣惊人的那一刻。某日，借老公单位的会议室做了场性格色彩沙龙。结果，技惊四座！不仅让所有员工瞠目结舌，大家表达这是入职以来听得最实用的一个讲座，没想到老板娘还有这样的功力，更重要的是，收了一大帮子员工的心，有些元老有话不再跟老板去讲，而是和她这个老板娘去讲，这让她老公对她刮目相看。有了这个契机，两人重新有了新话题，老公时不时向她求教关于公司内部的问题如何解决，交流越来越顺畅，最后，男人屁颠屁颠求着搬回她的卧室。

需要区分的是，如果你的伴侣是黄色，同样希望看到你成长，但黄色希望看到每件事都有结果，希望看到你做的事对他有帮助；如果你的伴侣是红色，根本没想那么多，只要你不时有新奇展露出来，并不在意你做的事是否"有用"，只要你快乐开心即可。以上这位所做的事，对红＋黄的老公可谓最佳钻石法则，既让他领略了老婆大人在讲台上的魅力与风采，又给他的事业带来价值，让他的红色和黄色都得到充分满足。

换位思考，红色女人也一样，如果男人毫无变化、毫无新鲜感，每日行尸走肉，回家不是看手机，就是倒头睡，红色女人也会觉得婚姻毫无乐趣，久而久之，情亦生变。

婚姻的本质，与婚姻中的新鲜感背道而驰，除非你经常换人，这显然不现实也不可能。而人性的需求上，红色又的确希望有新鲜感。

这就像炒菜，一盘鸡蛋，不会做菜的，做出来的只能是一百年不变的水铺蛋；懂得动脑筋的，知道蒸煎炸炒焖炖熏、焗煮爆熘烩卤拌，没事就搞个花样翻新，在不变中做出变的味道。

所以，克服红色对爱情倦怠的法则就是"变"，往好的方面去变，哪怕一丝小小的变化，都能给红色伴侣带来乐趣和新鲜感，为情增加些许浓度。

须知，喜欢是"新鲜感"，爱是"归属感"。新鲜感，不是和未知的人去做同样的事情，而是和已知的人去体验未知的人生。

我们都会和很多人相遇相识，但真正陪你走完一生的人寥寥无几。一时的新鲜感，会带给你心跳加速。但须知，所有的轰轰烈烈都会归于平淡。因为，只有在平淡中你才能体会到真爱的味道。

> 茎变叶变根不变
> 别后总能千机变

第五招 贴心呵护

当成孩子，贴心呵护，这方法似乎应该用来对稚童，但殊不知，红色就是一个长不大的孩子。

红色的赛男 2016 年开始跟随我学习，当初在深圳华侨城集团做个小白领，现在已成长为可以独当一面的性格色彩资深传播大使。早期，黄色老公经常打压她，对她所做的事嗤之以鼻。到了2021年末她居然能搞起500人的粉丝社群大会，而老公也心甘情愿为她打下手。

和张先生在一起九年，从开始的小矛盾、大别扭、不舒服，曾经无数次纠结要不要离婚，到现在每天居然回到初恋状态，全是性格色彩的功劳。

我家黄色的张先生来课堂前，关注点都在赚钱和搞事上，只会问我："学性格色彩有什么用？让你收入增加了吗？见那个人给你带来的好处是什么？"面对他的问题，我以前的回答就是："内心变得强大。"每当这时，他就不屑一顾。如果平时我有不懂的事去问他，他就说："你不是很能吗？问我干吗？"我非常痛苦于他的不理解，不知怎样才能让他走进我的内心。

偶然的机会，在深圳青联举办的大型演讲上，他被我在演讲台的表现震惊了。我跟他说，你如果也跟乐老师学演讲，一定会比我更厉害，他终于走入课堂。那以后，我的幸福就来了。

学习后，他会慢慢用一些小小的行动让我感受到爱，比如，早上帮我煮红糖鸡蛋，晚上帮我热好牛奶端到床边，一直等我把牛奶喝完，他拿着空的盒子离开。我已经很多天没为手机充过电了，都是睡前他来完成。好多次，我睡着之后，感觉到他帮我盖被子。记得，有一天中午，我困到睁不开眼，孩子还在床上蹦来蹦去，他轻轻把孩子抱走了，睡梦中，又听到他悄悄把窗帘拉上，蹑手蹑脚把门带上，那一刻，我笑醒了。他把我当作一个生活没有自理能力的小姑娘一样照顾，还常常说，他自己又多养了一个孩子。

有时想想，性格真是神奇。如果在恋爱时，你对黄色女人说"你就像个孩子"，黄色可能会跳起来，认为是对她的侮辱。黄色从骨子认为，你必须尊重我的强大，否则就是瞧不起我，怎么着？来吧，我们干上一架。可同样的话，"你真像个孩子"，红色听起来，眼泪会止不住地向下流，马上接话："嗯，我就是个孩子，你刚知道啊，那你愿意一辈子呵护她吗？"

很多红＋黄的女强人，叱咤风云，阅人无数，却莫名其妙倒在一个事业不如自己的男人怀里，问她为啥，她说："也不知为啥，就是突然找到了依赖感和依靠感。"

呵护，是红色情感的增进剂。但其分寸感需要拿捏。如果过度关心变成约束，甚至是勉强红色接受他不需要的关怀，就会适得其反，把"呵护"变成了"限制自由"。

"呵护"既包含照顾的味道，又带有包容的感觉，其实就是把红色当作小孩子一样对待。一个红色男人，即便事业有成，很多时候也渴望在亲密关系中找回童真，得到伴侣的关心和照顾。

石家庄的叶子在家族企业的酒店中担任行政财务总监的职务，课后说：

性格色彩挽救了我的婚姻。老公比我大7岁，跟他结婚这么多年，总觉得是我比他大7岁。他常跟孩子打成一片，在家里不大点儿的地方陪儿子玩捉迷藏。在学性格色彩前，我一直觉得他非常幼稚，没个爹的样子，从不加入爷俩的活动，他每次被我批判后，都非常沮丧；学完性格色彩后，我才明白，那是因为他是典型的红色。现在，我会很感动于他对孩子这样的陪伴，并且，偶尔也会参与他们的胡闹。

因为是家族企业，他是总经理，在工作上经常被他爸这个董事长骂，回家后很委屈，总是抱怨。如果是以前，我就只会拉下脸，跟他说："你振作点，多大的人了，你要是觉得咱爸说得不对，你直接跟他说啊，你又不敢跟他说，回来跟我说有什么用。"慢慢地，他什么都不愿意跟我说了。现在的我，知道了他是红色，就会抱抱他，给他安慰，告诉他："你知道爸是黄色，骂你就是爱你，你要理解他。"他就没事了。

有一次，我回家晚了，他就撒娇说："你回来这么晚，我都感受不到你的爱了……"我知道他在"作"，于是，就倒杯水，冲杯晚上他喝的保健品，递到他跟前，以撒娇的口气靠着他说："老公，感受到我的爱了吗！"人家说："嗯，感受到了！"然后，就没事儿了。我觉得，乐老师你说得对，跟他过日子，有时候，就得把他也当小孩儿一样"哄"。

网上有个一禅小和尚，某天因为贪玩，洗了很久的碗还没洗好，被师父发现，罚他抄十遍清心咒。一禅听后十分不爽，偷偷叫上小伙伴溜出去，翻墙越柱，不幸跌倒受伤。躺在床上的一禅，本以为会被师父狠狠打一顿，没想到师父不仅没责怪他，还安慰他："人没事就好，还疼吗？"他觉得在师父这里很温暖，因为在大人眼里，自己永远是个孩子。你受伤了，他会第一时间去关心在乎你的感受。至于你做了什么事，都不重要。

显然，一禅小和尚所描绘的这幅美好画面，在现实生活中最多只有半数。由于性格的差异，现实的真相是，很多家长遇见这样的情况，第一反应就开骂："让你跑，跑，跑，活该你腿摔断，你再跑啊，下回看你还敢不敢乱跑，来，让我看看摔到哪儿了？"如果此刻，你看到这句话，心生共鸣，那恭喜你，咱们都长在差不多的家庭环境，性格中批判性强的父母，都习惯于用这样的语言模式（有孩子的读者，可到《性格色彩亲子宝典》中参详怎样教育不同性格的孩子）。

然而，这幅美好画面，却使我们心生向往。在大人眼里，你就是个孩子，对你放心不下，认为你什么都不懂，什么都不会，什么都需要别人来照顾。在红色眼里，无论年龄，灵魂最深处，始终怀有这样的梦幻。迪士尼动画电影《克里斯托弗·罗宾》中，最经典的那一句台词是："大人只不过是长大了的小孩。"这话在性格色彩学中，可以改得更为精准，你只需记住："有些红色，只不过是长大了的孩子；

有些红色，是永远长不大的孩子。"

六九童心尚未消
当成孩子把爱浇

第六招 快速灭火

红色感性，易把一时分歧和不快的感受放大，演变成冲突，最终走到分手或离婚的地步，"情绪"是最大的幕后黑手，但起因多是红色在意的点受到了刺激。

红色需要伴侣关注呵护自己，得不到满足，就情绪化，愈演愈烈，感情滑向破裂。所以，如能及时应对，避免情绪化伤害，才是真正的防患于未然。

谷谷学完钻石法则后，用来处理与红色妻子的关系，立竿见影。

原先老婆非常容易发火，譬如，他答应陪老婆出去旅行，但临时有突发工作去不了，或是过生日忘记买礼物，老婆都会发脾气，无论怎么解释和道歉，就是不听。

学完后，他才发现，过去他对老婆的解释和道歉，都用的是讲理的方式，比如："对不起，我真的很忙，最近公司要上个新项目，你也知道我的事业正在转折点，注意力都被工作占据了，很容易忘事……"对红色讲理，越讲心越凉，越讲越觉得你不在乎。所以学完后，他立即换了种方式，不是讲道理，而是讲感受。

当老婆再次抱怨他不爱她，边哭边喊时，他直接冲过去抱住老婆。老婆愣了，然后边挣扎边哭。他索性用力抱，老婆越挣扎，他抱得越紧，并在耳边安慰："不哭不哭！"老婆不再挣扎，哭声也变得温柔小声，轻声说："快把我放下来，老夫老妻了，像什么样子？"

于是，他顺势把老婆放下，自己在身边搂着她，温柔地聊天，不一会儿，老婆心情无比愉快。

听上去像撒狗粮，但这的确是现实中快速奏效的方法。"一抱解千愁"，满足红色对肢体接触的需求，可大大降低红色情绪化发作的概率和频率。

没人喜欢生气的感觉，生气了，对红色而言，就是控制不住了。红色生气时，你千万要保持理智，别被对方的情绪带过去。

我同事小卷的父母感情很好，是因为每次她娘发火，她爹都能冷静对待。有一次，因为婆媳矛盾，她娘在她爹面前破口大骂，希望大干一架发泄长久淤积的怨气。然而，她爹不仅没和她娘吵，反而靠着墙壁一脸无辜，听着她娘发泄。骂完后，她爹依然不动声色。她娘说："我骂得这么凶，为什么你不还嘴呢？"这时她爹说话了："你本来已经够气的了，我如果跟你吵，那不是火上浇油，更会把你气死吗？"自此以后，她母亲再也没有轻易发火，因为她知道有一个包容她的伴侣，委屈都不算什么了。

每个人情绪爆发都是有原因的，有些人是因为从小得不到足够关爱；有些人是因为常被暴力对待，没有形成健康稳定的性格；有些人是因为长期劳累身体疲惫，情绪易崩，比如宝妈；有些人是因为病痛折磨，或者进入了更年期。这些你身旁的人，都需要你用心去包容。当年校园杀人案的马加爵性格暴躁，然而大家都选择了远离他，瞧不起他，欺负他，没一个人能好好引导他，但凡他能遇到一个了解他的人，用爱和包容将他引入正途，根本不会有惨案。让人唏嘘的是，唯一逃过一劫的，恰是平常从不嘲笑他的那位同学。

总之，若你身边的人情绪化或朝你发火，先保持冷静，或许对方只是太累了，需要你的帮助。尤其是红色正难受着，正被一团火烧得焦灼不堪，而你，别做"助火油"，要做"灭火器"。

接天爆发无穷怒
息怒停瞋不浇油

第七招 充分自由

"爱情就像一把沙，抓得越紧，流失越快。"这话未必放之四海皆准，但对红色，完全成立。

因为红色强烈向往自由，如果被紧紧绑住，会觉得自己被监视，产生强烈反感。很多人因为不了解这点，试图用婚约、用父母、用孩子来捆绑红色伴侣，却激发了红色的逆反，你越追，他越逃（《性格色彩单身宝典》对此问题有详细阐述）。也就是说，对红色伴侣，莫要总想着牢牢抓住，相反，假如你给对方更多信任和自由，对方会主动留在你身边。

一个红色男人，当年曾在两个女孩间犹豫，不确定娶哪个。

富家女 A，艳丽四方靓瞎眼，爱他，问题是独占欲太强，一旦发现他看其他女孩，立刻翻脸，需九牛二虎之力，才能哄好。灰姑娘 B，小家碧玉容貌清爽，性格温柔，从不问他除了自己外还有没有其他喜欢的人，也不会要求他陪在身边。当时，B 女慢性病，三天两头需去医院，但她一直说："你不用陪我，去忙自己的事吧，我自己一个人可以。"但她越这么说，红男越觉得该陪着她。

最后，红男做了个惊人之举，他分别告诉两个女孩，说自己除了她之外，还有个喜欢的人，不知该如何选。A 斩钉截铁地说："你要什么，我都可给你，我就是想和你一起。你若选我，不可分心。胆敢异心，白进红出。"B 说："你想选谁，就选谁，只要你开心就好。即便你选了我，也依然自由。只要在一起真心就够了，谁也没权利绑谁一辈子。"他听完两人回答后，毅然选择后者，直到现在，两人依旧幸福。

就像是电视剧《爱的理想生活》里面的温如雪和白相闻，婚后，温如雪骨子里最渴望的自由没有了，白相闻总按照自己的想法去指点她的生活，没给到她足够的空间和自我。所以，每次争执，她都想躲在朋友家里，那是可以让她自由呼吸的地方，最终，两个人离婚。

爱情需要两人一直待在一起的浓情蜜意，也需要两人分开，各自在自己的世界里徜徉。过于紧绷的关系会让人窒息，忍不住想要逃。若一方只想要陪伴，另一方强调空间，那么注定会分开。

自由和信任，乃头等大事。尤其是男人，极度需要自由。你不给他自由，就等于让他无法呼吸。很多人，非常讨厌早请示晚汇报，需要非常大的自由空间，无法接受任何情感和关系的桎梏和管束。你最好别管我，我自己把自己管得一向都很好。

给对方信任和自由，说说易懂，但要真的做到，需得克服你人性中固有的贪婪和占有欲，最重要的是，战胜自己的不安全感和患得患失。

信任是自由的前提，如果你不信任一个人，不可能给其自由。在长久的情感关系里，往往是自由来成全别的一切。有时，主动选择糊涂一点，多给对方一点空间，你才是笑到最后的人。

吾之信汝天地鉴
望汝自由吾心安

第八招 莫翻旧账

"翻旧账",就是把对方以前的错误、傻事、对不住你的地方,拿出来重新絮叨一遍。其实,无论你的伴侣是什么性格,翻旧账此举,都堪称蠢中至尊!可惜,有些人总是在意那么一两场嘴炮的胜利,总觉得口头逞快,有直抒胸臆的效果,既然现在你让我不痛快了,那我也断断不能让你快乐!

殊不知,红色一旦犯错,可以很快认错,以此来挽回好形象。但如果事已翻篇,你还把旧账重新拿出来,一旦你让红色丢脸,势必让对方恼羞成怒,觉得你是故意过不去。

所以,当红色不小心犯错,切勿当着众人面开削!

其实,你只需给红色留有面子,在无人时轻轻提出,红色立刻会道歉并更正,谨记穷寇莫追,切莫得理不饶人。当红色道歉更正后,你一定要对他的"知耻近乎勇"予以褒奖。这样,才能促进情感的良性循环。

当事情过去,更不应翻旧账!情感关系,一方翻旧账,多半想以此压低对方,抬高自己,期待对方服软、再次认错,但对红色而言,这招不但无效,且有反效。对红色曾犯的错误,最好只字不提,只有这样,对方才会把愧疚埋在内心,念着你的情,加倍对你好。

我家长辈里有对模范夫妻,年过六十,恩爱似新婚。双方都是红色,到现在还喜欢一起拉手出去旅游,看到什么,就相互分享,犹如一对蜜月小情人。

我问他们为什么可以保持甜蜜至今,他们说了个小秘诀。

原来两人结婚时就约定,但凡吵架,绝不隔夜,当晚就把心里话说出,彼此解释清楚,踏踏实实睡觉。过了当天,无论谁对谁错,都绝口不提,如有人违反此约,提起旧事,就接受惩罚——洗碗三次。

正因为他们及时沟通,并且事过绝不再提,所以,两人心里没有解不开的疙瘩，就算为了小事吵闹，也是吵过就算，依旧欢喜。

两人吵架，最恐怖的一件事情，就是翻旧账。即使平时多么互相关心和爱护，一旦开始翻旧账，过去所有的不开心和委屈，都会再次翻涌出来。一层堆叠一层，让原本的小事，变成大事。

电影《团圆》里有一幕翻旧账的剧情。全家一起回妻子爸妈家。孩子喊人时，不小心把"姥姥姥爷"喊成"爷爷奶奶"。丈夫听到，瞬间对孩子大发雷霆，还朝着妻子放狠话："爷爷是爷爷，姥爷是姥爷，我又不是倒插门！"妻子也气得面红耳赤："谁说你是倒插门？"丈夫还嘴："从结婚起，你们家就是这么想的！"旧账一翻，鸡飞狗跳。丈夫开始埋怨妻子娘家为难他，年轻时家里穷，却被强令婚前凑五十万买房；妻子也开始讨伐，说自己当初如何屈身下嫁，现如今得到的是如何侮辱和轻视。一时之间，孩子惊恐，家中地动山摇。

两人长久的诀窍，就是别翻旧账。翻了又如何？不过是一个更难过，一个更愤怒罢了。翻旧账，就像是把即将愈合的伤口掀开，再往伤口上撒盐。凡是过往，谁没过错，总翻旧账，早晚结仇。有矛盾当场解决，然后一码归一码，干净利落，才是两人长久安稳之道。

> 只看郎君今朝好
> 不提往日糗事多

279

和红色性格伴侣的相处之道

第一招：真心一片赤条条，全然坦荡任君评。

第二招：众人皆捧佳人色，我却独赞罗扇香。

第三招：哀愁不必付瑶琴，无论何时我来听。

第四招：茎变叶变根不变，别后总能千机变。

第五招：六九童心尚未消，当成孩子把爱浇。

第六招：接天爆发无穷怒，息怒停嗔不浇油。

第七招：吾之信汝天地鉴，望汝自由吾心安。

第八招：只看郎君今朝好，不提往日糗事多。

02 　　　　　　和蓝色性格伴侣的相处之道

如果你的伴侣是蓝色，他会默默守护在你身边，但也不要忽视了他内心的声音，否则你必将为此付出代价。如何与蓝色伴侣相处，性格色彩学为你抛砖引玉提供了八条秘籍。

第一招 努力猜心

蓝色人际关系中最在意的（不仅仅止于情感关系），就是——默契。所谓"默契"，意味着你不说，我啥都知道；我不说，你啥都知道。蓝色天性谨慎，说话前，再三思量，很多想法耻于用言语来表达，即便说出，也半含半吐，有所保留。如果你能体会到他内心的想法，满足他对精神默契的渴望，他会视你为毕生知己，情根深种。

《红楼梦》中林黛玉至死都深爱贾宝玉，重要原因是两人强烈的精神默契。宝玉不喜读书，讨厌官场，无心仕途，对这点，宝钗、湘云、袭人这些丫头共同的立场是：读圣贤书乃进身之阶，无论是否喜欢，还是该做。某次，湘云劝他出去与官场中人交流仕途，他立刻翻脸，要湘云滚。袭人说，宝钗劝宝玉时，也被宝玉给了脸色，还好宝钗有涵养，要是黛玉，必定怄气。这时宝玉说："林姑娘说过这些混账话吗？要是她说过，我早和她生分了。"恰巧黛玉来找宝玉，听到宝玉的话，又惊讶，又感动。

对蓝色的林黛玉而言，她和宝玉想法一样，不走仕途，两人从未讨论，宝玉却明白她没说出口的想法，这就是她想要的"默契"。

对蓝色而言，话如果一定要从嘴巴里说出你才明白，那只能说明你蠢，和你这么蠢的人交流，连带着自己也很无聊。

情感关系，更是如此！恋爱双方，如果一方不知蓝色在想什么，总问"你什么意思啊""你说呀""你快点讲啊"，蓝色抓狂之余，心有神伤，认为此人非良人。婚姻中的双方，如遇同样情况，出于对婚姻的责任感，蓝色只能打落门牙肚里吞，把"心有灵犀"这样对灵魂伴侣的高要求深埋于内心。

你可能会问，听上去如此高级，凡夫俗子怎样方可达至这般"只可意会，不可言传"的境界呢？

方法就是——努力揣摩蓝色的喜好。

蓝色所期待的，是伴侣可以多观察，多留心，来判断自己喜欢什么，不喜欢什么，别逼着蓝色说出来。说出来，那还有什么意思呢？

性格色彩培训院红色的蝶老师，和蓝色老公结婚四十年，前二十五年可以说从没进入过老公内心。十五年前，开始学习性格色彩，才算真正读懂老公。

有一次，单位里发了五十个鸡蛋，蝶老师想卤起来吃得久些。卤完放进冰箱，就去出差。五天后回来，蛋不见了。她问女儿吃了几个，女儿说俩。还剩四十八个不可能都是老公吃了，就问老公："蛋哪儿去了？"老公看着她，不说话。再三追问，还是不说。逼到最后，老公说："吃了。"她大惊失色："四十八个蛋，你一个人全吃了？你怎么吃得下，你爱吃鸡蛋吗？"

老公不再搭理她。她跟在屁股后面，不停地追问，问了很久，他说："刚结婚那年，我们从老家坐火车回上海，上车前，你姐送我们一盒茶叶蛋，你还记得吗？"她说："记得呀，怎么了？"老公说：

"茶叶蛋哪儿去了？你还记得吗？"她只记得姐姐送了茶叶蛋，但自己不吃蛋，上车随手一放，下车也没在意。现在想起来，蛋是不见了，瞬间恍然大悟。结婚这么多年，其实老公一直很爱吃蛋，只是红色的自己从来就没意识到。

如果没学过性格色彩，红色的她第一反应就会埋怨："你爱吃蛋？为什么不早说呢？你不说，我怎么知道呢？"但现在，她有些不好意思，怎么自己早没发现呢？打那以后，她受了严重刺激，开始学会细心关注蓝色老公的喜好。

很多人常抱怨自己的蓝色伴侣无法读懂，问他"想去哪儿？吃啥"总没个直接明确的答案。有时，蓝色眼睛翻白，扔下一句："这么多年，我喜欢什么，难道你不知道吗？"此话一出，被问者蒙了。而在那时，反问的蓝色，心里想的是："你怎么会好意思问我呢？你问出这话时，为什么脸都不红呢？心不痛的吗？这么简单的问题，你都不知道，那只能说明，你根本就不在乎我啊！"

蓝色最爱"猜心"的游戏，不仅喜欢猜别人，更喜欢别人猜自己。蓝色会根据别人猜心是否准确，从而判定此人是否值得和自己一直走下去。猜得越准，时间走得越长，距离走得越远。假设你准备好了接下来一起参与，即便你短期内无法达至福尔摩斯的境界，先给自己订个华生的小目标就行。

如果你完全没信心，且看人家是怎么做的。猜心这动作看似复杂，其实简单，只需你把对方的一举一动记挂心头。

性格色彩传播大使光磊分享了当年在英国留学时，是怎样追求到蓝色女友的：

她是在我去英国第二年才去的。我发现她刚到英国的时候，天天中午就离开学校，下午卡着上课时间才回来，我知道她一定在忙留学生刚到这儿的手续，那些机构等放学就下班了，只能中午休息时去办。

我知道作为留学生，刚过来语言不通，会走很多弯路。比如，寄宿家庭谈费用，容易收费但不服务；警察局会让你准备很多前期手续，当初光一个地址证明手续我就跑了很多次。

像警察局注册和学校入档这种事，我都提前给她用软件翻译成韩语，让她做准备，这样，我们几乎每个手续都是一次成功，她不止一次表达我是上帝派来帮她的。她是个很虔诚的基督徒。

我还发现，她每天中午都是很简单的三明治做午餐，别人叫她一起吃饭，也不参加。英国人的饮食跟注重餐饮的东方人比不了，我猜想她可能不会做饭，也吃不惯当地饮食，就每天按照韩国人的口味给她做便当，还帮她找了韩国超市。

知道她是基督徒，每个周日必做礼拜，她第一次去，我亲自带她走一遍，之后每周五会提前帮她订好去教堂的地铁票，并且给她画了简易地图。她问我，怎么知道她看不懂英国地图，我说中国和韩国的城市很多是正北正南建的，但英国不是这样的，所以，地图容易看错。她觉得我很懂她内心的需要。

在别人还没说之前，你就知道别人要说啥。蓝色不愿把自己心里的话讲给别人听。可是，真有一个人还没等自己开口，就直接做了自己肚子里的蛔虫，蓝色对此人的情愫是必然的，这，就是我要找的那人。

顺便强调一点，情感关系中，假设你察言观色的能力不够，蓝色并不介意，只会觉得俺这个男人好笨，咱这个婆娘好傻。蓝色真正介意的是，你不但不仔细、不观察、不关心、不理解、不懂得，而且，还反过来责怪蓝色是挑精拣肥、吹毛求疵、多此一举、很难伺候的神经病，这种伤害，对蓝色而言，大过天。

> 心摩意揣勤思虑
> 望表知里需用心

第二招 做事认真

"世上怕就怕认真二字"，这话的专属权归于蓝色。如果不理解，你会认为蓝色太苛刻，总抓住别人的小辫不放；如果你理解，会明白那只是蓝色天性如此。所以，面对蓝色，做事不敷衍、说话不夸张，才能让他感到踏实。

　　蓝色学员苏三和红色老公习惯于周末出外打牙祭，附近餐馆统统吃遍。某日早起，她问老公："今天想去哪儿吃？"老公说："随便。你想去哪儿？"她说："我也随便。你选一个吧？"老公说："去大明湖餐厅吧。"

　　苏三听到这话，心里咯噔一下。她问老公："你是想吃那里的糖醋鱼吗？"老公说："没呀。"她说："那为何去那里？"老公说："不是随便吗？"苏三继续说："随便也要有理由呀。"老公说："随便就是随便，随便选个不就好了？"她说："那你不是敷衍我吗？"老公说："你这人怎么这么麻烦！"于是，两人没出去吃，憋了一肚子火。

　　苏三认为，即便你随便选一个，至少也要符合好吃、人少、停车方便这三者中的一个条件，而老公提议的那家餐馆，人山人海，停车不便。重要的是，上月吃过，因为难吃，达成不再去的共识。所以，苏三无法理解为何老公又选这家，只能理解是不是突然想吃这家的某个菜？结果，老公居然说不是。因为红色的"随意"，不经思考，蓝色会理解你这不是"随便"，这是"敷衍"！

　　如果你天性随意，那和蓝色伴侣相处时，一定要当心。蓝色无法接受口无遮拦，如果你不知道，老实回答即可，切忌随性发挥、信口开河。

　　小夏的前女友是个蓝色，他一直不知分手的原因是什么，因为在　285

沉默中分手，蓝色女友从没告诉他原因。直到他遇到一名性格色彩卡牌师，才解开谜团。

小夏应酬不少，有一天在酒桌，女同事喝多了，眼看就要摔倒，小夏眼疾手快扶住女同事，将她扶上出租车后回家。到家后，衣服一脱，去洗澡。

洗澡出来，女友坐在床边，面前放着小夏的外套，肩膀处沾了点粉底。小夏见状，慌了，大声解释："刚才不小心碰到餐厅的墙，什么破餐厅，还掉灰。"女友淡淡地问："真的吗？"小夏忙说："真的啊！你可不要想歪哦！"女友什么都没说。第二天，女友提出分手，小夏大急，连忙说："是不是因为昨晚的事？我虽然说谎了，但你要相信我绝对不是发生了什么，就是一个女同事喝多了，我扶她沾到的，你一定要相信我啊！"任凭小夏如何哭泣，女友都是一言不发，漠然离开。

直到遇见卡牌师，摆了一副情感关系牌阵，小夏方才恍然大悟：以蓝色女友的缜密，早就看穿了那是粉底。而红色的小夏面对质问，紧张之余，放大自己的感受，原本没做亏心事，却觉得说真话会更加麻烦，抱着侥幸心理撒谎。可不懂性格的小夏却不明白，蓝色对撒谎的生气远远超过对可能存在的猫腻的生气。当时的他，正确的做法应该是，详细把事情经过说出，认真对待，这才会让蓝色有安全感。

你可能会以为，认真有什么难的？问什么答什么，从不说谎，难道搞定蓝色就如此简单？何须乐嘉先生在书中特别提醒？皆因天下不同性格对"认真"二字的定义，完全不同。蓝色对"认真"的标准，远高于其他性格。

红色自带随意，嘴比脑快，脱口而出，说了再想。当蓝色听到不合情理的答案时，会想，为何你这么答？此时蓝色反问，并没否定的意思，只想深入探究，但红色噎住，说不出原因。因为开始就随口一说，当蓝色一再追问，红色无法自圆其说，只能语焉不详，支支吾吾，蓝色这时加大怀疑，红色最终被问得恼羞成怒，冲突自然在所难免。

黄色认为大事需要认真思考后答，小事无所谓，也可能随口回答。当蓝色追问时，黄色反驳："无聊，这么小的事情，犯得着较真吗？"从而，战火开启。

绿色没啥想法，最擅长把问题踢还给蓝色："还是你定吧，我不知该去哪儿。"来回几下，最后，还是蓝色做了决定。冲突的确不会发生，但长此以往，蓝色永远无法从木头那里得到深层交流，也会丧失和绿色的深层交流。

所以，最好的方式是，认真思考蓝色的问题，切忌口比脑快，只有你给出合情合理的思考逻辑，蓝色才会愿意跟你深入交流。

> 细节能捕公子心
> 小心方驶嫦娥船

第三招 尊重计划

蓝色对计划的看重，其他性格永远无法企及。作为伴侣，不管你是不是有条理的人，最低限度，不要去干涉和打乱蓝色的计划，一旦他们的计划被打破，会没有安全感，觉得事情失控。

路先生刚谈了一个蓝色女友小美，相约晚上 7 点 30 分看话剧，小美为了防止路先生迟到，说好了 7 点在门口相见。7 点 15 分路先生还未到，小美短信路先生："还要多久？"答："马上就到。"7 点 25 分还是没到，小美继续打电话："怎么还没到？马上要开场了。"路先生带着歉意说道："对不起啊，宝宝，路上实在是太堵了，我可能要迟到几分钟，对不起，对不起，待会儿给你买个冰激凌。"小美冷冷地说："不用来了，不看了。"挂断电话，离开剧院。

事后，路先生大闹，小美面无表情，一言不发。最终不欢而散，恋情告终。

小路的反应是："我已经很努力赶来了，你怎么可以这么不近人情，说走就走，太过分了吧！不仅过分，而且小题大做，迟到是常有的事，又不是故意的，干吗如此兴师动众！我看你是故意的吧！"

这样回应蓝色，结局自然一地鸡毛。你走阳关道，我走独木桥，此后永不相见。

蓝色妹夫和红色妹妹每次外出旅游，万分痛苦。出发前三个月，妹夫问妹妹是否有具体出行计划。妹妹说，你定吧，走哪个路线都行。于是，妹夫提前两个月，就搞定了线路行程，清楚标注哪个景点停多久的详细计划书。旅行途中，妹妹每看见一个新景点，都大呼小叫，如同发现新大陆，动不动就想在一个喜欢的景点多留一晚，但对妹夫来说，一旦没按照计划前进，后面的精心安排，就像多米诺骨牌被推倒，全砸了。于是，坚决不同意。两个人就杠上了。

你要理解蓝色为何那么重视计划和规则，在蓝色心中，旅行也好，约会也好，真正的完美，一切都要有计划才可控。蓝色并不像红色那样，对惊喜有渴望，对蓝色而言，惊喜意味着变化，变化意味着打破原来的计划，而一旦打破计划，又没有后续经过验证的靠谱的计划替代，那就意味着，后续所有的事情全部会被打乱。

尊重蓝色的计划，意味着尊重蓝色前期煞费苦心的劳动，也意味着不给蓝色添乱，否则一旦计划被打破，后续必然有一泡屎等着他去擦。

故此，对待蓝色最好的方式之一，便是尊重他对计划的痴迷和执着。请务必记住，如果你一定要去改变蓝色的计划，你会遭遇到巨大的阻抗和风险。所以，和蓝色生活死板，很无趣；但是从另外一个角度，再也找不到像蓝色那样，生活足够放心有安全感的了。

红色的罗哥跟蓝色老婆共同运营一家社群俱乐部。夫妻共同创业，抬头不见低头见，碰撞之苦远超普通夫妻。在婚姻快坚持不下去的时候，罗哥遇见了性格色彩。他在课后一个月，给我写了封信：

老师好！这个月我终于享受到七年婚姻以来头一次和蓝色生活的快乐。

我老婆的计划，通常从每月的 1 日到 31 日，每天上午、中午和晚上分别做什么，事无巨细，无一遗漏。以前，老婆也让我做，每晚检查执行力度，这真是杀了我。而且一旦完成不了，就是漫长的洗脑，长达几小时，甚至十几小时，一直到她觉得说服我为止。这种折磨人的沟通，让我无比痛苦，曾经掀过桌子，差点离家出走。可她不依不饶，后来我屈服了，这让我活得很压抑。

学完性格色彩的这个月，我知道自己红色的优势和需求后，尝试在工作计划中安排了更擅长和更有趣的内容。例如，每天下午一刻钟的下午茶，而且自学了平面设计，每周都有八小时自己做海报创作。另外，自己还在公司内做心理会诊，每周给同事做亲密关系和亲子成长辅导。

和以前相比，当做一些有趣的计划时，我发现其实挺不错。我的计划制订后，她也不再找我麻烦了。例如，下午茶时间，同样是玩，但只要有计划地玩，她就没问题。以前只要看我端着咖啡，叼着烟，坐在外面阳台上，她就要开始调教我。

和蓝色一起生活，你要习惯蓝色对你的改造。蓝色对周围的人，会用自己的标准来要求。和黄色"只许州官放火，不许百姓点灯"的风格完全不同，蓝色要求你的同时，人家自己身先士卒，力求生活有秩序。如果你是一个杂乱无章的人，你要感谢你的蓝色伴侣，他会帮你从一团乱麻、犬牙交错的生活状态中，体验到断舍离的生活愉悦。

当你和蓝色相处时，你要特别注意，不要轻易打破已经说好的约定。计划不仅包括时间、地点、事情进展，还包括人物。如果你事先跟蓝色约好商谈，但到了现场，你这儿突然出来几张生面孔，对蓝色是莫大的不尊重。

我很难忍受无聊的举动和谈话，很少参加聚会，对我来说，那是无效社交，毫无乐趣。我始终觉得，多数人常说些没头没脑的话，而且每次说的内容往往一样。昨晚，我红色男友的朋友约我们出去吃饭，到达餐厅，才发现他还叫了几个我们不认识的朋友，可事先完全没打过招呼。当时，我就不舒服。于是，硬着头皮快速吃完，起身离去。我男友觉得不好意思，偷偷和我说："咱再坐一会儿就走。"我说："你留下来，我先走。"日后，凡是这个朋友的约，我再没参加过。

蓝色对临时突发性的活动，并不喜欢，就像很多时候，觉得惊喜是惊吓。这一切都源于——蓝色只有在计划下，才觉得可控，蓝色不喜欢失控的感觉，那会让他毫无安全感。

> 早做绸缪早安心
> 定好规矩莫言变

第四招 有诺必行

蓝色特别重视承诺，答应你的事，一定会做到；你答应的事，也请你务必做到。如果你答应他，你没做到，就代表你不重承诺，而这个阴影和成见，一旦形成，很难抹去，你需要花费初始千百倍的力量和时间，才可能逐渐挽回。

绿色的姑娘阿华，老妈是女强人，在医院工作，风风火火，不愿退休。老爸是蓝色，对家务事，老爸比老妈清楚。两人年近六十，老妈干劲十足，老爸在家养病。老妈给老爸介绍了自己医院的医生，开了中药。

因家中无人煎药，所以医院代煎，需要每天去医院取药。老爸交代老妈，每天下班时顺便取药。老妈说："没问题，这事交给我了。"开始几天，老妈都记得；过了几天，老妈一忙，就把取药忘了。好几次回家猛拍大腿："哎哟！忘了拿药！"一看时间，药房已关门，只能第二天一早去取，再托人送回。这样一耽搁，老爸临睡前，就无法服药了。

对蓝色而言，不能按规定时间服药，内心煎熬，这不仅破坏了计划和规则，还引发了他对后果的担忧。

辛亏阿华学过性格色彩，看到老妈忽略了蓝色老爸的感受，悄悄跟老妈提了下。最后，老妈主动跟老爸道歉，把取药任务交给阿华。虽然事情解决了，但老爸的阴影并没过去，老妈和女儿轮流陪伴，关心了老爸大半年，锁眉方疏。

违背承诺，会给蓝色带来相当的阴霾，哪怕是并不重要的小事。蓝色认为，你答应了就要做到。如果临时有变，必须提前说明理由。

蓝色不但答应伴侣的事会做到，答应自己的事也会做到。不但信守诺言，也遵守时间，不仅遵守承诺要完成的时间，也能兑现自己订立的目标，按计划如期完成。

光磊学完性格色彩后，发出一生情感上最痛的感慨，就因为没有早早知道这点，他付出了惨重代价：

因为不懂得蓝色对"承诺"二字的重视，让我错过了此生最爱的女人。

蓝色女孩是韩国财阀的女儿，从小锦衣玉食，虽然不算娇生惯养，但我知道她生活中没受过任何磨难，所以，当她决定跟我回中国嫁给我的时候，是我人生第一次感受到因为爱和责任，我必须努力工作，我不能让她嫁给我以后受任何的委屈。

那时，正赶上我所在的城市规划"三年大变样"，我选了绿化工程行业。

长达十个月，没任何休息。在北方，想做工程，酒局是标配，天天应酬，对我这个酒精过敏的人来说，就是折磨，那十个月，我几乎每晚浑身起皮疹回家。但我觉得很充实，因为有和她成家的目标，我觉得所有的付出和努力，都是值得的。

但是，第十个月的时候我回家，发现她收拾好了行李，跟我说，要分手，回韩国。我惊呆了。为什么？

她说这将近一年，我没陪她去一次教堂，答应她十几次周末陪她看电影或出去吃饭，都没兑现，无数次她提前做好发型，搭配好衣服等着约会，最后，等来的都是我那句："太累了，以后再去行不行？"她觉得我变了，跟当初留学时完全不同。

对我来讲，更是不可理解。我说："人生是长跑，看电影啊，吃饭啊，以后什么时候不能去？但现在创业是关键的一年，你就不能理解，这都是为了我们的未来吗？"

她却回答："就是因为人生是一场长跑，我无法想象和接受你对承诺如此不在意，我觉得跟你这样的人活一辈子，会很痛苦。"

最终，她给我开出条件让我选择。第一，我回归家庭，她出去创业，她承诺一周工作五天，周末二人世界；第二，跟她回韩国，韩国没那么多应酬，她父亲无子，总要有人帮家里打理事业。

292　　对当时的我来说，我的理解是：第一条路是吃软饭，第二条路是上门女婿。所以，我无比屈辱，连夜把她送到机场，买了当天的机票，直接送她走了，此后相忘江湖。

我在学了性格色彩以后才发现，其实，我们完全可以拥有更幸福美满的结局。

我曾经觉得，自己为了这段感情，毫无保留，全心付出，没学性格色彩之前，我只要一想到她那天离去，就充满了愤怒，我觉得自己仁至义尽无怨无悔。但是，学完性格色彩，我才发现，原来，是我自己一直在伤害着她，而且，我还把这些行为当作对她的爱和付出。我大错特错，悔之晚矣。

蓝色对信守承诺的重视度，是四种性格之最，与蓝色相处，一定要注意自己有可能随口答应的话，对方很上心和重视。蓝色对人品很重要的一个判断标准，就是，说，太容易了，唯有做到，才是性格良心。

为了不被蓝色责备，也为了你们之间的情感交流无阻，最好的办法就是让蓝色觉得无须提醒，你也可以信守承诺，自律自控。

> 诺不轻许言有信
> 有口无心必伤人

第五招 保持安静

蓝色宁愿寂寞也不愿热闹，宁愿不语也不愿虚与委蛇。蓝色沉醉在自己的世界中，怕的不是寂寞，而是，不得不面对着不想面对的人，还要与这些人小心地措辞和应酬。对于人世，蓝色更愿听到的是空谷回音，而非那些因为甜蜜而变了味的语言。

蓝色在工作中也许不得不适应纷纷扰扰的环境，但一旦回家，回到自己的港湾，极其需要宁静。如果伴侣不能给蓝色安静的空间感，就无法成为蓝色的心灵同行者。这种冰与火的距离感、天与地的即视感，会在不知不觉中，为彼此的关系撕开一道口子，成为隐患。记住，蓝色不喜欢喧闹、嘈杂或者混乱，需要一个可以暂时逃离的空间。请尊重蓝色的这种愿望，并且不要打扰蓝色。

小云和蓝色老公生活七年，十分憋屈。老公对工作尽心尽责、精益求精，每天工作到很晚回家。通常她入睡，老公还没回。她习惯早上6点起床，那时老公还在睡，所以，总是蹑手蹑脚爬起来，踮起脚尖，不发出任何声响地走到衣帽间，轻轻拿好要换的衣服，再轻轻走出去。有时她会忘记拿东西，不得不再次蹑手蹑脚返回，即便如此，还是会听到老公轻微的挪动声，这让她既无奈，又烦躁。

同样，她时刻感到一种挫败感。电视看球赛，小云会为心仪的球队呐喊，老公说："可不可以安静些？"小云无法理解："看球不是很开心吗？"出去旅游，到了酒店，老公愿意从早到晚待在酒店，放松、思考，他不介意小云自己出去逛，但小云总觉得两个人不在同一世界。

学完性格色彩，小云终于懂了老公，走进了蓝色的世界。她使用钻石法则，不是委屈地去做，而是真的放下自己，放平心态，享受跟蓝色一起安静的时光。慢慢地，老公愿意多跟她讲一些自己的事情了，两人再没离婚的念头。随着越来越多的深层交流，她逐渐发现老公除了婚前她所欣赏的沉稳之外，更有一个丰富的内心世界。

作为蓝色的伴侣，要给到他的，不仅是物理上的陪伴，更是心灵旅途上的同行者，跟他保持一样的安静。

汕头红色的雷猛是这样描绘他的蓝色老婆的：

相处时，她确实不喜欢吵闹。记得有一次，我们和朋友聚会，我喝得有点高，回家路上，我坐在副驾，拿着饮料瓶当话筒，一直大声高歌。我自认为是一个浪漫行为，可她非常不喜欢，关上车窗让我别唱了。我不听，她继续阻止，最终她生闷气，一晚上没理我。

我那时不懂性格，觉得在车内高歌这种出现在电影中的浪漫行为会感染她，让她感受到我的魅力。可是一个刚刚应付过喧嚣环境的蓝色伴侣，完全不会接受这种疯癫的行为。

在我学完性格色彩后，当我理解了蓝色对一个人清静的需求后，我才知道当初自己的行为，对她是多大的困扰。

现在，我能够给她足够的安静空间，给她切好她爱吃的水果，然后默默端到她身边，比在她身边对着她唱100首情歌，会让她觉得更浪漫和多情。

最后这句话，讲得真好。每个人对"浪漫"和"多情"的定义是截然不同的。你觉得嘴巴里重复一百遍"I love you"是人生最大的浪漫，他却觉得你是台复读机罢了。在他心里，执子之手脉脉含情双目相对一言不语，暗里回眸深属意，那才是人生最大的浪漫。可你这个复读机，恰恰认为那是一对无趣的情侣在互摆人体造型的行为艺术。

所以，你想怎么表白不重要，你想怎么传递爱也不重要！重要的是，你能用适合对方的方法，你能用对方喜欢的方法，去表白，去传递爱，去相处，去生活，这才是钻石法则的精髓。只有这样，你才能真正进入他人的内心，从而情意融彻浑然一体。

> 孤独梧桐深院锁
> 任尔清秋独自吟

第六招 调节气氛

不同性格情感搭配中，蓝色与红色结合概率极高。在你阅读完性格色彩情感三部曲（《性格色彩单身宝典》《性格色彩恋爱宝典》《性格色彩婚姻宝典》）后，对此规律会有顿悟。

蓝色选择红色，很重要的原因之一，是红色善于制造快乐，这是蓝色深深欣赏的。虽然生活中，蓝色安静时非常讨厌被聒噪的红色所打扰，但由于蓝色拘束严谨，总能在人多的时候，成功地把气氛搞得不那么愉快，制造出紧张与拘束并存的奇效，让众人体验到压抑与胸闷的共鸣。这时，如果身边有个善于插科打诨打开话题的红色话痨做伴，对蓝色来讲，犹如荒漠甘泉。

武侠小说刻骨铭心的爱情排名中，《神雕侠侣》中的杨过和小龙女必列前茅。

情之初，杨过被打，逃入古墓，被小龙女的侍女孙婆婆所救，孙婆婆死前将他托付于小龙女。于是，孤男寡女住古墓。开始，小龙女面无表情，严格管教。但杨过很会聊天，说说笑笑，很是热闹。

小龙女发现杨过不听话，拿扫帚打，他却说："你虽打我，心却怜我。越打越轻，生怕我疼。"小龙女被说中心事，脸上微红，骂道："呸，谁怜你了，你不听话，我下手再重些。"

杨过听她语气温和，嬉皮笑脸道："你打得再重，我也喜欢。"

小龙女啐道："贼骨头，一日不挨打，只怕睡不着。"

杨过道："那要瞧是谁打我。爱我的人打我，我一点也不恼，还高兴呢。她打我，是为我好。有的人心里恨我，只要骂我一句，瞪我一眼，待我长大了，要一个个去算账。"

小龙女道："你倒说说看，哪些人恨你，哪些人爱你。"

杨过道："恨我的人不必提，数不清。爱我的有我死了的妈妈、我义父、郭靖伯伯、孙婆婆和你。"

虽然蓝色的小龙女一本正经、保持距离，但善于调情的杨过，还是很自然地把她和自己的嫡亲拉在一起，也算成自己的亲人，玩笑中让两人的关系自然亲近了不少。

杨过和小龙女的故事，完美演绎了一个古灵精怪、活泼好动的人对一个艳若桃李、冷若冰霜的人是有致命杀伤力的。不仅在虚拟的武侠世界，在现实生活，也是如此。蓝色长期在规则下生活，死板无趣，表面拒人于千里之外，内心渴望有人懂自己，拉自己一把。

某次婚礼上，新郎做了篇回顾恋爱的演讲，全场宾客捧腹大笑，惊为天人：

她从小就是车接车送，没做过年轻人疯狂出格的事儿。我俩大学时，有一次，我们在闹市区吃饭，我先骗她把钱包给我，然后，突然拉着她逃单，她吓坏了，跟着我跑，手心里全是汗，回到家，她给我上了半小时课，说我不应该这样做。我说偶尔坏一下，才是个鲜活的人。

第二天上学，我进班里告诉她，那个饭店老板在学校门口找我们，把她吓得放学一直不敢走，最后，我跟她说骗她的，钱我早就偷偷给过老板了，让老板演出双簧戏的，她被气哭了。她给我的感觉就是太中规中矩，我就是想让她被我的恶作剧调节得活泼点。

当你搅动绿色时，绿色没什么动静，即便最终搅动了，你也很难得到情绪满足；当你搅动蓝色时，蓝色内心不安，极力反抗，屡屡证明你这样的搅动是不对的，这反而刺激起你的破坏欲，最终搅动完成，让你回味无穷，觉得这才是人生的挑战。

需要特别强调，蓝色和绿色，都不喜变化，不喜挑战，不喜刺激。但是，蓝色的无趣和绿色的无趣，完全两码事。绿色无趣，像一潭死水，是即便体验了崭新人生也古井无波的无趣；蓝色无趣，受了太多条框束缚，这不行，那不行，是不敢越雷池半步的无趣。

红色嬉戏雀跃时，不但帮蓝色解闷，也弥补了蓝色的短处，解决了不善热络的问题。既解近忧，又谋远虑。反之，若对方是个闷葫芦，蓝色想的是：家中两个闷葫芦，今后生个孩子岂非闷瓜？

> 谈笑风生眉眼开
>
> 怡情悦性乐自来

第七招 积极感染

"外面的世界很精彩，外面的世界很无奈，当你觉得外面的世界很精彩，我会在这里衷心地祝福你……"这是我在学生时代，流行的一首齐秦的歌。如果有一天，某个暗恋你的蓝色对你唱起这首歌，你真的笑嘻嘻地拿它当作祝福，那么，恭喜你，你很可能会错过一生的挚爱。因为，那并不是蓝色内心真实的想法。

蓝色的内心世界相对封闭。如果把人心比作一扇门，红色心门四方敞开，蓝色心门则为虚掩，最多留条缝，等待有缘人推门而入。对外面的世界，蓝色也有探索欲，但会担心风险，作为伴侣，如果你能告诉蓝色，此刻外面正在发生的事，让其获取资讯时得到精神享受，蓝色会更容易被你吸引。

《一个陌生女人的来信》中，蓝色女人用一生默默地爱着一位作家，从未说过。直到临死前，才写信告诉他。其实，最初爱上，就是因为两人是邻居，作家还没搬家前，她看到运过来的雕塑、绘画、书，就对作家产生了很多联想，把他和外面那些没见过的美好事物联系在一起。

在她写给作家的信中说："你从一开始，就对我这个胆怯羞涩的

298

女孩具有巨大的力量。你还没进入我的生活，你的身边就出现了一种奇特神秘的氛围……有天下午，我看见搬运车停在楼前，这时，我对你的好奇大大增长。我站在门口，惊奇地望着一切，因为你的东西都很奇特，我从没见过印度的佛像，意大利的雕刻，色彩鲜艳的油画，末了，又搬来好些书，好看极了，我从没想过，书会这么好看。"

对这位蓝色女孩而言，作家代表着外面的世界，一种精神世界的享受，所以，当作家本人出现时，只是对着她亲切地微笑，用眼神关注着她，就让她这一生小鹿乱撞。

对待外部世界，蓝色不像绿色那样毫无探索欲，也不像红色，一旦心动，马上行动。蓝色不愿轻易踏进未知世界，更愿意先以书本和影像的方式，体会外面的美好。故此，若你活力十足且乐意分享，蓝色很乐意借你狂放不羁之风，寄蜉蝣于天地。

玄幻剧《花千骨》中，蓝色的白子画冷若冰霜，易遭人误解，幸好红色的花千骨活泼热情，刚见面被白子画搭救后，就要求他留下来陪自己过生日，还主动给白子画做桃花羹，正是她的主动热情，拨动了白子画的心。虽然白子画不苟言笑，但内心已动情。

影片《音乐之声》亦是如此。蓝色男主角由于军人生涯和亡妻的悲伤，管孩子像管士兵一样严格，孩子们感受不到父爱，总以捉弄家庭教师来吸引父亲的注意。新教师玛丽亚是典型红色，天性爱自由，不受繁文缛节约束。上校要求玛丽亚像他一样严格，但玛丽亚却用温柔赢得了孩子们的好感。趁上校不在，用窗帘给孩子们缝了游戏服，带孩子们在阿尔卑斯山野餐，教会他们唱歌，孩子们的拘谨和忧郁，被音乐和笑声取代。

起初，上校对玛丽亚的做法十分不满，可当他听到孩子们为男爵夫人唱的歌时，被深深感动，因为玛丽亚把从他妻子死后家中就不再有的音乐带了回来。在红色的热情感召下，蓝色的上校终于打开了心扉，改变了教育方式，娶她为妻，让音乐和欢笑重回家庭。

蓝色生活极有规律，严肃的思考是人生常态，容易长时间陷入负面思维，沉溺往事，所以，红色的积极快乐，才对蓝色有着莫大诱惑。而蓝色的情感爆发、内在的激情和生命的快乐，须有一个引子。没有这个引子，始终埋在内心，无法引爆。

和绿色的差别是，绿色即便有了引子，也依旧需要外界持续不断地推动，因为绿色本身并无足够的自燃体。但是，蓝色完全不同，蓝色的能量本已具足，只是自己没有主动表达和奔向阳光的能力，蓝色乐意见到对自己主动表达的人，很多时候，需要炽热来点燃自己的火山，不如此，无法去到自己想去的那个远方。

> 内秀于心冷若霜
> 雪消冰释需火融

第八招 陪伴低潮

人生总有起伏，人人都有低谷。当蓝色堕入沮丧和低落的负面情绪时，你该怎么办？通常，最糟糕的常见做法有两种。

红色性格

"你说出来呀！说呀，快说呀，发生什么了？说出来就好了！"

这句经典台词，出自红色之口。红色有痛苦，解决法子是：一定想法说出来，只要哭了、说了、倾诉了，垃圾出去，神清气爽，上下便会通畅。所以，红色想当然地认为，全世界的人必然跟自己一样。

没想到，蓝色和自己是两个品种，人家压根不愿说。于是，红色耗尽全身吃奶的力，启发蓝色："你怎么了？有什么不高兴吗？说啊，说出来就好了，夫妻本是同林鸟，有啥大难一起当。"结果，蓝色嫌烦，只说了一声"没事"，不再搭理。红色听到这话，瞬间炸毛："怎么没事！肯定有事啊！你为什么不说啊！不愿意说给我听吗？那你要说给谁呢？是不是不爱我啦！"

原本郁结的蓝色，看到红色这样开导自己，更加胸闷肿胀：帮不了我，还给我添乱。这就是为何蓝色面对红色，常觉得你傻瓜、你肤浅、你无知、你有病……

而悲催的红色，看到蓝色爱人郁闷的样子，一筹莫展，要么被负面的蓝色带着一道下沉，不仅没把别人带出来，还把自己赔进去；要么自己在那里跳脚，还被蓝色嫌弃憎恨。

黄色性格

<u>"出什么事了？""没事？OK，那我先走了。"</u>

黄色从来不浪费时间，一直倾向于用最直接的手法帮爱人解决问题。有事你就说，说出来我帮你解决。我问你，你还不说，那行，随你了，等你想说，再找我吧。这就是黄色的思维模式。

但当黄色拂袖而去时，蓝色多半会憋出内伤。因为蓝色会把黄色的这种行为，解读为"毫不在乎"，由此产生更多误解。

一位精明的黄色老公并不理解他的蓝色老婆朵朵。朵朵在外企做招聘，一般会有志愿者在那儿干活。有时，志愿者错过了最后期限，也吊儿郎当稀稀拉拉。而蓝色的朵朵要求每件事情必须准时和完美，但她发现对那些志愿者来说，几乎是不可能的。

有一天，她觉得压力很大，想和老公说说话。她告诉他工作的困难，并希望得到老公的安慰。令她失望的是，他告诉她："很简单，炒掉！重招！"

当他准备离去时，她叫道："我怎么能赶走人家？他们只不过是志愿者。"黄色理应先认真倾听，再分析，最后给建议。一开始就急切地恣意评论，只会让蓝色认为没有谈的必要。

黄色看到蓝色伴侣心烦时，惯用的台词是："没关系！别在意！忘掉它！"这些表面看上去积极的话，会让敏感的蓝色心情更差，心里想的是："怎么可能没关系？怎么可能不在意？怎么可能忘掉它？"

面对这样的开导，蓝色只会认为，你是根本无法理解他们的人！你无情、你武断、你强硬、你自以为是……于是，蓝色用沉默寡言来抗议和表达愤恨。

以上两种性格常用的方法都不行，那到底该用什么方法呢？

最佳方法就是——默默陪伴。这种陪伴，不需任何小聪明，只需要定力和心境。蓝色敏感而细腻，不像红色那样喜欢倾诉，在亲人和爱人面前，希望在安静中沉淀。作为伴侣，蓝色需要，你可做参谋，提意见；蓝色不需要，静静陪伴，足矣。

一个蓝色女孩Jane是这么说的：

我很多时候不开心，并不是因为男友做错了什么，只是想得很多，情绪会一下子低落。这时，其实，我并不需要很多安慰，只要让我一个人待着就行。我需要安静和独处。

有时，我那个红色男友常觉得我不理他肯定就是生气了，其实，是我自己的问题，每次他这样问我，只会让我更心烦，我只是想自己静一静，自己解决问题。

如果蓝色的痛苦是针对事，遇到无法解决的事，患得患失，作为朋友的你，假设水平够高，能给出专业意见，那好极了；如果你没水平，给不出什么好建议，莫硬帮忙或只是空洞地安慰"没事的"，你就学绿色，耐心，耐心，更加耐心，以耐心和友善的态度，让他感到你是支持他的。最后，他会自己找到一条适合走的路。

离婚多年的蓝色高富帅，在婚恋市场炙手可热，多年后，选了一位绿色姑娘。人人皆问，为啥万花丛中选点绿？答案是：每当自己心情不好，她既不远离，也不逼他说话，只是静静守候，做自己的事。当他需要时，看一眼，绿色就会靠过来说会儿话；当他想自己静一静，绿色就回到另一边继续做自己的事。

这种状态，恰恰应景了仓央嘉措那首诗："你见，或者不见我，我就在那里，不悲不喜；你念，或者不念我，情就在那里，不来不去；你爱，或者不爱我，爱就在那里，不增不减；你跟，或者不跟我，我的手就在你手里，不舍不弃。"对那位女子而言，不过是随手为之性格的本性，但对蓝色男子而言，便是那"无声胜有声"的至高境界。

蓝色郁闷时，别再说"这是我听过最蠢的事"或"看看生活中的阳光面吧"，这种批判只会引起冲突。下回试试看改变下你的说法："这不能怪你"或"你决定告诉我的时候，我随时等着你"。这种说法，会让蓝色觉得更温馨。

永远记住，蓝色不需要你帮他们"改变"情绪。蓝色只是需要你的陪伴，安静地坐着，直到他们愿意说出来。给他们足够私人的空间、安静和支持，承认生活的不公，讨论可能的解决办法，仅此而已。

> 落花失色莫逼问
> 知音唯需静坐旁

性格色彩
恋爱宝典

和蓝色性格伴侣的相处之道

第一招：心摩意揣勤思虑，望表知里需用心。

第二招：细节能捕公子心，小心方驶嫦娥船。

第三招：早做绸缪早安心，定好规矩莫言变。

第四招：诺不轻许言有信，有口无心必伤人。

第五招：孤独梧桐深院锁，任尔清秋独自吟。

第六招：谈笑风生眉眼开，怡情悦性乐自来。

第七招：内秀于心冷若霜，雪消冰释需火融。

第八招：落花失色莫逼问，知音唯需静坐旁。

03 和黄色性格伴侣的相处之道

黄色的伴侣，会替你做决定，把控大局，也会实在地为家庭付出，直接赚更多钱给家用；你遇到重大打击时，为你撑起一片天。但平素日常，可能不会嘘寒问暖，你也未必理解黄色看似霸道冷漠外表下对你的重视。与黄色伴侣相处，若是不懂钻石法则，你自己可能被憋屈得内伤，而对方还毫无觉察。

第一招　以柔克刚

无论工作还是生活，遇见那些和自己对着干的人，黄色的反击犹如秋风扫落叶，不留情面，穷寇必追。作为黄色的伴侣，不论你有多少吸引黄色的优点，切莫和黄色对着干。即便他的意见是错的，直接反驳，只会激起黄色反击，最好的做法是，用迂回方式提醒，让黄色自己得出正确结论。

宫斗神剧《甄嬛传》，讲述了甄嬛从选秀入宫到成为皇太后的整个历程。皇宫中，所有女子竞相争宠，但甄嬛只想拥有自己的爱情。黄色的皇帝，起初被甄嬛的才情和美貌吸引，对她异常宠爱，但因甄嬛性子刚烈，过于真诚直白，顶撞了皇帝，导致两人情感出现裂痕。于是，甄嬛自请出宫，带发修行，经历沧桑后，甄嬛决定重返宫中。这一次，她知道了对皇帝这样的男人，应用婉约柔软的手法。

而皇帝发现甄嬛终于学会了示弱和顺从，龙心大悦，最终，让她登上贵妃之位。

同部剧中，反面教材非华妃莫属。这位冠绝六宫、泼辣随性的姑娘，其兄是朝中重臣，可惜她恃宠而骄，处处顶撞皇后，在后宫为所欲为，损害了皇帝的威严，黄色的皇帝表面不发作，为免将来母凭子贵，开始削弱她，暗赐欢宜香，让她无法生育。后来，其兄谋反，她在后宫所为败露，皇帝再没留她的理由，将其赐死。

不跟黄色伴侣正面发生顶撞，不要对着干，是与黄色相处最基本的一招。按理说，不该犯这样的错误，但是，情感中人们有种错觉："既然爱我，就该爱我的一切缺点，既然爱我，就该无条件包容我的一切。"这种状态，热恋时有可能，但从长远过日子来看，不用钻石法则，爱情必死。

怎样叫作"以柔克刚"？黄色的性格色彩传播大使筠姑写了封信给我，分享了她老公终于学会用以柔克刚跟她相处，结果皆大欢喜。

老师，先前和你说过，我老公因为女儿不和他交流，经常会和我不开心。原因在于，他觉得女儿不爱搭理他，甚至都不愿意叫他爸爸，他无力改变，很苦恼。与我沟通时，时不时会向我表达，是因为我没有正面教育好女儿，令我很恼火。

我认为，其一，我一直在教育；其二，你自己和女儿沟通不好，问题为何不自己解决，把自己解决不了的问题抛给我，是你无能的表现；其三，我给过他调整建议，但如果你自己不改变，而总期望女儿改变，是根本不可能的。所以，一度因为此事，从亲子关系的问题，上升到夫妻关系不和。

其实，如果他了解黄色，就会知道如果需要请黄色出手帮忙，就不能用批判或抱怨的方式，不可以正面硬碰硬，更不能把责任简单地推卸给黄色。他原来就是一直这么做的，大半年的时间，我们的关系一直很僵。

非常感谢您的课程，他被小姑子推到课堂学习后，最近这段时间，我感觉得到他有在调整。一方面，他会尝试去表扬女儿（虽然有点生硬，但也是进步）；另一方面，每次我批评或私下和他讨论女儿做得不好的地方，他总对我说："你还是很有方法的，女儿还是非常顾及你的想法，蛮听你话的，你看她……"可能是这样的缘故，现在让我有了更多的责任感和使命感，愿意自发地去做父女两人沟通的桥梁。我们俩现在也不会在家里再拉着脸了。

学会请教的口气，学会放软，总是天大地大老子最大的口气，永远摆出错误都是别人的腔调，似乎自己永远没问题，最惹黄色生厌，是断然不能接受的。所以，自古以来，就有"两黄相遇更黄者胜"的说法，还是老子对孔子说得好啊，牙齿都掉光了，舌头却依旧存在，所谓"天下之至柔，驰骋天下之至刚"。

> 至强相遇同归尽
> 至柔驰骋天下刚

第二招 怀揣主见

上面那招，不和黄色发生正面冲突，很容易让你得出一个想当然的推论——黄色喜欢软柿子，只要听话，就有好日子过，只要跟他意见不同，就死定了。

如果你真有如此想法，你死！定！了！若不醒悟，会让你和黄色相处时，堕入万劫不复的深渊。你该为自己高兴，我的朋友，你选择阅读本书，遇见了下面这段文字！

黄色的确痛恨他人和自己发生直接正面的冲突，但是，这并不等于黄色喜欢那些唯唯诺诺、毫无自我、人云亦云、没有主见的家伙。相反，在黄色心中，鄙视这样的人存在。因为这样的人，在他们看来，是生活的弱者，完全不值得重视。

如果你对黄色的观点和想法不同意，只要你能够不损其尊严，不直接与其正面冲突，黄色很愿意和你探讨。对黄色而言，如果你的想法比他自己的想法更有助于达成目标，黄色会佩服你和欣赏你。但如果你不动脑子，什么建设性意见也提不出，而且还听风即雨，在外闲话拿回家无风起浪，黄色会从内心极度厌烦你。

桑德，奇女子一枚，凡事特立独行，不在乎别人怎么想。桑德嫁给了比自己大20岁的黄色老公。据说，当年，黄色男人事业有成，就缺一个媳妇儿，于是，把自己对女友的外貌标准写下来——一米七五＋肤白＋五官端正，然后，雇人在北京海淀几所重点大学门口蹲点，看到符合条件的女生就拦住，问她要不要去面试一个兼职，薪水是大学实习生的三倍。

就这样，桑德成了候选人之一，并最终脱颖而出，在工作过程中与黄色男人恋爱并结婚。按照大众理解，这种相识方式，两人在一起，会让女方有严重不安全感，很明显，男人重色，女人像是入选的妃子，后面还有成排流水线的胸大臀圆的女子候着呢。但桑德毫不担心，对老公的社交从未疑心，每天安排好自己的事情，不问老公行踪。

不管两人相恋如何开始，婚后异常幸福。黄色男人说，跟桑德在一起最大的好处，就是她从来不"作"，支持男人的工作，从不无理取闹地撒娇。

常人总以为，像黄色这样的霸道总裁肯定喜欢没啥想法的傻白甜。事实上，黄色内心对一味顺从毫无想法的人并瞧不起，他们选择的伴侣是既聪明，又能有自己的判断，还不与自己对抗的。在黄色心目中，最欣赏一种特质——"温柔的坚定"，拥有这样特质的人，才能和自己并驾齐驱、相辅相成。

黄色的人生哲学是——每个人都应为自己做的事承担责任。追求你时，黄色可以非常温柔体贴，那是因为，当时的目标是搞定你成功组成人生局；但你俩关系稳定后，黄色认为你该为自己的事负责，那么，很多事你应该可以自己做决策。当然，如果涉及与两人有关的重要决策，你需尊重他的意见，但对生活中的小事，黄色非常讨厌你事事依赖，事事询问，既占用了他的时间和精力，更重要的，不符合黄色对伴侣最基本的独立要求。

> 风中葫芦惹人厌
>
> 行不苟合有定见

第三招 助力事业

但凡做事的黄色，对事业都无比看重，这从性格角度很好理解。黄色的成就感，多半在事业体现。即便非职场的黄色，也会把家庭婚姻的经营或孩子教育，当成自己最重要的目标。总之，黄色只要有自己内心认可的目标，就会把它当作自己的事业，头等大事（特别强调，并非只有赚钱才是黄色的唯一事业）。所以，只要是黄色，无论男女，如果伴侣能对自己的事业有帮助，在情感上，就会更亲近。

对事业的影响，是黄色婚姻的决定要素。于事业有帮助，大家就是最好的伙伴；对事业有破坏，伙伴瞬间可分开。同样的故事，在美剧《纸牌屋》中，被一对黄色的夫妻安德伍德夫妇展现得淋漓尽致。起初，男主想当总统，女主想当总统夫人，于是他们在一起。后来，女主想当总统，男主拼死回报，共同进退，携手付出。神夫妻啊，可以说是真正的 partner（搭档）！

追求成就感是黄色骨子里永不停歇的动机。红色和蓝色恋爱时喜欢的那些风花雪月和吟诗作对，完全无法触及黄色的点，他们对风月常新完全无感；相反，黄色心中最理想的鼓瑟和鸣，是能有一个经常和自己交流工作的旗鼓相当的伴侣，两人每天专注探讨搞搞钱做做大事。

现在，问题来了，看了上面的道理，你也明白要给黄色实在的事业助力。可惜，你作为黄色的伴侣，在其目前的事业中，帮不上任何忙，也插不上任何话，妥妥地有心无力，是否此刻的你，只能干瞪眼，目送黄色的背影和另一个人扬长而去？因为回到家中，如果你略有微词，黄色很可能说："别乱猜，我跟人家谈的是工作，你瞎想什么？"

亲爱的读者朋友，如果此刻你还没有来过性格色彩的课堂，只是第一次开始了解性格色彩学的奥秘，那么此刻我要给你最重要的建议，你要牢记。

在婚姻中，黄色伴侣在家庭生活责任上的承担，会让对方有依赖和信任，但是如果这个黄色，没时间照看孩子的学业，作为伴侣，你须承担起这样的责任。合作伙伴，不仅仅指的是工作，伴侣所扮演的家庭角色也是黄色寻找合伙人的一部分，只要你能够胜任，就会让这个黄色觉得你不可或缺。

真正的黄色，非常清楚大后方稳定对自己事业的意义，不会因为风吹草动，心有涟漪，而让自己的后方动摇，这不符合黄色的人生追求。你所见到的媒体八卦，渲染多年后男人抛弃了原配，如果不是因为有巨大的利益吸引，那么可以肯定，几乎都是红色做出来的，因为只有红色才会因为美人而损耗江山，真正要江山不要美人的都是黄色（在关于运用性格色彩读心的著作中会详细阐述）。

儿女情长不足贵
与尔同心利断金

310

第四招 包容刚硬

黄色说话硬声硬气，对亲近的人也是如此，世间早有"钢铁直男"和"金刚直女"的美誉。你有体验过被直男硬撩的感觉吗？

早上五点多，把我叫起来，说给我带了早餐。学校女生宿舍门禁还没有打开，我憋着一大股起床气，结果，他从栏杆缝里递过来一袋早餐，打开，里面装着三个馒头（那一瞬间，我以为自己在监狱）。

一个黄色男孩向他喜欢的小铃铛询问自己百思不得其解的千古难题：

黄男：为什么你们女生都喜欢海王呢？难道像我这种老实专一的不香吗？

女孩：因为海王更懂女人心，老实人不解风情。

黄男：怎么就不解风情了，你解释解释。

女孩：那就今晚吧。

女孩：你来我家，我解释给你听。

黄男：不行，我现在就想听！

这是正宗黄色恋爱的常态。若有一天，黄色对你忽然转向，见了鬼似的甜言蜜语，如果不是看了本书后学会自省，那定是为了达到某种目的，到那时，你大可直接问他："无事献殷勤，非奸即盗，有啥坏事，速速奏来。"

和黄色在一起生活，日常例行的嘘寒问暖，可以不需要，你兴致勃勃地向他问候早安晚安，人家收到以后，不回你，你要生气，心里在想怎么这么没有礼貌。可回你，黄色自己又不知道回啥，觉得同样回复早安晚安，是傻得不得了的做法，大家都尴尬。所以，面对黄色，婚姻和恋爱中这些在黄色看来虚不拉叽的东西，都可不要。

对黄色来讲，直来直往，节约时间，不需分心，只需谈事，就是最好的交流方式。这就使得黄色的示爱不像示爱，像是在谈一个毫无温度的事实。

一个黄色女孩主动向大白求爱。求爱简单而直接，搞得大白措手不及。

"你现在有女朋友吗？""有，就祝你幸福；没有，就和我去澳大利亚待两年吧，你认真想想。""我想换个生活方式，而且发现心里还是很在意你，你想想吧。""最主要看你想不想去。"

在大白一头雾水浑身紧张正在犹豫该怎么回答时，黄色女孩看没收到回应，立即话锋一转："当然，我现在拿绿卡。对了，你上次不是说过想到那边去读书吗？你要不想结婚，就读书去，陪着我，省得说我占你便宜。""你最近又被哪个女人绊住脚了吗？其实，我就是想稳定维护我们的感情，你的过去我不介意的。你趁着年轻，赶紧去读书充充电，对你未来很好啊。"

以上这段短信中，有趣的是，当黄色想达到目标时，完全不在乎所谓的"面子"，不会有其他性格一旦被拒绝后的尴尬和窘迫。在对方没回应时，黄色想的是怎样换个方法达成目标，当对方没对前面自己的提议积极回应时，黄色马上转向，将话题引到一切都是为了对方的事业好。

所以，如果你找了一个黄色伴侣，除非你能读懂他直捣黄龙的爱情语言，否则恐怕无法从他硬邦邦、直通通的表达中感受到心意。

如果你喜欢对方甜言蜜语，从黄色那里，是不可能得到的。所以，不妨这样理解，黄色其实在用行动对你说"我非常在乎你，我离不开你"，只是他们使用的是另一国的语言，你需要把握其本质，再把它翻译成你想要听到的那些话语。

不仅是黄色男性不解风情，黄色女性在这方面，有过之而无不及。众所周知，女人的风情，是留住男人的最好手段。风情是种软绵绵的东西，可以让男人欲罢不能，可惜黄色没意识到这点，以为结了婚，铁定就是自己人，更不需要这样的软绵绵了，所以，有时黄色会表现得像根木头，可惜，木头是没有黏性的。

假如你喜欢一个黄色，不确定对方是否喜欢你，如果你不怕挑破这层纸，可以直接去问。如果不问，只需观察一件事即可，那就是——看看这个黄色对你和对别人有什么不同。也许冷酷中，唯独对你多了温度；也许这个一直独来独往的人，总邀你一同办事。黄色找你，可能都是基于"事"；黄色为你付出的，也都是实在的"事"上的帮助，却显示出对你的不同和在意，这就是黄色表达爱的方式。

> 开门见山单刀来
> 江湖儿女不会绕

第五招　保持距离

黄色，无论男女，非常痛恨自己在工作时被人打扰。黄色的全部生命乐趣来源于把事完成，故此，任何有可能阻抗黄色达成目标的人，都会被黄色视为敌人。而在情感关系中，一旦做事时被人干扰，会让黄色烦躁。

通常情况，打扰者几乎都是红色，而打扰的原因，几乎都和红色的一个特点有关：有情感依附需求，总想和人黏在一起。归根结底，就是——依赖性。这也就是为何在保持距离感这件事上，红色最容易惹毛黄色。

如果你问黄色"你去和谁应酬？你去哪里？你啥时候回来？"这些问题，黄色只会觉得自己不被信任，非常不爽，而那个问者很可能在那一刻，只想表达关心罢了。所以，不懂性格的两个人在一起生活，最常出现的状况，就是鸡同鸭讲，好心当成驴肝肺。

距离产生美。对黄色来说，一定的距离，意味着独立性，也意味着还有继续征服的空间。黄色有能量去支撑伴侣，但并不意味着，黄色喜欢伴侣像丝萝依乔木一样缠绕在自己身上。

以乐嘉先生为例，没研究性格色彩前，早年和一个黄色女生恋爱，街头散步，每每我把手搂在她的肩膀上，她第一反应就是把我的手给拨开，面露愠色，义正词严，一字一句地告诉我："在外面，别这样，很难看！"这事，让我相当不爽，在无比漫长的一段岁月里，我都无法理解，男欢女爱，卿卿我我，拉个小手，勾个小肩，又没在公众场合做有伤风化、有碍观瞻的事，哪里难看？难道人人作揖，授受不亲，才叫好看？难道不明白，人生可以自由抒发爱情，那是多么幸福的事啊！

距离感，这完全是个度的问题：完全远离，会让黄色感觉在这段关系中没有存在感和价值感；完全依附，会让黄色感到不耐烦。在我的观察中，相当多的黄色，无论男女，对在公众场合搂搂抱抱，无比反感，而主动有这样行为的，大多是红色。

汉武帝年幼时，喜欢表姐陈阿娇，小小年纪道出豪言壮语："若得阿娇作妇，当作金屋贮之。"这就是"金屋藏娇"的由来。但真的即位为帝，封阿娇为皇后之后，却因为阿娇善妒，非常厌弃。阿娇的"善妒"，其实就是分寸感和距离感没把握好，整颗心扑在汉武帝身上，看不到就哭哭啼啼，怀疑他变心，容不下其他妃子，这种独占欲，让人窒息。所以，汉武帝废了阿娇。

汉武帝一生宠过很多妃子，但最爱的还是李夫人。后来，李夫人病重，汉武帝亲自探望她，李夫人蒙着被子，不肯让汉武帝看到自己的憔悴，不管汉武帝怎么要求，甚至许诺千金，授予她兄弟官职，她还是不肯让汉武帝看自己的脸。虽然当时汉武帝很失望，但当李夫人死后，汉武帝最怀念的就是李夫人，因为李夫人给他留下了一个悬念，一个未能完成的心愿。对黄色而言，得到了就得到了，得不到的，反而更会一直记挂。

学会发现黄色所需要的东西，用吸引，而非反扑，是和黄色相处之正道。当你拥有了黄色需要的东西，对黄色目标有帮助的东西，黄色自会主动来寻你。

艾克在500强物流公司任销售总监，作为公司历史上黄色特点最明显的管理者，两年内业绩翻了三倍，成为亚太区一言九鼎的大佬之一。他对距离感的看法是：

曾经有一个同事，非常有才能，很欣赏我。当时不顾一切地想和我恋爱，寄了各种各样的礼物，然后每天轰炸，发微信、短信，各种各样邀吃饭、喝咖啡。但是，这反而会让我非常反感。因为这种做法，就是想要代替我这样一个黄色来做决定。相当于，是她把自己的爱情意志强加于我。直接表达，虽然对黄色会有效，而且的确欣赏，但这并不代表黄色能够接受一厢情愿单方面的表述，连我给人压迫感这么强的人，都觉得她追得太紧了，紧得让人有点喘不过气。我自己知道，你要追像我这样性格的人，其实可以欲擒故纵。因为黄色以结果为导向，同时趋向于主动进攻，达成目标，光顺从没用啊，如果有人和我恋爱，给我一些小挑战，让我觉得有成就感，甚至创造一些竞争性，比如假想的情敌，我觉得恋爱会更有意思。

需要注意，对黄色的保持距离和对红色的距离感分寸拿捏，完全不同。对红色的距离感，指的是保持情感上若即若离，似落花有意，又似流水无情，让红色把握不住，却又心痒，即便老夫老妻，也需有此情趣。

对黄色的距离感，指的是不作不黏，保持独立性，既是情感独立、人格独立的体现，又不会因情感变化而乱了方寸，落落大方正面应对，黄色见此既敬又爱，也是你与黄色保持心理距离的最好方式。

> 佳人绝世而独立
> 自立自强不依附

第六招　理性用事

虽然黄色天生没有多愁善感的神经，但这并不妨碍黄色欣赏热情的人。只是一旦遇事，如果伴侣太感情用事，就会发生冲突，因为黄色把事情放第一位，优先考虑结果，而不关注过程。在势均力敌的情况下，这种感性与理性间的交锋，多以感性受创而收尾，仰天长啸"为什么受伤的人是我是我总是我"的哀鸣。

黄色的瑞小姐，很难接受老公感情用事。起因是，瑞小姐长差后回家，发现高一的儿子染上网瘾，每晚玩游戏到凌晨3点。在黄色看来，这事很简单，直接跟儿子说："晚上12点前必须睡觉，如果你做不到，就搬出去，不要住家里了。"每晚12点，瑞小姐准时把儿子房间里的电断掉，不管儿子愤怒或哀求，置之不理。

过了几天，她发现儿子还是有两个大大的黑眼圈没褪去。经过侦察，发现原来是红色老公觉得儿子可怜，架不住儿子苦求，心软，每天夜里等她睡着，悄悄把儿子房里的电恢复。她得知后，心灰意冷，觉得男人如此，废物一个，拖自己的后腿不说，还无视孩子的健康和未来，强烈产生了立即离婚的念头。

其实，在这个问题上，夫妻双方先达成一致，再以统一的口径和做法来对待儿子，才能更好地帮儿子控制网瘾。而黄色的她，也需要先跟老公表达自己的打算和目标，和老公商量，要求老公配合；作为红色老公，也要克服自己的感情用事，从"怎么做才能对儿子更好"出发，夫妻商量出一个最佳方案，并且配合完成。

感性的人，与理性的黄色为伴，确是巨大考验。也许你觉得黄色的心不是肉长的，但你没法否认，黄色的出发点是为了最终达成好的目标。所以，关键在于，你可以有不同意见，但是，一旦双方达成了共识，就要一起捍卫。

当双方在教育孩子理念上不能达成一致时，红色采取了"瞒天过海"的做法，这是黄色不能容忍的。黄色可以接纳你有不同意见，摆道理当面讨论，但黄色不能接受你表面接受，暗中使绊，当面一套，背后一套，这会让黄色感到局面失控，腹背受敌。本来孩子的问题已经很严峻了，伴侣不齐心，更让人烦心。但其实，作为感性的红色来说，道理上认同，但执行时受情感影响，十分纠结和为难。

另外，黄色的理性还表现在，少有嘘寒问暖。如果你遇到问题，只考虑如何帮你解决；至于你的心情如何，并不重要。在黄色看来，只要问题解决，心情自然变好，放着问题不管去呵护心情，无异于舍本逐末。

比方说，很多人会抱怨，黄色伴侣在自己生病时，不能长期陪伴（男女皆如此），由此怨言："你是不是不爱我？"但对黄色来说，更愿意最快时间找到名医良药，将你快速治好，而非长伴病榻旁，掬抹同情泪，无论对亲人还是爱人，均是如此。

理性的黄色与感性的红色，冲突最为明显且持续。若你是感性一族，当黄色伴侣的行为你不理解时，莫轻易揣测，莫轻易发飙，静观思索，才是作为伴侣打开黄色内心的正确方式。

> 以情相待不成事
> 把事办成方为情

第七招 直说需求

很多时候，有人不敢直接说出自己的需求，是害怕被拒绝，但你要知道，黄色不会猜心，他自己想要什么，就直接说，所以也希望你想要什么就直说，黄色能给就给，给不了就直接拒绝。但如果你不说，黄色就认为你不需要，你在那里独自痛苦，黄色根本感知不到。

红色安吉的老公是黄色，恍惚间，她觉得自己嫁错人了。

有一次，天降暴雨，水流成河，她所在的公司地势低洼，几乎被淹了半层。老公看到天气变化，给她打了个电话："带伞了吗？没事吧？"她说："带了，没事。"老公就把电话挂了。其实，她心里想的是，老公再多问几句，最好能主动提出来接她。结果，当她走到楼下，看着女同事们都有男朋友或老公来接，一个个趴在男人的背上，被背着过了"河"，而自己只能卷起裤腿，深一脚浅一脚，蹚水而过，心里痛苦万分，一肚子怨气。

其实，解决这个问题非常简单，红色的安吉只需要告诉黄色老公，自己需要他来接，问题就解决了。但有时，偏偏红色就很难做到这一点，因为她憋着一股情绪，觉得："干吗要让我主动说？那多没面子，你自己怎么想不到呢？"但这个想法对黄色而言，完全不成立，黄色觉得："因为我爱你，你要的东西我会尽力给你，但你如果不告诉我你的需要，我怎么给你呢？"

如果你的伴侣是个黄色男人，须知，做个劳累而逞强的女人，只会让自己吃亏，且将对方推往远方。

如果你的伴侣是个黄色女人，须知，你从来不去找她，一切事情自己搞定，在她看来，一切都是理所应当的。

切记，当你对黄色说"没事"的时候，黄色会真以为"没事"，除非你直接说出自己的不满，否则，黄色永远不懂去看你脸上的细微表情。这并不是黄色不爱你，而是性格使然。

要懂得欣赏黄色的好，多以请求和赞美的沟通方式，让对方有成就感，面子上挂得住，黄色才会更加积极地参与深度对话，情感才有流动的可能。

另外，和黄色沟通时，最好锁定一个具体的问题，别用模糊或情绪化的语言泛泛而谈，要多用客观的陈述，温和而坚定地表达自己的请求和期许。

比如，假设你希望他先别玩手机，陪你说会儿话，就不要责怪他整天玩手机，不陪你。因为对方除了听出来责怪的味道，完全不知道你的意图是什么。是的，如果你不直接和黄色说，对方真的无法理解你想干吗！你可以说："老公，你能放下手机陪我聊十五分钟吗？我想跟你讨论一下我们分工的问题。"

当你的请求，既明确又具体，同时可操作时，对黄色才是有效的。黄色对这样的请求接受度会更高，也更愿意实打实地调整。

> 小生不会花间语
> 只愿终生共枕眠

第八招 经常请教

情感关系中，黄色不喜欢自以为是的人，尤其不能接受不和自己商量就擅做决定。涉及对双方都有影响的事，必须给黄色充分尊重，让黄色提前知道并参与。当两人都是黄色时，冲突更容易出现。

一对黄色夫妻，大学相恋，毕业就结婚，各自找了份有前途的工作。男人在 500 强外企做管理，女的进入投行。婚后两人忙于工作，倒也合拍。

工作几年后，男人遇到一个好机会，调去日本负责分公司。当领导问他去不去的时候，他毫不犹豫说"去"。回家后，把这事告诉老婆，老婆两眼炯炯有神，长时间注视，说："你决定了，何必和我说呢，是来通知一声的喽。"

黄色老婆最介意的，并非他要去国外工作，而是当他做出这个对家庭有重大影响的决定之前，并没和她商量。在她看来，这个男人没把自己当老婆看，自说自话，居然就决定了，这是毫无家庭责任感的体现。

虽然黄色老公力陈去日本工作对家庭的好处，并承诺远赴东洋三年后，必会归来，绝不食言，却依旧无法说服黄色老婆。最后，两人不欢而散。半个月后，黄色老公收拾箱子，踏上了飞往东洋之旅，老婆也没来送他。此段婚姻已经名存实亡。

黄色是最自我为中心和最自以为是的性格，然而吊诡的是，黄色自己恰恰最无法接受那些自行其是的人。当黄色发现伴侣不经商议擅自决定，得出的结论是：你眼中无我！

上面的故事是男人对黄色妻子擅做决定，下面这个故事发生在女人对黄色丈夫身上，结果，殊途同归。

一个单亲妈妈学员，性格坚强。在性格色彩课堂，感悟极深，说起当年自己生完孩子，为避免和婆婆相处，就直接把老妈接过来，协助自己带孩子。黄色的前夫为此非常愤怒，你什么意思啊？是不欢迎我爸妈吗？事后来看，她觉得其实明明可以两人商量下的，但是，当时年轻的自己妄自尊大，觉得带孩子的事情，自己生的娃，可以自己做决定。后来，在漫长的婚姻岁月中埋下了自己种的苦果。

那些不愿和黄色商量就擅做决定的人，通常自己的性格上也有很多黄色。黄色、红＋黄、黄＋红、蓝＋黄、黄＋蓝，这五种性格都有可能（详情见《性格色彩原理》）。

他们的心理是：

其一，自己的地盘自己做主，不喜欢商量。那么，请问你为啥要找一个黄色伴侣呢？既然你选择了一个黄色，那就要和这个喜欢拿主意有主见的性格，同生并存，也就是，学会凡事大家有个商量。

其二，担心自己的决定被黄色阻挠，导致这事最终办不成，索性来个先斩后奏，生米煮成熟饭，让你没话说。对存有这种心态的朋友，不知阁下晓得"掩耳盗铃"哇？听说过"态度比结果重要"这句话吗？

黄色并非不可理喻之人，相反，在做出判断后，黄色是最理性、最不为情绪所控、最能做出冷静判断的人。如果你有充分理由证明你是对的，黄色看在结果的分上会接受的。假如你并不能证明自己的正确，那不妨考虑下黄色伴侣的意见。可是，如果你连黄色的知情权和商讨权都给剥夺掉，那么，裂痕生，悲愤起，在所难免。

真正好的情感关系，并非一方独断，而是有商有量。一个成功创业者受邀演讲。会上，人们以为他会分享商业秘籍，不承想，他语出惊人："男人在外闯荡，须学会一句话：我要跟我老婆商量。"为何？因为，很多人"兵马未动，粮草先行"。今天这里考察，明天那里聚餐，看到什么都想投资，跑下来路费餐费花了不少，一件事也没办成。如果凡事多跟老婆商量，相当于多了道防火墙，免去许多不必要的麻烦。聪明的人，遇事一定会多跟家里人商量，不仅让自己考虑问题更全，更重要的，凡事商量，代表信任和尊重。当家庭后方稳定，前方冲杀才没后顾之忧。

有商有量携手度
有难同当福同享

性格色彩
恋爱宝典

和黄色性格伴侣的相处之道

第一招：至强相遇同归尽，至柔驰骋天下刚。

第二招：风中葫芦惹人厌，行不苟合有定见。

第三招：儿女情长不足贵，与尔同心利断金。

第四招：开门见山单刀来，江湖儿女不会绕。

第五招：佳人绝世而独立，自立自强不依附。

第六招：以情相待不成事，把事办成方为情。

第七招：小生不会花间语，只愿终生共枕眠。

第八招：有商有量携手度，有难同当福同享。

04 和绿色性格伴侣的相处之道

如果你的恋人是绿色，恭喜你，绿色会给你无条件的包容，当其他性格都在忙着改造自己的伴侣时，唯独绿色，从头到尾，都无须你做任何改变。

但你也别为此扬扬得意，若是你想改变他，那注定也是镜花水月一场空，只是你自己的浮生一梦罢了。再说一遍，不管你的力量多强大，不管你有多少财富，不管你有多少权力，不管别人多么崇拜你，不管你觉得自己多么牛，如果你想改造一个绿色，你会遭遇一生中最沉重的打击。

在所有性格中，最难改变的，就是绿色。是的，我这里，用的是"最"。绿色表面柔顺听话，不管你说啥，都会对你说"喏，小的明白"，这时，你可千万别上当！绿色口中说"明白"，并不等于绿色会去"行动"，人家仅仅是告诉你"明白"二字罢了。

因为绿色骨子里满足于现状，喜欢稳定，不愿变化。故此，你想激励绿色，不啻推动母猪上树。毫不夸张地说，若你不懂性格色彩，这辈子也甭想找到方法让绿色动一动，因为再多的激励，再大声的口号"yes, you can"（是的，你可以的），对绿色都是对牛弹琴。路过的人看到，只会觉得你像个跳梁小丑般在那里蹦跶着，人家绿色"吾自岿然不动"。

毫不夸张地说，你看遍所有成功学的书，也推动不了绿色；如果你无法找到这种性格的撬点，可怜你，最终会被气得吐血而亡。

第一招 出谋划策

对红色、蓝色和黄色这三种性格而言，一旦遇到问题，人人都有自己的想法和主见，只是坚定程度的差别罢了。

♣ 红色，最易受外人蛊惑，随风飘曳，摇摆不定。

■ 蓝色，在最终决定前，愿意集思广益，深思熟虑。

▲ 黄色，最为坚定明确，不需外人意见，我的地盘我做主。

● 绿色，唯有绿色，唯有绿色，最需别人来为他拿主意，皆因绿色自己没啥想法，遇到困难的第一反应就是——等，这时，若无伴侣的助力，那是万万不行的。

《射雕英雄传》阐述了绿色的木讷男郭靖如何成长为一代大侠的故事。众所周知，如果没有黄蓉这个贤内助，郭靖绝不会成为天下第一高手。两人机缘巧合遇到洪七公，彼时，郭靖武功不入流，看着这个大师，高山仰止，不敢奢望他会教自己。而黄蓉遇见七公的那一刻，早就动了脑筋，给七公做好吃的，说好听的，变着法儿哄着七公；郭靖呆呆站在一边傻笑，全靠黄蓉再三提醒，才知要拜七公为师。也是从那一刻开始，学会降龙十八掌，郭靖才逐渐摆脱了受欺的窘境，成为不仅自保还可救人的侠者。

你期待着绿色能自己想出点子，等到天荒地老，绿色也不会有丝毫反应。一千次蓦然回首，黑狗都老成了白狗，绿色依旧随波逐流。

性格色彩传播大使胡天天分享了她是怎样推动绿色男友的：

我男友大学四年从未规划自己的路，大四时看别人考研，自己跟着考。后来得知自己被保研，就自动接受了保研结果，留在苏大，没考研。但这并不值得高兴，因为他所做成的事，远远小于他能做成的事。

我和他恋爱后，他非常依赖我替他做决定。若是以前，我肯定会没耐心，直接甩手就走，但性格色彩课堂上教给我，绿色的前进必须靠外力推动，所以，我就不断鼓励他，让他做计划，给他提意见、提要求，一点点推着他走。

最终，研究生三年，他做成的事有：全优通过 CFA 一级、二级、三级，FRM 一级、二级（每一级需要的精力都像一次考研，他相当于考了五次研），做了三份有分量的实习，并保持课程成绩院第一。而他本科四年只保持课程第三。研究生阶段收获数倍于本科。更重要的是，他对这个结果充满成就，更加建立了自信，连他自己都看到了自己的魅力。所以，本科四年，绿色浑浑噩噩。研究生三年，绿色潜能爆发。别人都觉得我眼光好，原来这个男人没人要，现在周围全是莺莺燕燕，但我知道，如果没有性格色彩，我是没法这么快引他到正道，现在他这辈子也离不开我了。

搞定绿色伴侣的钻石法则之一，就是用适当的方式推动他，如果给的压力过大，他无法承受；但如果给的压力适度，且不断鼓励，绿色可以一点点学会坚持，达到目的。具体方法如下：

1. **发现绿色潜力**——因为绿色自身动力不强，所以，千万别激励他迎难而上、越挫越勇、越不行越要上，这些话，都是适用于黄色的激励方式，对绿色，这些话，就要了他的小命了。想帮助他，就要发现他的潜质，发现他比别人强，但他自己没意识到的地方。

2. **推动绿色努力**——因为当绿色解决了动力问题，愿意去做一件事时，也会没章法，所以，伴侣可以帮助绿色做计划、形成规划，激发潜能，取得成果。

张良借着今附体
谋定后动助君得

第二招 逐步引导

理论上，天下每个人都希望成为更好的自己。这话，听上去没毛病，可实践中，你会发现，貌似对绿色没用，他们心里会嘟囔："最好的自己？哦？嗯？我现在还行啊……"四种性格中，绿色对新事物的适应最慢，动力最弱，享受无欲无求。没人推动，绿色完全可以一直待着不动。

如果你的伴侣是绿色，而你又希望你俩的日子不是原地踏步，记住，绿色乐于接受你的引导，在你的指引和推动下前进，但前提条件是，别让绿色承担过大压力，不能操之过急，要对绿色有信心，且时常给点鼓励。

小柳没学性格色彩前，对绿色男友很绝望。两人生活在一起几年，因她平时工作很忙，常加班加点，男友在事业单位不用加班，她非常希望回家后，男友能把饭菜做好，让她吃上一口热饭。男友不是不会做，但就是不做，宁可饿着肚子等她下班回来，给她打下手，由她掌勺。

她曾多次跟男友说："你别等我，你做饭先吃，我快到家时，你把饭菜热热就行了。不然，吃饭太晚会饿。"但男友总说："我不知道该做什么，也做不好，等你回来再做吧，我不饿。"每每听到男友回答，她心里都是："苍天啊，小女子的命好苦，这种懒男人为何来到我身边！"

学完性格色彩，她才知道男友不是懒，而是绿色的被动。于是，她用课上学到的钻石法则影响男友，得到她要的结果。

她先在自己掌勺时，让男友炒个菜，因为有她在旁边看着，男友心里有底，就炒了一个。炒好后，她尝了尝"美味啊"，男友也高兴。接下来，连续几天，都让男友炒那个菜，说自己想吃。男友炒了几次，越发娴熟。然后，她再用同样方法，引导男友学会炒另几个菜。

这样，男友就拿得出一套荤素搭配。

后来，她在公司加班，就给男友发指令："亲爱的，我大约8点半到家。想吃你炒的豆角茄子、青椒肉丝和番茄炒蛋。"男友收到指令后，立即去做。当然，如果她想吃男友不会做的菜，还是会自己回家做，但这样一来，至少她不用每天回家做菜，省了不少力气。又过了段时间，她对男友说："亲爱的，我想吃三杯鸡和啤酒鸭，我们一起看菜谱学着做吧。"于是，带着男友一起学了几个新菜。等到男友新菜上手，她就真正过上舒服享受的日子，想吃什么，只要把网上菜谱发给男友，男友就按照既定模式去学着做。当然，每次吃到男友做的菜，她一定会鼓励，让男友看到她是多么喜欢和需要他做的菜。

当你和绿色出去逛街时，你问他："这条裙子好看，还是刚才那条裙子好看？"他一百年给你的回答都是："差不多，都可以。"绿色总是在你看电影哭得稀里哗啦时，在旁边一脸迷茫。当你说他"怎么一点同情心都没有啊"，他更是一头雾水，内心独白是"发生了什么"，然后，默默绕开。

绿色为何一开始不做饭？因为绿色怕做不好，每次做完你都不满意，我不知道你要吃啥，还是你自己做吧。原来，绿色在不确定自己能否做好时，为了不犯错，宁可不做。

性格色彩不仅让这个女孩洞察到自己男友是绿色，也让她知道了绿色需要给予一定的建议和指导，也需要你帮他在关键时刻拿主意，不然他真的不知该怎么做。

这招的核心目的，是帮助绿色提升生活质量，从而让你俩的生活质量一起提升。其实，绿色不是不愿过得更好，而是压根没有好与不好的标准，只有先建立了标准，才能鼓励绿色朝好的生活状态去努力。

不幸的是，生活中的常态是，你一开始就告诉绿色："你加油哦，一定可以做出满汉全席，我看好你。"结果，绿色趴在那里装死，一动不动，心里想的是："我们为什么要吃满汉全席？我觉得和你在一起天天吃方便面很幸福啊！红烧鲍鱼和酱油面筋的味道，是一样的啊。别那么麻烦啦，每天下班这么辛苦，干吗搞得那么累。"你给绿色洗脑，什么叫生活品质。他眼睛盯着你，心里想："和你在一起，吃啥都是品质。"你给绿色上课，什么叫人生追求，他眼睛盯着你，心里想："只要你有追求就行了，为啥两个人都要有追求？"

你看着绿色人畜无害的眼神，真的，你很无语，啥都不想说，扭头就走。有时间给绿色做思想工作，还不如自己做来得更快。

可这样下去，你会活活被累死，绿色还像没事人一样，吊儿郎当。最最最重要的是，你气个半死，绿色依旧无动于衷，因为他不明白为什么会惹你生气，也不知道自己这样做有什么不对。爹啊，娘啊，奶奶啊，苍天啊，绿色是真的不知道为何要有生活品质！什么叫生活品质！绿色觉得，"品质"就是和你在一起，跟着你，听你的，这就是"品质"。

绿色的好处是"听话"，坏处是"没想法"。刚才这招钻石法则，就是让听话的绿色，先去做简单的事，不断刺激，条件反射，重复后，摸索到规律，然后，再不断给予鼓励的动力，一点点加油。切记，油门不能太大。绿色这辆车与红色不同，红色，你踩下去，你发多大力，车就开多快；绿色，油门踩太大，就傻在那儿，不动了。面对绿色，你要学会小火炖豆腐，冷水泡茶慢慢来。

> 脱胎不可仅指向
> 尚需详解每步行

第三招 请君入瓮

绿色在团队中，容易被动待命，如果长期被忽视，就会自动边缘化，绝不会争取靠近核心。家庭中，也是同理，如果伴侣太能干，平时做事完全不需要绿色，绿色就顺理成章地成为家庭生活的旁观者。一旦旁观，两人情感，自然疏远。而这种隐患，是绿色自己永远无法意识到的，需要伴侣及时发觉和预防。

　　卡牌师马滔曾给一对夫妻做过咨询，妻子是黄色，丈夫是绿色。因为妻子独立能干，不仅工作出色，家庭事务也是一把抓，但凡大小事决策，都是妻子说了算，久而久之，丈夫就毫无存在感了。

　　从新婚开始，装修什么风格，老婆说了算；婚后存款老婆打理，买什么理财产品，老婆说了算；节假日全家去哪儿度假，老婆说了算；孩子上哪所幼儿园，老婆说了算；等孩子要上学了，老婆出去逛街，就把学区房首付给付了。老婆从来不问老公的意见，平时也没太多交流，直到有一天，闺蜜打电话给老婆："我看见你老公和另一个女人在街上手拉手。"老婆的第一反应是："不可能！你看错了！"把闺蜜撑了回去。暗中调查，发现丈夫确实出轨了，且是被动出轨，情人是丈夫的合作伙伴，把他给追了过去。

　　妻子来找卡牌师，是想调整两人关系，让丈夫和情人断掉。在马滔的帮助下，妻子没去谴责丈夫，也没给丈夫施压，而是更加关心丈夫，之前所有她独断专行的家庭事务，现在都邀请丈夫来参与，即便丈夫提不出任何意见，她也会拉着丈夫一起来做些事，并且只要丈夫为家庭做了件很小的事，她都会予以鼓励和感谢。

　　慢慢地，丈夫也会告诉妻子，自己在工作中遇到了怎样的麻烦，妻子也越来越多地参与到丈夫的世界中。后来有一次，夫妻俩散步时，外面那人连续不断地打电话给丈夫，丈夫都没接，但那个女人还是不停打，丈夫不知怎么办，这时妻子果断地接起电话，问对方何事。对方挂断了电话，从此后，没再打来，无疾而终。

《性格色彩婚姻宝典》"出轨"一章中，我详细分析了，唯独当绿色伴侣出轨时，可选择直接跟第三人交手，以上案例的妻子即是如此，其他性格万万不可。更普遍的场景是，绿色未必有出轨之实，但早已边缘化，不参与家庭决策，这个家，仿佛是别人的家，他只是没有存在感的住客。这种情况，不论是否出轨，都是危机。所以，要让绿色成为家庭的主人之一，而非旁观者，尤为重要，否则你 PK 掉一个三姐，还会有更多的三姐出现。

绿色的杰先生和黄色的璇小姐，共同经营着一家婴幼儿产品公司。两人来到课堂前，璇小姐对杰先生极度不满，想分手又分不开。除了恋情，彼此还是事业伙伴，有很多工作上的冲突。学完性格色彩后，璇小姐立即改变了之前的交流方式：

我以前最痛恨他两点：第一，做事慢，喜欢拖延；第二，永远是旁观者，好像跟他没关系一样。公司每次开完会，要他执行的工作，总拖其他人后腿。比如，公司开发一个小程序，要他配合其他部门提供分润报表，他一直拖。学了性格色彩后，我发现不能像以前那样对他，不然讲几百遍，也无效。

现在我换了个方法：会后，跟他单独开小会，引发他思考，如何分润能促进销售？他没经验时，我会提供一部分案例，让他听得很兴奋。然后告诉他，我需要他一起来想，靠我一个人不行。我目前也没这个经验，你多去调研下吧。给他一个明确行动方向，他很乐意就参与了。最后，给他一个及时赞美，他能马上去执行！

现在回忆，以前最大的问题就是，我在家里太强势，每样事都是我做主，让他没啥想法了，其实，他还是有很多想法的，只是以前不敢讲。现在我总是这么引导他，他很有主动性。

和绿色婚姻相处，你不能让绿色只做旁观者。全部事情都是你做决定和你行动，后果就是所有事最终都是你自己做。他越来越笨，越来越懒，越来越不做，越来越看着你，越来越等你发指令，越来越没自信，越来越像个废物；而你，越来越看不顺眼。

解决问题的方法，就是多提问，多引导，一定要想方设法让他参与进来，成为你生活的一分子，因为，你要的是你们两人的生活，你要的不是他孤零零地看着你生活。

> 郎君夫人共参详
> 岂可屋内做看客

第四招 放慢节奏

绿色甘当配角，对家庭话语权毫无兴趣，这些都有助于和睦。只是人们总觉得绿色伴侣反应太慢，跟不上自己节奏，苦恼不堪。

红色或黄色，如果选择绿色做伴侣，会更烦恼。因为这两种性格反应快，对比之下，更加凸显绿色缓慢。解决办法是，彼此可有适当分工，由绿色做不需特别急的事。但如果你想更好地与绿色沟通，谨记"欲速则不达"。

朋友父母，是红＋黄的老妈和绿色的老爸，两人平时各忙工作，相安无事，退休后却冲突不断。老妈说话又快又急，老爸一旦没反应过来，老妈声调就会高八度，重复两遍后，老爸要是还没理解，老妈就会跳脚。

比方说，老妈在阳台上洗菜，老爸在客厅看电视。老妈说："拿个盆！"老爸说："什么？"老妈加重了语气："把盆拿过来！我要装菜！"老爸说："哪个盆？"老妈快急死了："快点呀！快去！就那个装菜的盆，难道你不知道吗？"老爸慢慢走到厨房，橱柜门打开，对着一摞盆发呆，不知该拿哪个，但看老妈这么凶，又不敢多问。老妈等了一秒钟，见老爸还没有动静，气得骂道："连个盆都拿不过来，要你有什么用！"气呼呼地跑过来，推开老爸，把自己想要的那盆一拿，其余的盆稀里哗啦倒了一地，她也不管，气呼呼地跑回阳台。

类似的事每天都在发生，朋友和老爸老妈坐下来聊这个问题，老爸一言不发，老妈数落了一堆老爸不是，越说越气。朋友学过性格色彩，所以告诉老妈，对绿色老爸来说，你说话声音太大，语速太快，他接收起来会更慢。老妈一开始觉得难以理解，但一边的老爸连连点头表示同意，最终，老妈也理解了老爸性格就是这样。

朋友给老爸老妈一个建议，以后每次做饭前，说好一家人分别负责什么，比如朋友负责买菜，老爸负责洗切，老妈掌勺，事先清楚告诉老爸，要他做什么，让他按部就班地去做，并且老妈以后和老爸沟通时，注意放慢语速，一步步和他说，比如："老头子，厨房橱柜最上面一格，有个盆，你帮我拿过来。"当老妈调整后，老爸办事速度也快了很多，家庭气氛自然就和谐了。

如果你看上面的故事，貌似相同画面就浮现在眼前，恭喜你，找了个绿色。让你心脏病不被气出的秘诀，就是我常在性格色彩课堂所说的——"快即是慢，慢即是快"。听起来像念经，但的确，是天下所有选择了绿色伴侣的急性子，应该时刻牢记的修炼格言。

啥叫"快即是慢，慢即是快"？一个商人挑了行李往城里赶，途中向老者打听能否在城门关闭前进城。老者回答，如果你慢些走，倒有可能进去；如果你走得太急，则可能进不了城。商人暗笑老糊涂，脚下加快步伐。结果，走得太快被绊一跤，扁担绳子断了，货物撒了，只得停下来捡货后再上路。赶到城下，城门刚关。商人恍然大悟，慢点走，倒真的有可能进城。处处很急切，想快速达到目的，匆匆忙忙看似积极，结果可能忙中出错，快中出错，反而是慢。

急性子是越急越催，绿色是越催越慢，越不知该咋办。要想让绿色伴侣配合，必须付出更多耐心，明确地告诉绿色"嘿，你该这么做"，才能得到你想要的结果。

当然，你可能会抱怨，难道绿色自己不长记性的吗？为什么告诉过绿色一遍的事，之后再要他做，他像失忆症一样，又不知道了呢？

其实，这是因为你不明白绿色的思维构造。绿色在乎他人感受，当不明确该做什么及该怎么做时，绿色宁可不做或少做，以免犯错。如果伴侣脾气火暴，过往绿色因犯错触发过对方怒火，从而心中埋雷，当伴侣给出的指示不明确时，绿色更不敢轻易去做。

和绿色生活，你需要陪跑。必须放慢自己的脚步，让绿色有参与感。当绿色遇到问题时，不给答案，要用引导式提问，引发绿色思考。只有慢慢陪跑，让绿色对之前没经验的事，有了信心，他才愿意逐渐尝试。

> 轻吞慢吐姗姗迟
> 如歌行板气自消

第五招 培养习惯

严格说来，这不能算是一个招数，而是很简单的一个动作。这一招，尤其适合于当对方比你条件好很多的时候，假设你想追求对方，尤为见效。

正常情况下，一个人喜欢对方，不需人教，会主动规划传统约会项目——看电影，吃饭……只是，假如你面对的是绿色，请注意，千万莫等绿色主动约你，不管绿色再怎么喜欢你，你想让他主动，怕是等到天荒地老，亦是毫无踪影。

可你千万别因为他不主动，而怀疑他不在乎你，你要明白，一切乃性格使然。只要你主动发起约会，把一切都安排好，创造更多和他单独相处的机会，他也不会抗拒，且更有可能和你日久生情，因为绿色的情感，百分之百建立在熟悉的基础上。越熟悉，越习惯；越熟悉，越自然；越熟悉，越有情。人家都是"哎呀呀，太熟了不好下手啊"，可绿色刚好相反，"哎呀呀，不熟怎么能下手呢"。哦，不，我说错了，绿色不会主动下手，而是"熟了才能被下手啊"。

性格色彩传播大使麻姑，学性格色彩前，喜欢上单位IT部一个号称技术天才的同事，年纪轻轻，拿了集团内好几个大奖。男生文静低调，当她主动尝试向男生暗示时，男生模棱两可，没拒绝，也没接受，让她无比困惑，不知男生怎么想。她担心男生不喜欢自己，所以，就停止了脚步。

麻姑成为性格色彩卡牌大师之后，用卡牌给男生做了心理分析，结合自己解读，发现男生其实是绿色。瞬间，顿悟了男生之前的态度，并采用课堂上学到的钻石法则来追男生。

此后，每天给男生买早点，悄悄放在他桌上；每天中午，大家一起吃饭，她会坐在男生旁边，不经意帮男生倒水；每天下班，一起和男生走段路，聊些轻松闲话，让男生毫无压力地习惯自己的存在。过了段时间，男生面对她，很亲近很熟悉，遇到问题，自然而然找她求助。这时，她再约男生，一切水到渠成。在循序渐进的推进下，恋情按照她的规划走下去，直到步入婚姻。

"温水煮青蛙"，这就是和绿色的恋爱方式。如果你把一只青蛙直接扔进一锅开水，青蛙必然烫得直接蹿出，可你把它放到一锅凉水里，慢慢煮热，逐渐升温，等到它觉得烫的时候，已经不想走了。

之所以这种策略奏效，是因为绿色天生对情感没那么敏感，非常在意他人感受，如果上来就开宗明义地追求，绿色担心自己没那么喜欢对方，会给对方误导，之后让对方失望，反而对自己有怨言，所以，绿色会回避赤裸裸的表白！最好的方法，是"润物细无声"，逐渐渗透到绿色的生活，"惯性"养着绿色，时间一到，水到渠成。

在这上面，融会贯通做得很好的，非磊哥莫属。

我在淄博，能有现在这样一个超模女友，都说我是癞蛤蟆吃上了天鹅肉，只有我知道，是因为用了性格色彩。

女友身高一米七七，长得像林志玲，穿上高跟鞋比我高一头。当初，认识她的时候，哥们儿跟我说这女孩难追，几个老板追都失败了，很高冷。可后来我接触下来，发现她不是拒人千里之外，就是性格被动，约她吃饭也出来，但你不联系她，她永远不跟任何人主动联系。红色的我，如果不懂性格色彩，会认为她对我一点感觉也没，也不好意思问，但我知道她是绿色，需要主动推动。我就问她，她说挺喜欢跟我聊天的，就是怕我忙，不方便打扰。

后来，我就每天在她下班时，约她吃饭聊天，了解到她生活很单调枯燥，我就经常安排不同的活动，终于，我有几天比较忙没约她，她第一次主动发短信问我怎么最近没约她，是做了什么让我不开心的事吗？我暗自窃喜，看来我已逐渐成为她生活的习惯了。

她有段时间因为工作需要必须学习舞蹈，但她学得很慢，在班里总拖后腿，她一度想放弃。我用了一个方法，用摄像机记录她每个动作，然后，拆解开每个动作需注意的地方，我跟她讲了肌肉记忆原理，陪她练习每个动作，最终帮她通过了考核。

从形象上讲，她又高又漂亮，我是矮胖，从事业上讲，她算本地头部正规模特，收入每个月三万多，平时的服装也都有赞助商不用花钱，在三线城市也算不错了，追她的人里事业成功的比我帅的有才华的，大把人在，她的闺蜜很不理解为什么我们会在一起。

我也好奇问过她，她给我的回答就是，我是所有人里对她最有耐心和包容的，遇到她不懂不会的，都是很有耐心地一步步带她教她，让她很轻松地可以依赖。

让绿色心里形成一种陪伴习惯，没有，就感觉少了点什么。而习惯，需要你去推动和安排，绝不能期待绿色自己主动想出什么。绿色喜欢这种被人安排的感觉，当绿色语缓行迟时，不能着急，要适应节奏，有耐心地引导。

温水青蛙渐佳境
步入殿堂不觉知

第六招 不求激情

绿色天生情感不丰富，最重要的特点就是情绪平稳，不以物喜，不以己悲。故此，如果你要绿色天天说"我爱你"，只怕脖子憋得肿胀，也说不出你要的感觉，反让你浑身难受。如果你自身情感需求特别强，可主动对绿色表达爱意，但不必强求他和你一样热情回应，否则，你真的会深深失望，好伤心，好落寞。

一对夫妻来到性格色彩课堂，老公是绿色，老婆是红色。红色老婆原本开朗活泼，善于社交，有很多朋友，每天除了上下班，总跟朋友聚会，绿色老公待在家里，自在惬意。生孩子后，老婆在家里待了几个月，很无聊，每天看着窗外风景，无法出去，心情郁闷，有产后抑郁的征兆。

于是，胡思乱想，起伏不定。每当老公回家，一进家门，还没来得及喘气，老婆就问："你今天想我了吗？"老公说："嗯。"老婆说："回答得这么不情愿！肯定是假的！"老公很莫名："啊？没有啊。"老婆说："那你到底爱不爱我？"老公说："嗯，爱啊。"老婆说："你说爱我的时候，都没有看着我的眼睛，肯定是骗我的！"老公被老婆折腾了一番，实在不知怎么回应，便不再说话。但老公越不出声，老婆越激动，一晚上没完没了。

学了性格色彩后，老婆意识到老公性格本就如此，并非不爱。课堂上，老师给他们机会，让他们对彼此说出自己的想法，老公只会说一句："老婆，我想和你好好过日子。"老婆泪流满面。行吧，回去后，红色女人不再要求绿色男人天天示爱，而绿色男人开始学习主动时不时认可老婆。

各位看官，下面我要讲的这点，尤其重要！无论你选择和任何一种性格生活，你都要做出妥协。

如果你同时喜欢上几个人，他们各有好坏，当你摇摆不定时，你到底该怎么选择？表面来看，你跟谁过都一样，因为任何人都不可能十全十美，你换一个人，只是换一种缺点来相处。但是，这里有个最重要的奥秘，那就是——并非每种缺点都是你最介意的缺点。你要选择相对而言你最不在意的那个缺点去相处。比如，你爱上了四个人，都是高富帅，条件都差不多，但A男床功弱得一塌糊涂，B男花心得一塌糊涂，C男批判得一塌糊涂，D男没主见得一塌糊涂。他们每人身上的这个缺点，你都很痛恨，但相比之下，你要用排除法，选择那个相对来讲，你最能容忍，那个缺点最算不上致命的那人。

假设伴侣每天都须对你表达激情表达爱，是你内心排名第一的需求，那你跟绿色的情感，注定萧条凄惨，满泪沾襟。我这样说，你可能会心有不甘，你认为只要你的功夫深，铁杵也能磨成针，那人一定会为你改变的。可你忘记了，理解性格，才是一切钻石法则的基础，唯有不强求绿色做他做不到的事，才是走心的钻石法则。

任何性格都有本身难以做到的事，钻石法则只是让对方的需求得到满足，从而让对方更容易配合你，达到"你好我也好"的目标。

绿色给人的感觉是啥都行，无所谓，所以你总会要求你绿色的伴侣按你的心意做，但偏偏在情感表达上，他会高喊"臣妾做不到啊"。所以最好的方式是，理解绿色对你的爱意，忽略绿色的不善表达情感。

如果你每天需要人家对你说一百遍"我爱你"方能甜蜜入睡，那就证明你从一开始就找错人了。

> 只见木讷并守静
>
> 莫求风情打趣中

第七招 激发怜悯

这招主要适用于恋爱阶段。在情感萌芽和遇到矛盾时，让绿色知道——你需要他，没他的帮助就会很难过，这是影响绿色的超级法宝。有时，这招对红色也有效，只是红色心情时常波动，这招，时灵时不灵，当红色对你有情绪时，你越求，红色越逆反。不像绿色，"博同情"这招，无论何时何地，永不过期。

《情深深雨蒙蒙》中，绿色的如萍温柔和顺，爱慕何书桓，但何书桓偏偏喜欢性格泼辣的依萍。杜飞深爱如萍，但如萍完全无法喜欢他。当杜飞一次又一次为了如萍而受伤，如萍不得不为他包扎时，是同情，而不是爱情。

但量变引起质变，当如萍在对书桓的感情中受挫时，对杜飞，已经不知不觉中由怜生爱。最后，如萍独自出走，杜飞历经艰难找到如萍，还为了如萍中枪。医生给杜飞做手术，没有麻醉药，此时，如萍对杜飞的情感已经由同情、感激慢慢转化为了爱情，她为杜飞送上一吻作为"麻醉药"。杜飞术后醒来，两人终成眷属，大团圆。

绿色是最好说话的性格，很多人觉得跟绿色相处不需要技巧，但很多伴侣在与绿色相处时，也遇到了困境。比方说，不管怎么对绿色，对方都是云淡风轻，难有情感流露，看不出喜悦，看不出悲哀。

让绿色情感流露的方式就是"博同情"——让这个绿色知道你是多么需要他，你具体需要他做些什么，明白了以后，只要此人力所能及，都会去做的。

务必注意，虽然绿色和黄色是两个极端物种，几乎一切都相反，但唯独在一个特点上相同，那就是——情感迟钝指数相同。所以，当你要取得绿色的同情，一定要直接，要明确告诉绿色，这对绿色超级有效，甚至会让绿色的行动力莫名加速。

比如，"我一人在家宅了一天了，好可怜啊，你能不能带我出去逛个街，不然我真要闷死了"。在述说自己情感需求的同时，一定要给出明确的要求，确保绿色可以接收到，绿色才能不假思索地行动，否则，人家根本不知道该怎么接招。

> 相思树下心心念
> 无君陪伴泪满面

第八招　接纳不变

四种性格中，绿色配合度最高，遗憾的是，绿色表面上什么都可变，但真想改变绿色，难于上青天！因为无欲无求，对外界变化视而不见，即便身边的人有了很大成长，绿色内心还是会觉得：现在这样，我就很好，差不多就行。作为伴侣，必须接纳一个事实，那就是——绿色很难在意识深层改变。

一位黄色朋友的老婆是绿色，平和温顺，从不与他冲突，家里大事小事，都跟着他的指挥棒。他唯一不满的是，老婆是个"没追求"的人。一次，儿子嚷嚷着要去很远的高级餐厅吃饭，老婆说："吃啥不都一样，没必要上那儿。"而他的做法是，立刻带儿子去了高级餐厅，点最贵最好的菜。

菜上桌以后，不让儿子吃，告诉儿子说："你将来只有像老爸一样，赚这么多钱，才能吃到这些好东西。如果你不努力，将来就只能吃家门口那些最便宜的东西。"教育后，再让儿子开吃。

最近，他出差后回家，发现家里多了件摆设，一看是假水晶。老婆说："朋友推荐买的，艺术品，我知道是假的，反正不贵，几百元，摆在家里还不错。"他内心鄙视，直接抓住这个水晶摆件扔进垃圾桶。他告诉老婆："家里这些廉价货，会影响孩子的审美，东西贵没关系，只要值得，就买最好的。只有花钱买好东西，才更有动力赚钱。"可惜的是，他自认为金科玉律的话，跟老婆说了几十年，老婆也没变，只是不在他面前买便宜东西，自己穿的用的还是很随便。

后来性格色彩卡牌大师，给他摆了副夫妻关系牌阵。他发现自己性格中一点绿色也没有，而老婆有很多绿色。卡牌大师用了两个牌阵的反转图片自动显示，让他瞬间顿悟："如果我老婆是另外一种性格，不这么包容我，也许早就分了。"

接受，是人生最大的功课，也是人生最难的功课。如果你不能学会这一功课，那可能一生都将伴随着无尽的痛苦、纠结和烦恼，与快乐和幸福越走越远。

接受什么？接受你现在所面对的一切。这并非让你消极放手和逃避，而是积极地接受。

事实上，唯有接受过去和现在，才能成长，才能冷静地向前迈进。如果你不接受过去和现在，那就得花巨大的精力去与过去纠缠。而过去已经发生，已经成为现实，无论你花多大的精力，有多大神通，都无法改变。所以，不接受过去和现在，就是自己折磨自己！如果你希望让自己的生活脱离苦海，只有一个选择，那就是——接受。

可怕的是，这样一个明显不过的问题，太多人不能警醒，深陷旋涡不能自拔，直到把自己的生活弄得支离破碎。

很多时候，两人矛盾真正的原因，并不是几句话或某个行为——那只是引子。真正的原因，是你对于对方的不满——这个不满，源于不接受。之所以不接受，是因为你心中有个相对理想的人，你总把面前这个人和自己心中理想的那人对比，产生落差，心生不满。

然而，一个荒唐的事实是：你身处现实，与身边这人生活，内心却总和另一个自己想象的理想人一起，你的内心是分裂的。

你必须明白一点，与绿色的冲突，看似是绿色让你痛苦，其实是你内心与自己的冲突。你活在人世，却不接受绿色无法改变的现实，这就是问题的根源。

想想看，你们生活这么多年，对方是怎样的人，你不知道吗？你多少次试图改变对方，力图使对方变成理想的那人，有效吗？你所有的努力，并没让对方更符合你的理想，而是让其与你越来越远！

换个角度，多年来你的缺点改了吗？或者说，你的伴侣希望你改的地方，你改了吗？一个人，除非自己从骨子深处下决心改变，否则他人都无法使之改变。

对于这样一个伴侣，你只有两个选择：分开或接受。你们既然还在一起，或许为了孩子不分开，那么，就只有唯一的选择：接受这个人！接受对方，接受对方的一切特点，接受对方的好，接受对方的不好。在接受的基础上，不再试图改变对方。

所以，如果你不打算分手或离婚，请你放下心中虚幻，好好与身边的这人生活。

人人生来皆有命
一蓑烟雨任它流

性格色彩
恋爱宝典

和绿色性格伴侣的相处之道

第一招：张良借箸今附体，谋定后动助君得。

第二招：脱胎不可仅指向，尚需详解每步行。

第三招：郎君夫人共参详，岂可屋内做看客。

第四招：轻吞慢吐姗姗迟，如歌行板气自消。

第五招：温水青蛙渐佳境，步入殿堂不觉知。

第六招：只见木讷并守静，莫求风情打趣中。

第七招：相思树下心心念，无君陪伴泪满面。

第八招：人人生来皆有命，一蓑烟雨任它流。

跋：三句话

现代人被短视频敲打得七零八碎，你能把此书从头到尾一字不落读下来，是书写得好吗？虽然我的自恋，驱使我很愿意相信这个推断，但真相其实是：其一，阁下乃人中龙凤，我运气好，碰上你了；其二，阁下很饥渴，对读懂人性和解决问题有饥渴，你运气好，碰上我了。

你我暂时告别前，道几句对你有用的话。

第一句：婚恋不分家

情感三部曲，我须把"单身""恋爱""婚姻"三个主题的内容完全分割，但事实上，婚姻和恋爱是无法割裂的。

如今，婚姻与恋爱的边界愈益模糊。我三十年前走入社会，那时未婚同居是为人所不齿的；如今，未婚同居已经被大部分人接受了。很多问题，婚姻和恋爱所遇，几乎雷同。

本书末篇——"不同性格的相处之道"，是宝典中的宝典。是的，本书最有价值的宝贝，不是十七章经，而是最后这四章。

你见过爹娘在你面前相拥落泪吗？如果没有，今晚就把这本《性格色彩恋爱宝典》拿给爸妈，做完卡牌测试后，给他们看"伴侣相处之道"。你准备好看着他们喜极而泣，为过去几十年的婚姻唏嘘吧。在这四章中，我提炼出的应对每种性格的八招钻石法则，帝王将相，贩夫走卒，婚恋中人人适用。

之后的《性格色彩婚姻宝典》中，直接解决的问题，共计十一个。其中，怎么处理手机暧昧，怎么解决冷战，怎么帮伴侣减压，怎么解决三年之痒……哪条问题是恋爱时不需面对的？还有更凶狠的外遇，差异不过是，婚姻时叫"出轨"，恋爱时叫"劈腿"。天下男女，谁没遇见过？就算你没对外界起心动念，你能保证你的伴侣不动心？那怎么办？《性格色彩婚姻宝典》一书探讨了如下问题：你变心咋办？他变心咋办？能不能跟外面拉走他的人谈谈？你理应借此机会一并阅读。

第二句：同修你我他

如果你看本书时有恋人，你俩还有爱，也希望长久走下去，那么，你在阅读时，是否跟恋人分享过本书的内容？

如果答案是 Yes，恭喜你，你俩日子会越来越好。因为人和人的理解是相互的，你越懂对方内心，你也越想对方懂你。当你俩坐而论道共修宝典时，会发现，误会烟消云散，隔阂冰释前嫌，前所未有的酸爽。

如果答案是 No，说明什么？你想偷学好用在对方身上，给个惊喜？还是，你担心宝典的分手秘籍两人都学会，你再想分就分不掉了？你真这么想吗？那只能说明，你对你俩的未来毫无信心，一直在摇摆和观望。

让我偷偷告诉你，我恋爱时的梦想：

我最大的梦想，就是希望我喜欢的人能搞定我！被人搞定，多么幸福。世人好傻啊，执着于搞定别人，如果有人能读懂我，搞定我，我心甘情愿，为其做牛做马。人一生中遇见自己心动的人超过五百个，可相处后，就原形毕露，这不行，那不行，真能触到灵魂内核的那个人，那绝对要捧在手心。可惜，难！所以，现在你有性格色彩这样通人心的宝物，你还故意不让恋人懂，你傻啊。

如果你此刻有几个"候选人"，你可能早就把卡牌测试愉快地发给他们，早就展开"你是什么颜色"的讨论。这些，是你为未来爱情展开的宏大布局，我佩服你，不过我很想问，你有没有送书给人家？别那么小气，好吗？你请人家吃顿饭，看个电影，送束玫瑰，只是过眼烟云，随风逝去；你送人家《性格色彩恋爱宝典》，有学问又浪漫，让被赠者感受到你浓浓的爱意和满腹的真挚，让人家这辈子只要看到书，就牢牢记住你。拿到书的那刻，她心里想的是：你看，这人真好，甭管最后成不成，至少不是准备只来一夜就走的，还会关心我的幸福，人间自有真情在啊。

记住，要众乐乐，别独乐乐，这不是炒股票，要拼命把消息捂起来，否则消息泄露，你就赚得少；这是你的爱情，是两人的事！彼此越理解，才能越懂得恩爱。

如果是我，我会把本书送给我所有前女友或前男友，包括前女友的前男友和前男友的前女友……人手一册，然后在扉页手写上：送给我（曾经）（最）爱的你，愿过往美好，留在心底……

看到这话，我都忍不住虎躯一震，潸然泪下。

第三句：课堂找乐嘉

如果你看了书，全看完了，没过瘾，还想看；

如果你看了书，感觉柳暗花明又一村，但到了村口，路多，你迷路了；

如果你看了书，看到无数人在课堂上用性格色彩解决了问题，也想亲身体验，看看人家怎么用的，能不能有所借鉴；

如果你看了书，觉得乐嘉老贼文字有趣，居然说出自己心中所想，对这人开始有了兴趣，想趁他还活着的时候，看看真人；

如果你看了书，觉得市场广袤无边，是个好生计，想跟乐嘉一起普及性格色彩，听说他老了，快讲不动了，也正在培养"性格色彩卡牌师"，赶紧去参加……

如果是这样，我的朋友，咱们有缘相见。

婚恋不分家，同修你我他，课堂找乐嘉。

乐嘉

附：乐嘉与性格色彩大事记

2000 年

·乐嘉研发的"FPA®（Four-colors Personality Analysis）性格分析与沟通"企业培训课程面世。

2001 年

·创立"性格色彩钻石法则®"理论。

2002 年

·乐嘉学习魔术时，受"四布合一布"启发，创立"FPA®性格色彩"。

2003 年

·创立"性格色彩本色论"和"性格色彩动机论"。

2004 年

·"性格色彩讲师与咨询师"首期课程举办，开始建立性格色彩传播团队。

2005 年

·为让性格色彩更易传播，寓教于乐，乐嘉发明了"性格色彩扑克牌"，取得国家专利。

2006 年

·乐嘉的第一本书，也是性格色彩学第一本著作《色眼识人》出版，上市后，即成为当当网社科榜畅销书，连续在榜107周。

2007 年

·性格色彩英文商标，正式使用"Personality Colors®"替代"FPA®"。

·乐嘉任CCTV2《商务时间》节目嘉宾，首次亮相电视节目，用性格色彩分析名人。

2008 年

· 正式确立性格色彩四大研究领域——"洞见＋洞察＋修炼＋影响"，完善了性格色彩学的理论体系架构，奠定了性格色彩与其他性格分析工具的核心差别。

· 乐嘉将性格色彩应用到学校教育，为深圳的 1200 名中小学校长及幼儿园园长进行了"因人而异，因色施教"的性格色彩教师培训。

· 乐嘉被聘为西北大学管理学院客座教授，为 EMBA 讲授"性格色彩领导力"。

2009 年

· 性格色彩讲师团队为全球 500 强罗氏制药和上市公司百丽集团内训，累计各自超过 50 场。在领导力、团队管理和销售培训领域，性格色彩成为知名企业核心课程。

· 性格色彩成为华东理工大学 MBA 选修科目。

· 乐嘉在武汉大学做"性格色彩心理咨询技术运用"培训，同年，任湖北省心理咨询师协会高级顾问，性格色彩正式进入心理咨询领域。

2010 年

· 乐嘉任江苏卫视《非诚勿扰》心理专家，此后，连续三年，该节目成为家喻户晓的国民综艺，保持中国常态综艺节目收视率第一。

2011 年

· 乐嘉任江苏卫视《老公看你的》节目主持人（全国卫视每周五收视率第一）。

· 乐嘉任江苏卫视《不见不散》节目主持人（全国卫视每周一收视率第二）。

· 乐嘉连续两年举办"嘉讲堂"全国大学校园"性格色彩与人生规划"巡回演讲。

·《跟乐嘉学性格色彩》出版，销售量逾 200 万册，获年度非虚构类图书全国第一。

2012 年

· 乐嘉在悉尼市政厅举办性格色彩演讲，创澳洲华人演讲最多听众纪录。

· 乐嘉在温哥华剧院举办性格色彩演讲，创加拿大华人演讲最多听众纪录。

· 乐嘉被聘为河海大学客座教授，讲授"性格色彩与主持艺术"。

2013 年

· 乐嘉任深圳卫视《别对我说谎》主持人（播出一集后收视率从第 14 位升到第 3 位）。

· 乐嘉任国内首档性格色彩综艺谈话节目——深圳卫视《夜问》主持人。

· 乐嘉《本色》出版，年度销售逾 150 万册。

· 乐嘉连续三年共 6 季任安徽卫视《超级演说家》和北京卫视《我是演说家》的常驻演讲导师，成为中国最具影响力的演讲导师。

2014 年

· 由乐嘉主编，乐嘉学员共同主创的性格色彩应用书系《色界》三本陆续出版，丛书涵盖性格色彩学在不同行业的实战运用。

· 由乐嘉学员所著的《性格色彩品红楼》《性格色彩品三国》《性格色彩观电影》等性格色彩主题图书出版。

· 乐嘉任 CCTV1 名人访谈节目《首席夜话》主持。

2015 年

· 应剑桥大学彭布罗克学院邀请，乐嘉做题为"性格色彩与全球文化"的演讲，创剑桥大学华人演讲最多听众纪录。

· 乐嘉首档性格色彩脱口秀节目《独嘉秘籍》，在优酷视频上线。

· 性格色彩划时代的工具——"性格色彩卡牌"诞生。

· 乐嘉独创的演讲秘籍正式诞生。

2016 年

· 乐嘉主讲的性格色彩音频，上线两小时即销售 1 万份，在喜马 349

拉雅心理付费节目连续 3 年排行第一。

· 乐嘉连续两年任全国首档大型创业投资节目——湖北卫视《你就是奇迹》的嘉宾主持人。

· 乐嘉被聘为上海大学温哥华电影学院客座教授。

2017 年

· "性格色彩卡牌师"和"性格色彩卡牌大师"两门课程诞生。

· 乐嘉开始连续三年任"团中央全国中学生演讲大赛"评委团主席。

2018 年

· 乐嘉在喜马拉雅推出"性格色彩婚恋宝典"音频课程，创情感类课程第一。

· 乐嘉在蜻蜓 FM 推出"性格色彩亲子宝典"音频课程，创亲子类课程第一。

· 乐嘉任天津卫视《创业中国人》嘉宾主持人。

2019 年

· "性格色彩读心之道"线下课程举办，乐嘉开始每月亲自讲授大规模线下普及课程。

· 乐嘉连续两年任广东卫视创投节目《众创英雄汇》的心理专家。

2020 年

· 乐嘉的说话宝典——"用说话掌控人生"音频课程登陆蜻蜓 FM，创口才类课程第一。

· 乐嘉发明"小六演讲法"，与 2015 年创立的"大六演讲法"，合称"六字演讲"。

2021 年

· 乐嘉性格色彩线上视频训练营启动，学员一年过 200 万，创全网心理类视频课程第一。

· 性格色彩认证的卡牌师和卡牌大师达 3000 人，接受卡牌评测人数过 300 万人，其中卡牌付费咨询人数近 30 万。

2022 年

·数年来多次闭关，将二十年研究积淀重新整理，精修增补，并潜心写作新著。自 2022 年起，在 2025 年底前，将陆续完成性格色彩系列 21 本新版及新创专著出版。其中包括，经典系列 4 本：《跟乐嘉学性格色彩》《性格色彩原理》《性格色彩读心之道》《性格色彩卡牌指南》；宝典系列 8 本：《性格色彩单身宝典》《性格色彩恋爱宝典》《性格色彩婚姻宝典》《性格色彩职场宝典》《性格色彩亲子宝典》《性格色彩销售宝典》《性格色彩说话宝典》《性格色彩教育宝典》；应用系列 2 本：《性格色彩 360 行》《性格色彩 72 变》；演讲系列 2 本：《跟乐嘉学演讲》《跟乐嘉学培训》；个人系列 5 本：《本色》《至暗》《小乐子的人生智慧》《性格色彩随笔》《性格色彩禅》……

（全书完）

性格色彩书系

性格色彩经典系列：

·《跟乐嘉学性格色彩》

·《性格色彩原理》

·《性格色彩读心之道》

·《性格色彩卡牌指南》

性格色彩宝典系列：

·《性格色彩单身宝典》

·《性格色彩恋爱宝典》

·《性格色彩婚姻宝典》

·《性格色彩职场宝典》

·《性格色彩亲子宝典》

·《性格色彩销售宝典》

·《性格色彩说话宝典》

·《性格色彩教育宝典》

性格色彩应用系列：

·《性格色彩 360 行》

·《性格色彩 72 变》

性格色彩主编系列：

·《性格色彩品三国》

·《性格色彩品红楼》

·《性格色彩推理小说之原罪》

演讲系列：

·《跟乐嘉学演讲》

·《跟乐嘉学培训》

·《演说家是怎样炼成的》

个人系列：

·《本色》

·《至暗》

·《小乐子的人生智慧》

·《性格色彩随笔》

·《性格色彩禅》

性格色彩恋爱宝典

作者 _ 乐嘉

产品经理 _ 冯晨　　技术编辑 _ 丁占旭

责任印制 _ 陈金　　出品人 _ 曹俊然

营销团队 _ 子非　子秦　　物料设计 _ 杨杨

果麦

www.guomai.cc

以 微 小 的 力 量 推 动 文 明

图书在版编目（CIP）数据

性格色彩恋爱宝典 / 乐嘉著. — 北京：中国华侨
出版社, 2023.2

ISBN 978-7-5113-8765-3

Ⅰ.①性… Ⅱ.①乐… Ⅲ.①恋爱心理学—通俗读物

Ⅳ.①C913.1-49

中国版本图书馆CIP数据核字(2022)第163371号

性格色彩恋爱宝典

著　　者：乐　嘉

责任编辑：唐崇杰

执行印制：陈　金

经　　销：新华书店

开　　本：710mm×1000mm　1/16开　印张：23.25　字数：312千字

印　　刷：北京世纪恒宇印刷有限公司

版　　次：2023年2月第1版

印　　次：2023年2月第1次印刷

印　　数：1—16,000

书　　号：ISBN 978-7-5113-8765-3

定　　价：78.00元

中国华侨出版社　北京市朝阳区西坝河东里77号楼底商5号 邮编：100028

发 行 部：021-64386496　　　　传　真：021-64386491

网　　址：www.oveaschin.com　E-mail：oveaschin@sina.com

如果发现印装质量问题，影响阅读，请与印刷厂联系调换